Uni-Taschenbücher 1928

W0178655

UTB
FÜR WISSEN
SCHAFT

Eine Arbeitsgemeinschaft der Verlage

Wilhelm Fink Verlag München
Gustav Fischer Verlag Jena und Stuttgart
A. Francke Verlag Tübingen und Basel
Paul Haupt Verlag Bern · Stuttgart · Wien
Hüthig Fachverlage Heidelberg
Leske Verlag + Budrich GmbH Opladen
Lucius & Lucius Verlagsgesellschaft Stuttgart
J. C. B. Mohr (Paul Siebeck) Tübingen
Quelle & Meyer Verlag · Wiesbaden
Ernst Reinhardt Verlag München und Basel
Schäffer-Poeschel Verlag · Stuttgart
Ferdinand Schöningh Verlag Paderborn · München · Wien · Zürich
Eugen Ulmer Verlag Stuttgart
Vandenhoeck & Ruprecht in Göttingen und Zürich

Wolfgang Eßbach

Studium Soziologie

Wilhelm Fink Verlag · München

Kritische Informationen – Studium

Erschienen:
Werner Faulstich (Hrsg.): Grundwissen Medien
M. Hanowell, D. Kranz, H. J. Real, W. Real: Studium Anglistik

In Vorbereitung:
Jochen Vogt: Studium Germanistik
Ruth Dölle-Oelmüller/Willi Oelmüller: Studium Philosophie

Die Deutsche Bibliothek – CIP-Einheitsaufnahme

Eßbach, Wolfgang:
Studium Soziologie / Wolfgang Eßbach. –
München: Fink, 1996
　　(UTB für Wissenschaft: Uni-Taschenbücher; 1928)
　　ISBN 3-8252-1928-3 (UTB)
　　ISBN 3-7705-3130-2 (Fink)
NE: UTB für Wissenschaft / Uni-Taschenbücher

© 1996 Wilhelm Fink Verlag GmbH & Co. KG
Ohmstraße 5, 80802 München
ISBN 3-7705-3130-2

Printed in Germany
Einbandgestaltung: Alfred Krugmann, Freiberg am Neckar
Herstellung: Ferdinand Schöningh GmbH, Paderborn

UTB-Bestellnummer: ISBN 3-8252-1928-3

Inhaltsverzeichnis

Einleitung

Dies Buch wurde für die geschrieben, die mit dem Gedanken spielen, Soziologie zu studieren, für die, die sich gerade zu diesem Abenteuer entschieden haben, für Studierende in den ersten Semestern und für solche, die zum Entsetzen der auf Schnellstudium erpichten Regierungen ihrem bisherigen Hauptfach untreu werden, um der Soziologie den Vorrang zu geben.

Nützlich könnte die Lektüre aber auch für Leute sein, die eine erste Information in Sachen „Wissenschaft von der Gesellschaft" suchen oder trotz wiederholter Beschäftigung mit dem Thema immer noch nicht ganz klar sehen, was Soziologie eigentlich ist und was Soziologinnen und Soziologen denn wirklich tun. Denjenigen, die in Schulen, Hochschulen und Arbeitsämtern mit Fragen der Studien- und Berufsberatung zu tun haben und die jungen Menschen Ratschläge geben müssen, kann es eine Hilfe sein.

Wer sich noch an die rasante Entwicklung der Soziologie in den siebziger Jahren erinnern kann, an die Zeit, in der in einer wachsenden Zahl soziologiefremder Fächer jedes Jahr mehr soziologisch gesprochen und gedacht wurde, weiß, wie groß die Ernüchterung in allen Lagern war, als sich in den achtziger Jahren herausstellte, daß Soziologie weder die omnipotente Planungswissenschaft darstellt noch eine verläßliche Garantin für die argumentative Schlagkraft von Emanzipationsbewegungen ist. Die Soziologie im Abwind hatte viele Gesichter: trotzig durchgehaltene Routinen, pathetische Selbstzerknirschungen, steile Höhenflüge in immer indirektere Weisen der Beschreibung einer verschwindenden Gesellschaft, mutige Umstellungen in Richtung auf eine neue politisch sensible Kulturwissenschaft und eine ungewöhnliche Internationalisierung der Diskussion. Daß im Windschatten öffentlicher Aufmerksamkeit auch neue, zukunftsfähige Profile entstanden sind, wird bald nicht mehr als Geheimtip gehandelt werden. Dies Buch will zu einer Soziologie ermutigen, die es mit den Zuständen der Gegenwart aufnimmt, ohne vergeßlich zu werden.

Meinen soziologischen Fachkolleginnen und Kollegen wird dies Buch nicht viel Neues bieten. Sie muß ich aber um Nachsicht bitten, daß ich dem, was der einen und dem anderen lieb und teuer an der

Soziologie ist, zu wenig Beachtung geschenkt habe und statt dessen, was überwunden geglaubt oder gar verhaßt ist, wieder hervorhole. Ich gehöre zu denen, die glauben, daß die Stärke der Soziologie in ihrer kreativen Diversität liegt, und ich habe mich bemüht, eine möglichst große Bandbreite soziologischer Positionen mit aufzunehmen und sie möglichst gerecht darzustellen.

Soziologie als Beruf bildet den Einstieg. Wer dabei ist, ein Soziologiestudium aufzunehmen, wird ja doch gleich von irgend jemandem gefragt, was man denn mit so einem Studium überhaupt später anfangen könne. Wer hier nicht zu antworten vermag, macht eine schlechte Figur. Dabei reicht es nicht, nur verschämt oder anklagend die Statistiken zur Akademikerarbeitslosigkeit im allgemeinen und Soziologenarbeitslosigkeit im speziellen zu präsentieren, sondern wichtig scheint mir zu sein, die professionellen Orientierungen herauszuarbeiten, die geschichtlich mit der Soziologie verbunden sind und es auch in Zukunft sein werden.

Das zweite Kapitel handelt von der *Soziologie als Fach.* Es ist umfangreicher als die anderen und kann auch für sich gelesen werden. Soziologie ist ein vergleichsweise schwieriges Fach. Wer es im Studium leichter haben will, wer nicht gern komplizierte Texte liest, sich nicht so viele verschiedene Sachverhalte merken kann, einen Horror vor Zahlen hat oder die Bodenlosigkeit von Konjunktiven nicht ertragen kann, sollte sich gleich für etwas anderes entscheiden. Soziologie ist nämlich eine königliche Disziplin und strengt an.

Das dritte Kapitel will Hinweise geben, wie *Soziologie als Studium* in den heutigen Riesengebilden, die durch permanente Überlast und Unterfinanzierung und einen nicht enden wollenden Regelungswahn bis zur Unkenntlichkeit deformiert wurden und werden, so möglich ist, daß es persönlichen Gewinn bringt und zugleich die Renaissance der Universität mit vorbereiten hilft. Schließlich geht es um die Gestaltung des Soziologiestudiums in den ersten Semestern.

Für den Zweck der *Kritischen Information Studium* wurde auf einen den Umfang vermehrenden Anmerkungsapparat verzichtet. Hinweise zur

Literatur sind den einzelnen Abschnitten angehängt und enthalten nur, was als nächster Lektüreschritt in der jeweiligen Sache weiterführt. – Diese Schrift ersetzt also nicht die Lektüre des „Grünen Buchs", das allen Schülern geschenkt wird: *Studien- und Berufswahl. Informationen und Entscheidungshilfen*, hrsg. von der Bund-Länder-Kommission für

Bildungsplanung und Forschungsförderung und der Bundesanstalt für Arbeit (Verlag Karl Heinrich Bock, 53604 Bad Honnef). Sie will auch nicht mit dem sehr empfehlenswerten *Einführungskurs Soziologie in vier Bänden*, hrsg. von Hermann Korte und Bernhard Schäfers (zweite Auflage 1993. UTB. Große Reihe, mit insgesamt 1000 Seiten) und dem großen Lehrbuch von Hartmut Esser *Soziologie. Allgemeine Grundlagen*, Frankfurt a. M., New York (Campus-Verlag) 1993 konkurrieren, und schon gar nicht mit Peter Bergers unübertroffener *Einladung zur Soziologie*, die seit den frühen sechziger Jahren vielen geholfen hat, sich über die Motive, Soziologie zu studieren, aufzuklären. – Wer zu speziellen Bereichen der Soziologie weiterlesen will, tut gut daran, das Sonderheft *Sociologica* der Zeitschrift *Soziologie. Mitteilungsblatt der Deutschen Gesellschaft für Soziologie* zu Rate zu ziehen, in dem die Leselisten der Sektionen und Arbeitsgruppen dieser Gesellschaft gegliedert und zum Teil kommentiert versammelt sind und das alle vier bis fünf Jahre aktualisiert wird.

Was meine Strategie in der die Universitäten in Atem haltenden Grundsatzfrage der Verwendung der weiblichen und männlichen Form der Substantive betrifft, so gebe ich meine diesbezüglichen Bekenntnisse im Zusammenhang (S. 175) ab.

A. Soziologie als Beruf

I. Eine schwer faßbare Spezies

Was eine Ärztin ist, weiß jedes Kind, wenn es die Zunge zeigen soll. Was ein Richter oder Anwalt tut, erfährt man schon früh aus Fernsehserien. Schilder von Steuerberaterinnen und Psychologen hat man beim Straßenbummel öfters gesehen. Aber was machen Leute, die Soziologie studiert haben? Seit der Einführung soziologischer Studienabschlüsse in der zweiten Hälfte der fünfziger Jahre haben ca. 20 000 Personen ein Studium der Soziologie im Hauptfach absolviert. Das ist die Größenordnung einer Kleinstadt. Die ersten in Deutschland gebackenen Diplomsoziologen haben 1960 Examen gemacht und werden in wenigen Jahren Rentner sein und auf ihr Berufsleben zurückschauen können. Nach dem Höhepunkt von 1360 Absolventen im Jahre 1980 verlassen seit längerer Zeit jährlich etwa 1000 examinierte Soziologinnen und Soziologen die Universitäten.

Was diese Leute beruflich getan haben und tun, darüber ist erstaunlich wenig bekannt. Hier liegt eines der ersten Probleme für alle, die mit dem Gedanken spielen, Soziologin oder Soziologe zu werden. Sie wissen in der Regel nicht, worauf sie sich einlassen. Sie haben weder eine Vorstellung vom Studieninhalt noch von möglichen späteren Tätigkeitsfeldern. Sicher hat man in der Schule in der Form von Gemeinschaftskunde/Sozialkunde/Gesellschaftslehre das eine oder andere Soziologische mitbekommen, aber Unterrichtsthemen können in der Regel keine Vorstellung von beruflichen Tätigkeiten ersetzen, es sei denn, man möchte auch Lehrerin werden und dieses Schulfach unterrichten. Hinzu kommt, daß zwischen diesem Schulfach und den Inhalten des Studiums der Soziologie nur sehr lose Verbindungen bestehen.

Soziologie als Beruf ist eine versteckte Angelegenheit, und es kommt nicht selten vor, daß zwei einander Fremde, die im Berufsleben aufeinander treffen, erst nach Erledigung ihrer Aufgaben und Geschäfte voneinander erfahren, daß sie im selben Fach einen Abschluß gemacht haben. Medizinern, Juristen, Psychologen passiert das viel weniger. Bei ihnen ist es eher so wie bei mittelalterlichen Rittern, die einander schon

von weitem an ihren Wappen und Feldzeichen erkennen. Soziologen
sind dagegen meist inkognito, und das macht die Sache nicht nur
schwierig, sondern auch verdächtig.

1. Das Image der Soziologie

Das Image der Soziologie sei schlecht, dies kann man in manchen Krei-
sen noch immer hören. Da wird von dem Verdacht berichtet, Soziologinnen und Soziologen seien im Innern Vertreter radikal linker Welt-
auffassungen, die sich nur oberflächlich als gut bürgerlich angepaßte
Zeitgenossen tarnen würden, in Wahrheit aber den Umsturz betrieben.
Es wird erzählt, daß in den Aufständen der wilden sechziger Jahre viele
soziologische Emanzipationstheorien die Köpfe der Jugend verwirrt
hätten und daß die Soziologie als eine revolutionäre Veränderungswis-
senschaft an der Zerstörung alter, guter Sitten und Gebräuche schuld
gewesen sei. Der Ruf der Soziologie schien ruiniert. Arbeitgeber, die es
trotzdem wagten, eine Soziologin einzustellen, mußten damit rechnen,
daß sich die Konkurrenz die Hände rieb, ob des erwarteten Bankrotts,
zu dem diese Einstellung führen mußte. Soziologen, die gar in den
Staatsdienst wollten, mußten damit rechnen, daß ihre Karriere dank
eines politisch verdächtigen Themas der Abschlußarbeit zu Ende war,
bevor sie sie begonnen hatte, so wie es vielen Lehramtsstudenten der
siebziger Jahre ging, die dem „Berufsverbot" für Radikale im öffentlichen Dienst zum Opfer fielen. Hinzu kam die Politisierung der Soziologie durch einen lebhaften Grundsatzstreit der Fachvertreter, in dem
man sich gegenseitig das Recht absprach, sich als wahren wissenschaftlichen Soziologen bezeichnen zu dürfen. Auch geduldige Arbeitgeber
hatten Schwierigkeiten, der Sache zu folgen. Sie nahmen Abstand von
einer Disziplin, von der man nicht wußte, ob ihre Konfusion zum Konflikt oder ihr Konflikt zur Konfusion führt.

Alle aufregenden Dinge der Vergangenheit verwandeln sich irgendwann in einen Mythos, in gern erzählte Geschichten, in schaurige oder
schöne. So ist Soziologie auch heute noch für viele mit dem achtundsechziger Mythos verbunden. Für manche ist das achtundsechziger
Image noch immer wie ein schwerer Klotz am Bein, der daran hindert,
daß Soziologie als Beruf ganz reputierlich wird. Dabei übersehen sie,
daß heute im geschichtlichen Rückblick mehr und mehr einsehbar wird,
welch positiven und nachhaltigen kulturellen Wandel die achtundsechziger Soziologie nicht nur in der Bundesrepublik Deutschland, sondern

von Kalifornien bis Paris, von Prag bis Warschau und Moskau mit-
bewirkt hat. Sie übersehen auch, daß der achtundsechziger Mythos der
Soziologie auch in Zukunft wichtig werden könnte, und zwar immer
dann, wenn Gesellschaften von sich glauben, daß sich die Zukunfts-
probleme auftürmen und Lösungswege blockiert sind, weil verschiedene soziale Gruppen mit ihren heißgeliebten Optionen sich gegenseitig
im Wege stehen oder hoffnungslos ineinander verkeilt sind.

In den achtziger Jahren hat sich das Image der Soziologie gewandelt.
Die Züge im Bild, die Soziologen als realitätsferne Theoretiker, als
Exoten und Paradiesvögel beschreiben, sind bei manchen noch da, aber
bei vielen ist die Angst vor der vermeintlichen Weltfremdheit der Soziologie einer anhaltenden Neugier gewichen. Denn wo die Zeit am
Katzentisch öffentlicher Wertschätzung zur Selbstprüfung genutzt
wurde, wo man den fahl gewordenen alten sozial-ökonomischen Horizont um kulturwissenschaftliche und politisch-anthropologische Fragen erweiterte und die Diagnostik der Gegenwart mit historischem
Wissen verband, da gelang es auch, einsichtig zu machen, daß eine
ganze Reihe von heute beruflich gebrauchten Kompetenzen, wie z. B.
die Fähigkeit, neue Entwicklungen frühzeitig zu erkennen, Probleme
kreativ zu lösen, Kompromisse zu finden und im Team zu kooperieren,
besonders gut im soziologischen Feld zu erwerben sind. Interessant
wird Soziologie als Beruf, weil sie mehr als andere Wissenschaften für
das Paradox zuständig ist, daß Sozialität sich erhält und sich zugleich
erneuert, weil hier Querdenken in einer Weise praktiziert wird, bei der
es nicht aus dem Blickfeld gerät, daß bestimmte wichtige Sachen rei-
bungslos weiter ablaufen müssen. Soziologie verspricht nämlich ein un-
gemeines Maß an Einsicht in die menschliche Lebenswelt.

Dafür Propaganda zu machen ist nicht leicht. Eine ganze Reihe von
Fachvertretern sind dabei, auf dem Wege von Öffentlichkeitsarbeit und
Werbung der Soziologie ein schmuckes Image zu verpassen. Sie bemühen sich, in das Bild des Soziologen deutliche Konturen einzuzeichnen,
die es ermöglichen, Soziologen von Nichtsoziologen auf den ersten
Blick zu unterscheiden. Sie klagen darüber, daß die Professionalisierung
des Faches noch nicht weit genug fortgeschritten ist. Die fachinternen
Auseinandersetzungen um diese Frage drohen bisweilen den Effekt zu
haben, daß bei der kräftigen Einzeichnung von Konturen so vieles, Ver-
schiedenes und sich Widersprechendes hingemalt wird, wie es bei den
Wünschen von Generälen häufig der Fall ist, die sich ein Kampfflug-
zeug wünschen, schneller als alle anderen, so groß wie ein Flugzeugträ-
ger, das auch als U-Boot funktionieren kann.

Dabei gibt es leicht transparent zu machende Gründe für die Varianzen im Image der Soziologie als Beruf. Was als berufliche Kompetenz gilt und was nicht, folgt überall recht schlichten Schemata. Das Image des Informatikers resultiert nicht zuletzt aus der großen Zauberei, die er auf einem Monitor erzeugen kann. Das Image der Psychologin läuft auf die Urszene zu, daß sie dich anschaut und sofort alles weiß. Vom Arzt unseres Vertrauens lassen wir uns notfalls den Bauch aufschlitzen, und den Steuerberater bestaunen wir ob seiner Fähigkeit, im Labyrinth der Verordnungen und Gesetze im Blindflug sicher zu navigieren. Aber für das Gesellschaftliche eine Fachfrau oder einen Fachmann einzustellen, das wäre doch wohl absurd, denn dies ist der Bereich, in dem wir uns alle grundsätzlich eine unvertretbare Kompetenz zubilligen müssen. Wir lassen uns von Fachleuten sagen, ob bestimmte Handlungen, die wir vollziehen, gesundheitsschädlich sind oder ob sie rechtswidrig sind. Wir lassen uns auch belehren, wenn es um Viehzucht oder Maschinenbau geht, wir lassen uns vielleicht von Filmstars beeindrucken und von Pfarrern ins Gewissen reden, aber wehe den Fachleuten, die uns in unser Sozialverhalten und unser soziales Handeln hereinreden. Wie Menschen ihr soziales Handeln miteinander verknüpfen, so daß soziale Bindungen und soziale Strukturen entstehen – in dieser Frage muß sich jeder für kompetent halten, muß jeder sein eigener Privatsoziologe sein. Allenfalls kann geduldet werden, daß Fach-Soziologen sehr umwegartig belehren und bestimmte Modi des sozialen Handelns als in letzter Konsequenz oder wahrscheinlicherweise als gesundheitsschädlich, rechtswidrig oder nicht sachgerecht aufklären, indem sie lange Kettenglieder zwischen dem sozialen Handeln und dem Effekt einschieben.

Diese Problemlage, die der Soziologie eigen ist, hat in der Geschichte des Faches zu einem Verhaltensstil geführt, der stark von Zurückhaltung, Distanz und bisweilen Inkognito geprägt ist. Gerade weil alle Gesellschaftsmitglieder davon ausgehen müssen, daß sie das Wesentliche von Gesellschaft wissen und verstanden haben, muß soziologischer Ratschlag, soziologische Expertise eine sozial akzeptable Form haben. Sicher bedienen sich Soziologen auch, wie andere Fachleute, der alten, bewährten Imponiertechniken, um ihre Resultate zu verkaufen. Sie schrecken mit Fremdwörtern, ziehen die Ritterrüstung des „es ist wissenschaftlich einwandfrei bewiesen" an und warnen vor den furchtbaren Folgen, die eintreten, wenn man ihnen nicht folgt. Aber so sehr dies beim Krebs und beim Ozonloch reicht, soziologisches Wissen wird mit diesen Imponiertechniken die Immunschwelle der Gesellschaften kaum überwinden.

Rettungsdienst
Süd/Nord GmbH

Zentrale
Rufnummer **77 0 79**

Stadt- und Ferntransporte
Tag & Nacht

Charakteristisch für die Soziologie ist etwas anderes. So zahlreich auch die radikalen Theorien in der Soziologie sind, so sehr die Soziologie darauf abonniert ist, daß alles auch ganz anders sein könnte, daß mit einer bisweilen extremen Verfremdung von sozialen Situationen experimentell gearbeitet wird, in die Praxis bringt Soziologie ihr Wissen *notwendigerweise moderat und moderierend* ein. Was für Interviewer gilt, daß sie in ihrer sozialen Erscheinung möglichst undramatisch und affektiv-neutral wirken, um nicht von Einflüssen der Interviewszene allzusehr durchtränkte Antworten zu erhalten, gilt in gewisser Weise auch für das Erscheinungsbild der Soziologie insgesamt. Auch wo Soziologen Prominente geworden sind, machen sie um der Wirksamkeit der Inhalte willen von der Stilisierung ihrer selbst als Soziologen nur einen zurückhaltenden Gebrauch.

2. Soziologinnen und Soziologen auf dem Arbeitsmarkt

Wo das griffige Image fehlt und man nicht so genau weiß, was die Absolventen treiben, da stellt sich rasch der Verdacht ein, sie müßten doch wohl mehrheitlich arbeitslos sein. Bei vielen hat sich die Assoziation: Soziologie studieren und arbeitslos werden schon zu einer festen Verbindung verkettet. Insbesondere hat der Soziologe als Taxifahrer schon Züge einer bei jeder Prozession herumgetragenen Ikone bekommen. Bevor dies im folgenden analysiert wird, sollten sich diejenigen, die mit dem Gedanken spielen, Soziologin oder Soziologe zu werden, ernsthaft die Frage stellen, wie wichtig für sie überhaupt Arbeitsmarktfragen bei der Wahl des Studienfaches sind. Wer zu denen gehört, die hauptsächlich an fachlichen Inhalten interessiert sind, für wen die Frage, in welche Besoldungsgruppe man nach dem Examen eingestuft wird, ebenso belanglos ist wie mögliche Zeiten der Arbeitslosigkeit, wird Informationen zum Arbeitsmarkt anders nutzen, als diejenigen, die einen akademischen Abschluß anstreben, weil damit später gutes Geld zu verdienen und großes Ansehen zu erhalten ist. Zwischen diesen beiden Extrempositionen gibt es natürlich eine ganze Palette von je persönlich gefärbten Mischungen. Wie auch immer die persönliche Mischung aussieht, mit ziemlich großer Sicherheit kann Studierenden um so mehr vom Studium der Soziologie abgeraten werden, je größer ihre Angst vor einer späteren Arbeitslosigkeit ist.

Der **Arbeitsmarkt** funktioniert im Prinzip wie jeder Markt, das heißt, es gibt Risiken, weil niemand das Ganze im Blick haben kann. Hinzu kommt, daß es im Bereich von Bildung und Ausbildung immer etwas länger dauert, bis komplexe Fähigkeiten so entwickelt sind, daß sie auf den Markt kommen. Die Fertigungszeit eines Abiturienten oder einer Abiturientin dauert ja schon fast zwanzig Jahre. Auf allen Arbeitsmärkten ist es überall und zu allen Zeiten so, daß von den Fähigkeiten, die gebraucht werden, zu wenig und von unnützen Fähigkeiten zu viel da sind. Das liegt schlicht daran, daß es der tiefere oder der höhere Sinn oder der kuriose Unsinn von Märkten ist, den Unterschied von Knappheit und Überfluß auch dort zu etablieren und sichtbar zu machen, wo man ihn gar nicht vermutet hatte.

Von daher ist die Frage, ob Arbeitslosigkeit eine Folge persönlichen Versagens oder eine Folge von gesellschaftlichen Strukturen ist, mit rationalen Mitteln nicht hinreichend aufzuklären. Es ist dies nämlich eine veritable Glaubensfrage, die – wie die Religionssoziologie lehren kann – in verschiedenen Gesellschaften und bei verschiedenen Gruppen unterschiedlich beantwortet wird. Was aber geglaubt wird, ist nicht ohne Folgen. Es braucht nicht viel Phantasie, um einzusehen, daß die Arbeitslosigkeit in Gruppen, die Arbeitslosigkeit mehr als Struktureffekt auffassen, größer ist, als in Gruppen, die Arbeitslosigkeit mehr als Folge persönlichen Versagens auffassen.

Arbeitsmarktfragen erschließen sich immer erst, wenn Vergleiche angestellt werden. Die Individuen in modernen Massendemokratien haben sich in einem komplizierten historischen Prozeß schließlich darauf eingelassen, sich mit Hilfe von Statistiken zu vergleichen (vgl. S. 17). Wie sieht die Arbeitslosigkeit von Soziologen im Vergleich mit anderen Universitätsabschlüssen aus? Im „Grünen Buch" für 1995/96 ist die nebenstehende Tabelle abgedruckt:

Auf den ersten Blick ergibt der Vergleich, daß 1993 die Zahl der arbeitslosen Apotheker und Mediziner fast dreimal so hoch war wie die der Politologen/Soziologen, die mit 3300 noch unter der von 4400 arbeitslosen Juristen liegt. Nun ist es mit dieser Aussage nicht getan, sondern jetzt fängt die Kunst des Fragens und Vergleichens erst richtig an. Kann man so vergleichen? Wie sähe das Bild aus, wenn man die Zahl von Abschlüssen und anschließender Arbeitslosigkeit nach Fachrichtungen miteinander vergliche? Muß man nicht unterscheiden zwischen Fächern mit formalisierten Berufswegen nach dem Examen, z. B. Lehrer, Juristen und Medizinern, und Fächern, deren Hochschulabsolventen sich einem unspezifischen Berufsfeld gegenübersehen, wie z. B.

Arbeitslosigkeit nach Fachrichtungen[1] in Tausend

Fachrichtung	Universitäten[2] alte Länder								Neue Länder		
	1983	1988	1989	1990	1991	1992	1993	1994	1992	1993	1994
Arbeitslose insges.	70,3	99,3	90,5	85,9	79,2	82,9	100,2	106,4	39,7	42,5	38,5
darunter Agrarwissenschaftler	1,3	2,1	2,0	2,1	2,0	1,8	2,2	2,3	1,2	1,3	1,1
Ingenieure	7,2	8,0	8,5	8,8	8,9	10,3	14,9	16,2	9,4	10,0	8,8
darunter Maschinen-, Fahrzeugbau	1,9	2,0	2,2	2,4	2,8	3,5	5,3	5,7	2,6	2,8	2,5
Elektroingenieure	1,2	1,2	1,5	1,8	2,0	2,5	4,0	4,5	2,3	2,9	2,4
Architekten, Bauing.	2,7	3,1	2,9	2,4	2,1	2,0	2,4	2,6	0,7	0,6	0,6
Naturwissenschaftler	5,9	8,7	9,0	9,4	10,0	11,3	14,3	16,3	2,5	2,7	2,6
darunter Chemiker	1,8	2,2	2,5	2,6	2,9	3,3	4,4	4,9	1,2	1,4	1,3
Mathematiker, Physiker	2,3	1,4	1,6	1,8	2,1	2,7	3,4	4,0	0,7	0,8	0,8
Biologen	1,3	2,6	2,6	2,8	2,8	3,0	3,5	4,0	0,1	0,2	0,2
Juristen	2,8	4,5	4,4	4,2	3,4	3,4	3,7	4,4	0,9	0,6	0,7
Wirtschafts-, Sozialwiss.	10,5	13,6	12,4	11,8	10,8	11,7	14,2	15,6	3,6	3,9	3,5
darunter Volks-, Betriebswirte	4,3	5,6	5,3	5,2	4,8	5,6	7,6	8,6	2,7	3,1	2,8
Psychologen	2,8	4,1	3,6	3,3	3,0	2,9	3,1	3,1	0,1	0,2	0,2
Soziologen, Politologen	2,8	3,6	3,1	2,9	2,7	2,8	3,2	3,3	0,5	0,4	0,3
Ärzte, Apotheker	4,4	10,7	9,1	8,5	8,2	8,5	9,7	9,7	1,7	1,6	1,4
Lehrer	24,9	29,1	23,7	21,2	17,5	16,4	18,6	17,8	5,6	6,4	5,8
darunter Volks-, Real-, Sonderschule	14,4	15,2	12,1	10,6	8,5	8,0	9,2	8,6	3,0	3,0	2,6
Hochschul-, Gymnasial-	8,5	10,6	8,4	7,2	6,1	5,5	6,1	5,8	1,1	0,5	1,7
Geisteswissenschaftler[3]	5,8	10,4	9,8	9,4	8,9	9,3	10,4	11,0	0,9	1,1	1,2
Bildende Künstler, Graphiker	0,8	1,5	1,3	1,2	1,1	1,2	1,3	1,4	0,5	0,5	0,5

[1] jeweils Ende September. Differenzen durch Rundungen der Zahlen
[2] Universitäten und Hochschulen mit vergleichbarer Aufgabenstellung
[3] und Akademiker anderer nicht genannter Fachrichtungen (Quelle: Bundesanstalt für Arbeit)

Volkswirte und Betriebswirte, Naturwissenschaftler und eben auch Soziologen? Es gibt noch mehr Fragen, z. B., wer wurde in der Statistik als arbeitslos gezählt? In der Statistik der Bundesanstalt für Arbeit ist arbeitslos, wer erwerbsfähig ist, keine Stelle hat und sich beim zuständigen Arbeitsamt als arbeitssuchend gemeldet hat. Ob sich nun jemand beim Arbeitsamt extra arbeitslos meldet oder nicht, hängt aber von vielen Dingen ab, z. B. ob er Anspruch auf Arbeitslosengeld oder Arbeitslosenhilfe hat, ob er überhaupt Vermittlungschancen sieht oder mit Schwarzarbeit so befaßt ist, daß er keine Zeit hat, sich arbeitslos zu melden.

Bei allen Überlegungen zum Arbeitsmarkt und zur Arbeitslosigkeit von Universitätsabsolventen ist es natürlich enorm wichtig, der Frage nachzugehen, wie überhaupt der *Inhalt des Studiums*, die *Form des Abschlusses* und die *Struktur beruflicher Positionen* zusammenhängen. Im allgemeinen unterscheidet man drei Typen von Zusammenhängen.

Zum einen können bestimmte Berufspositionen durch gesetzliche Vorschriften für Personen reserviert werden, die ein ganz bestimmtes Examen erfolgreich abgelegt haben. An solch **regulierten Berufspositionen** haben vor allem Staat und Verwaltung ein großes Interesse, weil hier der Glaube weit verbreitet ist, daß mit einem bestimmten Examen die Sicherheit der Existenz bestimmter Fähigkeiten am größten ist. Die Fähigkeiten des so abgeprüften Menschen können sich in Wirklichkeit als Flop erweisen. Aber hier gilt: Wem Gott ein Amt gibt, dem gibt er auch Verstand. Alles pädagogische Geschick nützt nichts, in die Schule darf nur rein, wer die vorgeschriebenen Studiengänge absolviert und die vorgeschriebenen Examina abgelegt hat. Regulierte Berufspositionen sind – so hat man jedenfalls lange Zeit geglaubt – die relativ sicherste Sache im Arbeitsmarkt, und bis heute gilt, daß sie von denen, die sie erreicht haben, mit Zähnen und Klauen verteidigt werden. Hier bilden sich auch emsige Berufsverbände und Standesorganisationen, die das Monopol auf den Beruf machtvoll bewachen. Wo eine Monopolstellung erreicht ist, wie bei Lehrern, Richtern und höheren Verwaltungsbeamten, aber auch außerhalb des Staatsdienstes bei Pfarrern, Ärzten und Rechtsanwälten, da können sich Studieninhalte und Anforderungen im Berufsleben auch getrost auseinanderentwickeln, so daß einem Außenstehenden kaum noch einsichtig zu machen ist, wozu das, was gelernt wird, später einmal gebraucht wird. Das Monopol macht's möglich, und die Examensnote reicht als quantitatives Selektionsprinzip.

Regulierte Berufspositionen sind die großen Bremsklötze für gesellschaftliche Dynamik. Man stelle sich vor, in der fünften Klasse wird der Englischunterricht nicht von der ordentlich examinierten, nach zwanzig Berufsjahren an burn-out-Symptomen leidenden Englischlehrerin gegeben, sondern von einem hergelaufenen Individuum, das seine kleine Holzfabrik in Kanada verkauft hat und mit frisch erwachtem pädagogischem Talent die Schüler und das Kollegium in Erstaunen versetzt. Wenn es dann noch, gewohnt an die asketische Lebensweise in kanadischen Wäldern, die Lehrerin für weniger Geld spielen würde als die vorschriftsmäßig Examinierten, dann wird deutlich, in welche Richtungen regulierte Berufspositionen und der Versuch ihrer Deregulierung wirken.

Anders gelagert ist die Situation bei Berufen, bei denen eine genau bestimmte Art von speziellen Fachkenntnissen Voraussetzung für die Berufsausübung ist. In **Spezialistenberufen** reicht die reine Examensvorschrift nicht aus, es muß auch eine Spezialität wirklich gekonnt werden. Bei Ingenieuren z. B. spielt die fachliche Spezialität eine so große Rolle, daß einzelne Fachrichtungen sich zum Teil nur sehr kurze Zeit halten können, um dann wieder zu verschwinden. So ist z. B. das Fach Mikrosystemtechnik jetzt ganz jung, aber seine Lebenszeit wird aller Voraussicht nach viel kürzer sein als die der ewigen Fächer Philosophie oder Geschichte. Während bei regulierten Berufspositionen die Devise lautet: Hauptsache das vorgeschriebene Examen, so lautet bei Spezialisten-Berufen die Formel: Je spezieller, desto unersetzbarer. Die Inhalte des Studiums haben hier eine direkte Konsequenz für die erste Aufnahme der Berufstätigkeit. Die Architektin, die sich mehr auf Tiefbau spezialisiert hat, hat gegen ihre Konkurrentin mit 20 % mehr Hochbauspezialisierung eine schlechte Chance, wenn ein Job für überwiegend Hochbauspezialisten auf dem Arbeitsmarkt angeboten wird. Die Inhalte des Studiums, der Zuschnitt der Fächer und die nachgefragten Qualifikationen sind hier so eng aufeinander bezogen, daß Probleme ganz eigener Art entstehen können.

Es werden zwar Spezialisten gebraucht, aber die Anzahl der freien Positionen, die Geschwindigkeit ihrer Auffüllung sind in der Regel nicht voraussehbar. Wer darauf setzt, mit seiner Fachspezialität genau in einen inhaltlich nachgefragten Bereich zu passen, muß damit rechnen, daß genau dies auch die getan haben, die vier Semester weiter sind. Sich in dieser Frage auf die Prognosen zum Spezialistenbedarf einfach zu verlassen, ist wenig ratsam. Gelungene Prognosen sind – wie die Erfahrung bitter lehrt – sehr rar. Die Kunst der Prognose ist selbst Teil der Soziologie, und es empfiehlt sich, Prognosen erst dann ins Kalkül der eigenen Lebensplanung einzubeziehen, wenn man selbst ein wenig mehr darüber Bescheid weiß, was es mit dem Prognostizieren für eine Bewandtnis hat.

Neben regulierten Berufspositionen und Spezial-Berufen gibt es schließlich auf dem Arbeitsmarkt Berufe, deren Anforderungen sich gar nicht genau definieren lassen. Da wird z. B. jemand gesucht als „engagierte Mitarbeiterin", als „kreative Persönlichkeit" oder als „zuverlässiger, erfahrener Partner" für eine bestimmte Abteilung einer Einrichtung oder eines Unternehmens. Dabei handelt es sich oft um Tätigkeitsbereiche und Arbeitsaufgaben, zu denen genaugenommen gar kein Studienabschluß so richtig paßt. Der Arbeitgeber geht auch schon davon aus, daß die künftigen Mitarbeiter für die tatsächliche Berufstätigkeit ohnehin noch mehr oder weniger lang zusätzlich ausgebildet, vorbereitet oder trainiert werden müssen. In diesen **flexiblen Berufen**, wozu weite Teile der Berufspositionen, in denen Pädagogen, Psychologen, Politologen, Soziologen und Volkswirte arbeiten, gehören, ist der Zusammenhang zwischen Studieninhalten, Abschlußexamen und der konkreten Berufstätigkeit locker. Während bei regulierten Berufspositionen das Monopol vor Konkurrenz schützt (dies darf nur von einer so und so geprüften Person gemacht werden) und bei Spezialberufen die kleinräumige Spezialität Unersetzbarkeit verspricht (dies kann nur von einem Fachmann für Grenzgebiete der Organometall-Verbindungen gemacht werden), besteht in flexiblen Berufen die Möglichkeit von *gegenseitiger Substitution*. Zum Beispiel kann der Aufbau eines Weiterbildungsprogramms für die Mitarbeiter eines Großbetriebs im Prinzip von jemand gemacht werden, der einen Soziologieabschluß hat und sich für soziale Bedingungen und Organisationsfragen von Bildungsprozessen interessiert, oder von einem Pädagogen mit Interesse für Gruppendynamik, oder von einer Wirtschaftswissenschaftlerin, die die Effektivität von Weiterbildungsmaßnahmen in ihrer Diplomarbeit untersucht hat, oder von einer Politologin, die ihre Erfolge in der politischen Bildung nun betrieblich einbringen will, oder dem Psychologen, der seine Erfahrung mit den Tiefenschichten menschlichen Seelenlebens nun organisatorisch umsetzen will. Wer bei dieser Lage tatsächlich eingestellt wird, hängt von vielen sehr situativen Umständen ab, der Studieninhalt spielt dabei in der Regel nicht die ausschlaggebende Rolle.

Viele dieser Berufstätigkeiten bedürfen auch gar keiner Universitätsausbildung, um sie zu übernehmen. Natürlich kann der Verlag X Eindruck schinden, wenn er als bei Buchhändlern umherreisende Verlagsrepräsentantin die Literaturwissenschaftlerin Frau Dr. Y eingestellt hat. Von der Qualifikation her könnte diese Arbeit aber auch von einem passionierten Bücherwurm übernommen werden, der sein Soziologiestudium aus Frust über miserable Studienbedingungen ohne Abschluß abgebrochen hat. In flexiblen Berufen herrscht ein Wettbewerb nicht nur zwischen Personen mit verschiedenen Abschlüssen, zwischen Personen mit Abschlüssen und Personen ohne wissenschaftliche Ausbildung, sondern auch zwischen Berufseinsteigern und denen, die den Arbeitsplatz wechseln wollen, wie z. B. Herr X, der bei der Reederei große Erfolge in der Herstellung von Zufriedenheit und Rentabilität in der Passagierschiffahrt nachzuweisen hat und der jetzt in den Alpen wohnen möchte und deshalb seine Kenntnisse bei der Herstellung von Zufriedenheit und rentablen Belegungen von Kurhotels anwenden möchte. In flexiblen Berufen muß auch damit gerechnet werden, daß die Universitätsausbildung manchmal als bloßes Statussymbol gebraucht wird und zur Tätigkeit selber keinen Bezug hat.

Zu den wenigen langfristigen Trends, von denen Soziologen mit relativ großer Sicherheit sagen können, daß sie sich in der Lebenszeit der jetzt Lebenden fortsetzen werden, gehört die **Expansion der Bildungssysteme.** Seit der industriellen Revolution im neunzehnten Jahrhundert geht die Zahl derer, die in Bereichen arbeiten, für die man nur sehr geringe Schulbildung braucht, zurück, die Zahl derer, die zum Teil sehr differenzierte Zusatzausbildungen nachfragen, steigt. In diesem langfristigen Prozeß und seinen einzelnen Etappen verändert sich freilich der Charakter von Bildung und Ausbildung sehr stark. Noch in den sechziger Jahren galt Studieren als etwas besonderes, das nur 8 % der Personen eines Jahrgangs zukommen sollte. Heute erwirbt ein Drittel eines Jahrgangs die Hochschulberechtigung. Im Jahre 2000/2005 wird vielleicht jedes zweite Kind eines Geburtenjahrgangs die Hochschulberechtigung haben. Wer nach dem Abitur nicht studiert, wird heute manchmal schief angesehen, jedenfalls muß er sich rechtfertigen. Mit der Menge der Studierenden hat sich die Qualität der Universitätsausbildung verändert, und mit der Überfüllung der Universitäten hat sie sich enorm verschlechtert (vgl. S. 170). In diesem Prozeß werden ältere, eindeutige Zuordnungen von wissenschaftlicher Ausbildung und entsprechender akademischer Berufstätigkeit grundsätzlich in Frage gestellt. Wer studiert, kann, auch wenn er sein Studium erfolgreich abschließt, bei diesen langfristigen Trends nicht damit rechnen, problemlos einen gut bezahlten, attraktiven Arbeitsplatz zu bekommen. In ein paar Jahren werden sich die letzten Gerüchte über angebliche todsichere Chancen als haltlos erwiesen haben. Es wird einzusehen sein, daß in flexiblen Berufen jede Absolventin und jeder Absolvent um Positionen konkurrieren, die in ihrer angenommenen Wertigkeit, im Gestaltungsspielraum, den sie lassen, und in der Bezahlung immer weiter auseinanderliegen. Gemessen am in regulierten Berufspositionen blühenden Ideal der Stimmigkeit von Ausbildung und Berufstätigkeit, wird die Zahl der „unterwertig" und „überwertig", das heißt der „ausbildungsinadäquat" Beschäftigten so lange zunehmen, bis vergessen ist, daß es diese Kategorien einmal gegeben hat.

Schließlich handelt es sich bei der heutigen Arbeitslosigkeit in allen Berufen um eine geschichtlich neuartige Dimension. Technischer Fortschritt und wirtschaftliches Wachstum führen dazu, daß mehr und mehr Menschen auf allen Stufen der Arbeit vom Maurer bis zur Physikerin, von der Friseuse bis zum Zahnarzt, von der Bürokraft bis zur Wissenschaftlerin aus dem Erwerbsleben ausgegrenzt werden. Die arbeitslose Freizeit zu vermehren ist eine modemer Rationalität einprogrammierte Tendenz.

Literatur – Nützliche Daten und hilfreiche Erläuterungen zur Arbeitsmarktsituation im Bereich von Universitätsabsolventen gibt die Zentralstelle für Arbeitsvermittlung der Bundesanstalt für Arbeit – Arbeitsmarktinformationsstelle, Postanschrift: Postfach 170545, 60075 Frankfurt a. M. heraus. Derzeit liegt die *Arbeitsmarkt-Information 4/1994 Soziologinnen und Soziologen* vor. Lohnend könnte auch ein Gang ins nächstgelegene BIZ (Berufs-Informations-Zentrum) sein. Manche Berufe gibt es dort als Film dokumentiert oder auf Tonband besprochen. Ein PC orientiert im Dschungel der Abschlüsse und Berufsbezeichnungen.

3. Wo arbeiten Soziologinnen und Soziologen?

So sehr sich einige Fachvertreter bemüht haben und auch weiter bemühen werden, den Soziologenberuf so zu definieren, daß er sich dem Kreis der regulierten Berufspositionen annähert, und so sehr wieder andere Fachvertreter immer neue spezielle Kernqualifikationen entwerfen, die nun als Superspezialitäten geeignet sein sollen, Soziologen in die Reihe der Spezialistenberufe zu drücken – in der Hauptsache ist Soziologie ein flexibler Beruf geblieben. Professionalisierungen brauchen nämlich sehr lange Zeiten. Sie haften an den Intuitionen lang zurückliegender Konstitutionsphasen und erfüllen sich nur sehr langsam (vgl. S. 33).

Die allermeisten Soziologinnen und Soziologen, die gegenwärtig die Universitäten verlassen, arbeiten nicht als Soziologinnen und Soziologen. Wer regelmäßig Stellenagebote in Zeitungen liest, findet dort wenig Explizites für die Soziologie als Beruf. Wenn es nach der Statistik von gemeldeten offenen Stellen und Bewerbern im Bereich Soziologie ginge, so hätten sich z. B. im Juni 1994 3336 Bewerber auf 91 offene Stellen gestürzt, und es sähe in der Tat sehr düster aus. Nach der Statistik ist die Zahl der arbeitsuchenden Soziologen seit Mitte der siebziger Jahre von 500 auf fast 4900 im Jahre 1988 gestiegen und hat sich vermutlich dank der deutschen Einheit und der damit verbundenen Mehrarbeit für Soziologen bis 1991 auf 3100 verringert. Seit Ende 1992 hat sich die Situation wieder verschlechtert. Arbeitsuchend sind inzwischen Frauen und Männer gleichermaßen. Die genaue Zahl der arbeitslosen Soziologen läßt sich nur schätzen. Die Quote liegt vielleicht bei zehn Prozent, vielleicht mehr, vielleicht weniger. Damit liegt sie über der durchschnittlichen Arbeitslosigkeit aller Universitätsabsolventen von etwa vier Prozent. Und die restlichen 90 % der Soziologinnen und Soziologen, wo sind sie geblieben?

Sichtbar und leicht auffindbar ist die Profession an den **Universitäten und Hochschulen**. Die hier ihre Brötchen verdienen, das waren 1992 etwa ein Viertel derer, die sich im Berufsverband deutscher Soziologen zusammengeschlossen haben. Es ist wichtig zu wissen, daß weder die Klassiker der Soziologie noch die deutschen Soziologen der zwanziger Jahre eine Soziologie als Beruf außerhalb der Universitäten im Sinn hatten. Für sie war selbstverständlich, daß Soziologie als Beruf nur an Universitäten Sinn macht und die Ausbildung allein dem Zweck zu dienen hat, den Nachwuchs an Professoren heranzuziehen. Auch in den fünfziger Jahren war die Mehrheit der deutschen Soziologen dieser Auffassung. Es gibt heute immer noch Fachvertreter, die es als Fehlentscheidung betrachten, daß einige Fachvertreter Ende der fünfziger Jahre den Diplomabschluß eingeführt haben und damit anfingen, Leute für Berufe auszubilden, die es gar nicht gab. Aus dieser Geschichte erklärt sich der große Anteil von berufstätigen Soziologen an Hochschulen. Denn hier ist ganz klar, was Soziologen zu tun haben, nämlich zu forschen und Soziologen auszubilden.

In der Ausbauphase des Faches in den sechziger und siebziger Jahren, als die Öffnung der Universitäten und die wundersame Stellenvermehrung an den Universitäten ihren Lauf nahm, fand die überwiegende Mehrheit der Soziologen als Professoren an den Universitäten so lange einen Arbeitsplatz, bis die Institute und Seminare ausgebaut wa-

ren und das Staatsgeld knapp wurde. Seit dem Ende der siebziger Jahre
sinkt der Anteil der Soziologen, die an Hochschulen arbeiten, kontinuierlich, und er wird aller Voraussicht nach noch weiter sinken.

Das zweite Berufsfeld, das sich Soziologen geschaffen haben, liegt in
außeruniversitären Forschungs- und Beratungseinrichtungen. Dabei
geht es in den seltensten Fällen um Grundlagenforschung, die, weil ihr
Wert und ihre Verwertbarkeit noch sehr ungewiß sind, traditionellerweise an Universitäten betrieben wird, sondern um angewandte Forschung. Eine Gewerkschaft will wissen, warum ihr die Mitglieder weglaufen; eine Partei will wissen, welche Wählermilieus zunehmen oder
abnehmen; ein Wohlfahrtsverband will wissen, wie sich die Spenden-
moral verändert; ein Gesundheitsminister will wissen, wie die Bürger
zur Züchtung gesunder Menschen stehen; eine Möbelfirma will wissen,
was die heute Zehnjährigen in fünf Jahren, wenn sie mehr Geld in der
Tasche haben, für Stühle in ihrer Bude stehen haben wollen, usw.
Wenn genug Geld da ist, kann, wer etwas wissen will, eine Soziologin
oder einen Soziologen direkt unter Vertrag nehmen. Meistens aber wird
ein Forschungsauftrag an ein sozialwissenschaftliches Forschungsinsti-
tut, ein Institut für Marktforschung oder Meinungsforschung vergeben, um die Sache untersuchen zu lassen.

Was mit den Ergebnissen ihrer Forschung gemacht wird, ob sie vom
Auftraggeber ernst genommen oder als Gewissensberuhigung abgehef-
tet werden, ob sie gar als Alibi für Untätigkeit herhalten müssen, darauf haben Soziologinnen und Soziologen mehr Einfluß, wenn sie Aufgaben übernehmen, die in die Bereiche von **Planung, Entscheidungsvorbereitung und Entscheidung** fallen. Der Gedanke, daß gesellschaftliche Verhältnisse von Menschen selbst gemacht werden, ist einer der
soziologischen Hauptsätze. Was liegt da näher als der Gedanke, daß
Soziologinnen und Soziologen zum Planen ganz besonders geeignet sei-
en. Die Planung von gesellschaftlichen Prozessen gehört zu den faszi-
nierendsten Ideen der modernen Gesellschaft. Sie hat in der Vergangenheit viele kluge Leute zu hochfliegenden Planungsphantasien ver-
führt. Oft erfolgte dann eine herbe Enttäuschung, und die Fehlplaner
wurden nach Hause geschickt. Besonders in der Zeit der Planungs-
euphorie der siebziger Jahre entstanden im Bereich der *Stadt-, Regio-
nal- und Landesplanung*, im Bereich von *Gesundheit, Psychiatrie* und
Rehabilitation, im *Strafvollzug* und in der *Sozialarbeit* hinreißende Pla-
nungen, die von einem bewundernswerten Reformmut zeugten. Sie
scheiterten am trägen Widerstand der alten Mächte und an der Knappheit öffentlicher Mittel, oder sie wurden arg zurechtgestutzt und ha-

ben als unvollendete Reformruinen den Ruf von reformerischer Sozialplanung schwer geschädigt.

Dennoch haben sich Soziologinnen und Soziologen hier Felder beruflicher Tätigkeit geschaffen, die bleiben werden. In Verbänden (Kirchen, Gewerkschaften, Parteien, Unternehmens- und Wohlfahrtsverbänden) haben sie als Mitarbeiter, die auch über den Tellerrand alltäglicher Organisation hinausschauen können, eine Chance bekommen, sich zu bewähren. Da langfristige Gesellschaftsbeobachtung zeigt, daß Phasen planerischer Hochstimmung und Phasen der Verketzerung des Planens ähnlich wie Konjunkturen sich abwechseln, wäre die Soziologie schlecht beraten, diese Dimensionen ihrer Möglichkeiten zu vergessen. Die Planung am berühmten ‚grünen Tisch‘ war ohnehin nie Soziologeninteresse. Wichtiger ist Planung als eine Entscheidungsvorbereitung im politischen Raum, bei der die komplizierten Interessenlagen und Mentalitäten der Beteiligten an die Öffentlichkeit treten können und dort ihren Kompromiß und Ausgleich finden können.

Vielleicht aus der Sorge, daß in institutionellen Entscheidungsprozessen herkömmlicher Art wichtige Dinge mißachtet werden, hat ein beträchtlicher Teil von Soziologinnen und Soziologen die Konsequenz gezogen, sich Tätigkeitsfelder im **außerschulischen Bildungsbereich** zu erschließen. Dies reicht von Bildungsangeboten für Jugendliche über die Erwachsenenbildung bis zu Bildungsprogrammen für die ältere Generation. Dabei haben Soziologinnen und Soziologen gezeigt, daß sie unbelastet vom Oberlehrer-Image der Pädagogen die Aufgabe der Vermittlung neuer Wissensbereiche zügig voranbringen können. So ist z. B. der Einzug der Datenverarbeitung in die Gesellschaft nicht zuletzt durch die zahlreichen Soziologen möglich geworden, die im Rahmen ihrer Methodenausbildung an Universitäten früher als andere mit den neuen Geräten umgehen mußten und die dies Wissen im außerschulischen Bildungsbereich weitergegeben haben.

Im außerschulischen Bildungsbereich zu arbeiten bedeutete ebenso wie im außeruniversitären Forschungsbereich tätig zu sein für die, die diesen Weg gegangen sind, sich von der Alma mater und vom Vater Staat und ihrem stark normativen Klima weg und ein Stück weit auf den Markt hin zu bewegen. Auch wenn es zur Zeit noch gar nicht recht ins Image paßt, ein knappes Viertel der Soziologinnen und Soziologen arbeiten in **Unternehmen der privaten Wirtschaft**. Es sind dies vor allem Soziologen, die das Lernen in der Studierstube nicht länger als ein halbes Jahrzehnt ausgehalten und schon früh im Studium Chancen wahrgenommen haben, sich Einblicke ins „richtige Leben" zu gönnen.

In privatwirtschaftlichen Unternehmen sind Soziologen vor allem im *Personalwesen*, in der *Weiterbildung* und im *Marketing* tätig. Geschätzt wird ihre Teamfähigkeit, Kritikfähigkeit und Kreativität, so daß sie im Vergleich zu Betriebswirten, insofern diese nur an ihre formalisierten Modelle glauben, manchmal beruflich größere Chancen haben. Für ihre Karriere in der privaten Wirtschaft war auch entscheidend, daß Soziologie für sie auch Medium der Persönlichkeitsbildung gewesen ist. Die vertiefte Einsicht, daß Menschen darauf angewiesen sind, ihre Absichten und Handlungen miteinander zu verflechten, wenn sie ihre vereinzelten Ziele erreichen wollen, führt zu persönlichen Einstellungen im *Umgang mit Macht und mit Risiko*, die gerade auch bei einem neuen Unternehmertyp gefragt sind, der nichts mehr mit den alten „Nieten in Nadelstreifen" zu tun haben will.

Ginge es nach den Traumwünschen der Soziologinnen und Soziologen der letzten Jahre, so wäre ein erheblicher Teil im Bereich **Medien** tätig geworden. Es war die erste Generation dieser Erde, die biographisch zuerst Fernsehen und dann Lesen und Schreiben gelernt hat. Mit den neuen Medien sind aber auch die alten Print-Medien in eine veränderte Lage geraten. Das gesellschaftliche Ansehen des Journalismus ist enorm gewachsen, und für viele Gruppen besteht ein Zwang, auf dem Medienmarkt präsent zu sein. Soziologen konkurrieren auf diesem Teil des Arbeitsmarktes mit dem Spektrum nahezu aller Fächer. Denn jedes Studienfach kann zu Tätigkeiten im Medienbereich führen: ob nun ein Physiker für die Sendung „Aus Naturwissenschaft und Technik" schafft oder ein Theologe die Echternacher Springprozession ins rechte Bild setzt. Etwa ein bis fünf Prozent der Soziologen arbeiten bisher im Medienbereich bei Tages- und Wochenzeitschriften, bei Fachzeitschriften, im Hörfunk, Fernsehen und in Verlagen.

Die Einrichtung soziologischer Hauptfachstudiengänge seit 1955 erfolgte gewissermaßen ins Blaue. Nirgendwo gab es bei irgendwelchen Arbeitgebern eine Nachfrage, die das Unternehmen hätte rechtfertigen können. Das Angebot „Soziologie" wurde von den Studierenden angenommen. Trotz aller Enttäuschungen hat sich das Interesse an Soziologie bisher in jeder Studentengeneration erneuert. Die Absolventinnen und Absolventen haben sich Jahr für Jahr wie die Pioniere auf den Weg gemacht, neue Berufsfelder für die Soziologie zu erschließen. Es gab keine vorbereiteten Nester. Das Risiko der Marginalisierung ist ein ständiger Begleiter gewesen. Befristete Verträge, große räumliche Mobilität, der rasche Wechsel von fetten und mageren Jahren sind keine Seltenheit. Sie haben dort Erfolg gehabt, wo zwei Dinge zusammenkamen: Der Mut eines Arbeitgebers, jemand mit dieser Ausbildung einzustellen, und die Fähigkeit der Eingestellten, sich so nützlich zu machen, daß ihnen mehr Verantwortung übertragen werden konnte. Wo dann schon mal ein Soziologe segensreich gewirkt hatte, hatte das Image seine Züge bekommen. Wenn es dann wirtschaftlich ging, war oft eine Verbreiterung der Chancen für andere Soziologen möglich.

Literatur – Siegfried Lamnek (Hrsg.), *Soziologie als Beruf in Europa. Ausbildung und Professionalisierung von Soziologinnen und Soziologen im europäischen Vergleich*, Berlin 1993. In diesem Band findet sich auch eine Literaturübersicht zu den Untersuchungen zur Berufseinmündung von Soziologen, die an einzelnen Studienorten von Aachen bis Wuppertal gemacht wurden. Zum Beispiel: Frank Welz, *„Wo sind sie geblieben?" Freiburger SoziologInnen in Studium und Beruf*. Freiburger Beiträge zur Soziologie, Pfaffenweiler 1995. Reichhaltiges Material zu allen Berufsfragen, die für Soziologinnen und Soziologen von Interesse sind, bieten die Schriften des BDS (Berufsverband Deutscher Soziologen e. V., Feilenstr. 2, 33602 Bielefeld). Etwa 70 Mitgliedsinstitute zählt die Arbeitsgemeinschaft sozialwissenschaftlicher Institute (Lenné-Str. 30, 53113 Bonn).

II. Die Unentbehrlichkeit der Soziologie

War zunächst von Soziologie als Beruf wie von einer versteckten Angelegenheit die Rede, so gilt es jetzt, das Versteckspiel zu beenden: Woher nehmen Soziologinnen und Soziologen die Gewißheit ihrer Unentbehrlichkeit? Solche Gewißheit gehört ja wohl zur Profession, sonst könnte man die Arbeit gleich anderen überlassen oder sich anders ausbilden. Die Möglichkeiten, als Soziologe reich zu werden, sind eher gering. Die Chancen, als Soziologin an der Spitze einer siegreichen Revolution zu stehen, sind auch nicht mehr das, was sie einmal waren. Und was die vergnüglichen Seiten angeht, so zeigt die Nichtexistenz von Witzen über Soziologen (im Unterschied von Medizinerwitzen, Juristenwitzen, Psychologenwitzen), daß wir wenig Anlässe zum Lachen geben. Trotzdem glauben wir Soziologen an unsere Unentbehrlichkeit. Dieser Glaube beruht letztlich auf einer eigentümlich attraktiven Betrachtungsweise der bisherigen Geschichte der menschlichen Gesellschaft und auf einer Selbstreflexion der Stellung, die die Soziologie darin einnimmt als diejenige Disziplin, die auf die „Entdeckung der Gesellschaft" in spezifischer Weise reagiert hat.

1. Die Entdeckung der Gesellschaft

Mediziner und Philosophen gibt es schon bei den Griechen. Soziologen noch nicht. Theologen gibt es seit der Spätantike, Soziologen fehlen im Mittelalter. Es dauert ziemlich lange, bis Soziologen auftauchen. Man muß sich wundern, daß die Menschheit es so lange ohne Soziologie geschafft hat, zu überleben. Soziologie taucht nämlich erst im neunzehnten Jahrhundert auf. Ohne Wissen um die Besonderheit der Situation, mit der dann Soziologie unentbehrlich wurde, gehen Aussagen zur Soziologie als Beruf in der Regel daneben.

Das Auftauchen von Soziologie ist mit einem eigenartigen Vorgang, der *Entdeckung der Gesellschaft*, untrennbar verbunden. Dies meint nun nicht, daß unsere ferneren Vorfahren sich nicht bewußt gewesen wären, daß Menschen in Gesellschaft leben. Sie wußten sehr wohl, daß Menschen, so wie sie ihr Leben führen, einander brauchen. Es war manchen auch bewußt, daß, wie der Grieche Aristoteles schrieb, der Mensch ein *zoon politicon* ist – ein Tier sicherlich, aber ein solches, das sich zu einer politisch-gesellschaftlichen Lebensform erheben kann. Die

Entdeckung der Gesellschaft im neunzehnten Jahrhundert meint jenen Vorgang, mit dem die alte Selbstverständlichkeit von gesellschaftlich-gemeinschaftlicher Seinsweise brüchig wird und Gesellschaft als ein Problem erscheint, für das es neue Lösungen zu finden gilt. Soziologen haben die Gesellschaft nicht aus heiterem Himmel entdeckt, sondern unter einem düsteren Himmel den Aufruhr ihrer Zeit erfahren und ihn sich als soziales Problem versucht verständlich zu machen. Von daher steht soziologische Arbeit immer unter „Zeitdruck" im mehrfachen Sinne. Die Zeit ist zu knapp für das gemächliche Ausreifen der Forschungsergebnisse, und die Zeit bedrückt mit ihren ideologischen Verblendungen ebenso wie mit ihren Ratlosigkeiten. Um es im Jargon zu sagen: Soziologisches Arbeiten ist problemorientiert.

Gegen diese historische Situierung der Entdeckung der Gesellschaft könnte jemand mit gutem philosophischen Sinn einwenden: „Menschen haben doch immer dieselben Probleme gehabt. Sie mußten sich ernähren, mit dem Wetter zurechtkommen. Sie mußten irgendwie miteinander auskommen, den Nachwuchs erziehen, so daß er in die Gruppe integriert werden konnte. Sie mußten mit der Gebrechlichkeit und Hinfälligkeit des Körpers fertig werden, der dann schließlich bestattet werden mußte. Sie mußten mit der Tatsache fertig werden, daß Männer und Frauen existieren, und daß Generationen kommen und gehen. Sie mußten anerkennen, daß es fette und magere Jahre gibt und daß Feuer, Überschwemmung oder Dürre vieles wieder zunichte machen konnte. Und sie mußten mit übel gesonnenen Menschen rechnen, mit feindlichen Gruppen, gegen die man Krieg führte, oder mit einzelnen, die in der Gruppe existierten und sich nicht fügen wollten. – Vielleicht gibt es noch ein paar Probleme mehr, aber es sind doch immer dieselben Probleme."

Dies ist eine sehr ehrenwerte Auffassung; sie ist auch sehr weise. Wenn man auf einen hohen Berg steigt und in der klaren Luft einsam stehend über die Welt nachdenkt, wird man wohl zu solchen Auffassungen kommen. Aber unten in den Tälern und in den Niederungen, da wo sich die meisten Soziologinnen und Soziologen aufhalten, sieht die Sache mit den Problemen anders aus. Hier gibt es wohl auch so etwas wie die ewigen Grundprobleme, aber es gibt vor allem Probleme, die auf den Nägeln brennen. Es gibt akute Probleme und weniger akute. In den Niederungen gibt es das Vergessen von jetzt nicht so relevanten Problemen und Prioritäten. Im neunzehnten Jahrhundert ist das Problem Gesellschaft ein auf den Nägeln brennendes Problem.

Heute dagegen geht das Wort „Gesellschaft" flott von den Lippen.

Die Dramatik, mit der unsere Vorfahren „die Gesellschaft" als Grund
für ihre Probleme entdeckten, ist verschwunden. Seit dem neunzehnten
Jahrhundert ist in der Soziologie ein Wissen über Gesellschaft entstanden, das sich sehen lassen kann. Soziologinnen und Soziologen sind
heute in der Lage, viele gesellschaftliche Probleme, die den Menschen
im neunzehnten Jahrhundert zutiefst unheimlich und unverständlich
waren, zu erklären und verständlich zu machen. Soziologisches Wissen
oder Stücke davon sind in der Gesellschaft weit verbreitet. Jede Juristin
weiß heute, daß die Veränderung von Rechts- und Unrechtsbewußtsein
etwas mit der Gesellschaft zu tun hat; jeder Literaturwissenschaftler
weiß, daß literarische Werke nicht allein dem ungreifbaren Genie des
Poeten entspringen, sondern in soziale Kontexte eingebettet sind; jede
Historikerin weiß, daß nicht die großen Feldherren oder Politiker allein die Geschichte machen, sondern daß in Geschichte soziale Beziehungen und soziale Strukturen eine erhebliche Rolle spielen; und jedes
fortgeschrittene Schulkind weiß, daß vieles, was es an unangenehmen
Dingen erlebt, mit der Gesellschaft zu tun hat; und auch der tumbeste
Skinhead kann soziale Schädigungen auspacken, wenn er wegen Kör-
perverletzung vor Gericht steht.

Soziologisches Wissen und die soziologische Perspektive sind weit
verstreut. Sie gehören heute zur alltäglichen Selbstverständlichkeit und
zu den Routinen von verschiedensten Professionen. Was die gesellschaftlichen Probleme angeht, so gibt es auch von Soziologinnen und
Soziologen erarbeitete Lösungsvorschläge. Manche finden in Parteien
oder bei Regierungen, bei Verbänden oder Unternehmen Eingang in
die Praxis. Manche werden als umstürzlerisch abgewiesen. Aber auch
diese Selektionen des jetzt „Machbaren" und „Nicht-Machbaren" haben nichts Rätselhaftes mehr. Die Soziologin, die mit ihren Ratschlä-
gen abgewiesen wird, wird keine Probleme haben, sich das aus der sozialen Struktur der politischen Herrschaftsverhältnisse zu erklären, sie
wird nach sozialen Gruppen Ausschau halten, die ein Interesse an ihren
Vorschlägen haben; und bei diesem Ausschauhalten kann sie sich auf
ein solides Wissen über Gesellschaft beziehen.

Gesellschaftliche Probleme erscheinen heute mehr als je zuvor im
Horizont des Lösbaren, und die Vereitelung von Lösungen kann auch
hinreichend mit Mitteln der Soziologie erklärt werden. Dieser *Erfolg
der Soziologie* ist nun keineswegs mit dem Paradies auf Erden zu verwechseln. Das Paradies auf Erden ist ein anderes Problem, viel älter als
die Soziologie, was nicht heißen soll, daß es unwichtig ist. Festzuhalten ist, daß soziologische Theorien und soziologische Wissensbestände

unentbehrliche Teile des gegenwärtigen Weltbildes geworden sind. Um diese praktische Unentbehrlichkeit zu verstehen und vor allem auch um ihre Folgen zu ermessen, ist es sinnvoll, sich an die alte Selbstverständlichkeit von Gesellschaft zu erinnern, die noch keiner Soziologen bedurfte, um sich zu reproduzieren.

Hier ist es ganz selbstverständlich, daß Menschen einander brauchen, um existieren zu können. Dies ist der unbezweifelbare Hauptsatz. Es ist auch selbstverständlich, daß Menschen zwischen sich und der Wildnis der Natur eine Grenze ziehen. Menschen bestatten ihre Toten, sie lassen sie nicht wie Tiere liegen. Menschen grenzen sich von der regellosen Promiskuität der Natur ab. Sie nehmen sich aus dem Naturgeschehen heraus. Sie bringen ihre Handlungen in eine Ordnung. Sie haben Regeln, Sitten, Gebräuche, Gebote. Die soziale Ordnung ist garantiert entweder durch die Sitte der Vorfahren oder durch einen Herrscher, der sagt, ,wo es langgeht', oder durch geheiligte Gesetze. Dies ist der selbstverständliche Kernbestand im Bereich menschlichen Zusammenlebens. Trotz der ungeheuren Formenvielfalt früherer menschlicher Gesellschaften sind diese Punkte selbstverständlich. Im neunzehnten Jahrhundert ist diese Selbstverständlichkeit einem vierfachen Angriff zum Opfer gefallen.

Revolutionierung der Politik. Das zentrierte staatliche Ordnungsgefüge wurde so unter die Imperative „Freiheit, Gleichheit, Brüderlichkeit oder der Tod" gestellt, daß ein Zeitgenosse schreiben konnte:

> So lange der menschliche Geist nicht seiner Freiheit und ungebundenen Selbstentwicklung überlassen ist, so lange können wir auch nicht sagen, er habe ein Dasein, das seiner würdig wäre. (Edgar Bauer 1842).

Monetarisierung der Beziehungen. Die Geldwirtschaft und das Rentabilitätsbewußtsein durchdringt so sehr die zwischenmenschlichen Beziehungen und das Verhältnis zu Dingen, daß ein Zeitgenosse feststellt:

> Vermögen, Reichtum, Nutzen, Erwerb, Geld – das gilt über alles. Es ist zwar wohl immer geschätzt worden, allein doch nur als Repräsentant der Dinge; jetzt gilt aber der Repräsentant mehr als das Repräsentierte, und die Sachen und Dinge sind bloß Repräsentanten des Geldes geworden. (Anonym 1834).

Industrialisierung der Arbeit. Die technischen Innovationen und die Ausbreitung neuer Maschinen bringen einen Zeitgenossen dazu, festzustellen:

Die Dampfmaschine und die Spinnmaschine haben jedoch mit ihren Folgeerscheinungen, den zahllosen mechanischen Erfindungen, so viel Unheil über die Gesellschaft gebracht, daß dieses nun weitaus den Segen überwiegt, den sie gebracht haben. [...] Die allgemeine Ausbreitung der Fabriken über das ganze Land erzeugt einen neuen Charakter in seinen Bewohnern. [...] Der Unternehmer betrachtet die Beschäftigten als bloße Instrumente für seinen Gewinn, während die Arbeiter einen grob gewalttätigen Charakter erwerben. (Robert Owen 1820).

Autonomisierung der Künste. Ästhetische Normen, von religiösen und moralischen Bindungen befreit, bieten nur noch Vorwände der Überschreitung, wenn ein zeitgenössischer Künstler fordert:

Der Künstler hängt nur von sich selbst ab. Er verspricht den kommenden Jahrhunderten nur seine eigenen Werke. Er bürgt nur für sich selbst. Er stirbt ohne Nachkommen. Er war sein König, sein Priester und sein Gott" (Charles Baudelaire 1855).

Diese vier Stimmen aus dem neunzehnten Jahrhundert ließen sich mühelos zu einem Riesenchor erweitern. Aus den verschiedensten Perspektiven taucht Gesellschaft als Problem auf. Die Idee der ungebundenen Selbstentwicklung bedroht die soziale Bindung. Das Geld macht Beziehungen käuflich. Die Maschinen führen zu verelendeten und gewalttätigen Arbeitern, die Künstler definieren sich als absolut autonom. – Gesellschaft, das heißt, daß Menschen einander brauchen, daß sie ihr Handeln in eine Ordnung bringen müssen, diese alte Vertrautheit bricht. Das Einander-Brauchen ist jetzt ganz unsozial bloßes Ausnutzen. Viele denken sich als Gegenüber der Gesellschaft. Gegen Gesellschaft wird Freiheit, Eigennutz und Autonomie gefordert und praktiziert. Gesellschaft erscheint so als eine Art *Nichtgesellschaft* oder als *Auflösung der Gesellschaft*, als gesellschaftliches Chaos, und das ist unheimlich. In einer paradoxen Selbstwahrnehmung sprechen die Menschen davon, daß es gesellschaftliche Kräfte sind, die die Gesellschaft bedrohen. Aus diesem beunruhigenden Erfahrungshorizont ist eine Reihe von professionellen Orientierungen entstanden, die bis heute mit der Soziologie verbunden sind.

Literatur – Friedrich H. Tenbruck, *Die unbewältigten Sozialwissenschaften oder Die Abschaffung des Menschen*, Graz, Wien, Köln 1984.

2. Soziologie zwischen Polizeywissenschaft, Socialismus und Reportage

Mit der Entdeckung der Gesellschaft als einem fraglich gewordenen Phänomen im neunzehnten Jahrhundert bilden sich drei Optionen heraus, deren Erbschaften in die Soziologie eingehen und bis heute Imaginationen ihrer Wirksamkeit stimulieren. In der einen Option spricht sich der Wille zu einer **stabileren Sozialordnung**, in der anderen Option der Wille zu einer **besseren Gesellschaft**, in der dritten Option schließlich der Wille zu einer über sich selbst **informierten Gesellschaft** aus.

Wie ist eine *stabile Sozialordnung* zu garantieren? Über Jahrhunderte war es ganz evident, daß menschliches Zusammenleben möglich ist, weil es Herrscher gibt, die Anordnungen und Gesetze erlassen und das alte Recht hüten. Für die Soziologie wird dies nicht der entscheidende Orientierungspunkt sein. Für Juristen sind Fragen der Entstehung von Recht und Gesetz schnell beantwortet, wenn abgeleitet werden kann, daß Recht und Gesetz zu Recht bestehen. Viel wichtiger sind für Juristen die Fragen der Anwendung der Rechtssätze und Regeln, bezogen auf Tatbestände oder Fälle. Juristen haben bis heute in der Hauptsache Fälle zu lösen. Oft – vor allem in Klausuren – handelt es sich um sehr vertrackte Fälle, bei denen auf den ersten Blick gar nicht erkennbar ist, welche Paragraphen und mit welchem Gewicht in diesem Fall zur Anwendung kommen müssen. Bei der Jurisprudenz handelt es sich um eine Kunstlehre, und der Anteil an wissenschaftlicher Erkenntnis ist im Jurastudium auch recht gering.

Polizeywissenschaft. Für die Entstehung von professionellen Orientierungen in der Soziologie ist ein anderes Feld als das juridisch-rechtstechnische von weitaus größerer Bedeutung gewesen: die „Polizeywissenschaft" des achtzehnten Jahrhunderts, die im neunzehnten Jahrhundert in „Staatswissenschaft" umgetauft wurde. Die Beibehaltung der altertümlichen Schreibweise „Polizey" soll verhindern, sie mit der „Polizei" von heute zu verwechseln. Bei „Polizei" mag man heute an Verkehrspolizisten denken oder an Schlachten zwischen Demonstranten und der Polizei. Der alltäglich negative Beigeschmack, den das Wort Polizei in manchen Situationen heute hat, ist auch ein Ergebnis des neunzehnten Jahrhunderts. Ganz anders sah die Sache in der Zeit aus, als die Staaten noch jung waren. Da konnte ein Gelehrter schreiben:

Der Endzweck der Policey ist demnach, durch gute innerliche Verfassungen die Erhaltung und Vermehrung des allgemeinen Vermögens des Staats zu bewirken; und gleichwie das allgemeine Vermögen des Staats nicht allein alle der gesamten Republik und allen Mitgliedern derselben zuständige Güther, sondern auch die Geschicklichkeiten und Fähigkeiten aller zu der Republik gehörigen Persohnen unter sich begreift; so muß die Policey beständig bemühet seyn, den allgemeinen Zusammenhang aller dieser verschiedenen Güther vor Augen zu haben und eine jede Art derselben zur Beförderung der gemeinschaftlichen Glückseeligkeit immer dienstlicher und brauchbarer zu machen [...]. Dieser Endzweck der Policey kann ohne eine vollkommene Kenntnis, dieser verschiedenen Güther nicht erreichet werden. (J. H. G. von Justi 1759).

Wir haben es hier nicht mit der Polizei als Repressions- und Unterdrückungsinstrument des Staates zu tun, sondern mit einer Policey, die die Steigerung der kollektiven und individuellen Kräfte der Staatsmitglieder und nichts weniger als ihre Glückseligkeit zum Endzweck hat. Diese Policey kümmert sich um Erhaltung und Vermehrung. Sie befaßt sich nicht mit dem Verhältnis von Volk und Herrscher – wie die Juristen –, sondern mit der **Bevölkerung**. Das ,Volk' ist eine juridisch-politische Kategorie. Man redet vom Herrscher und seinem Volk oder demokratisch: ,,Alle Staatsgewalt geht vom Volke aus". Man kennt den Begriff ,,Volkssouveränität"; es gibt jedoch keine ,Bevölkerungssouveränität'.

Die Bevölkerung ist der prominente Gegenstand, den die alten Polizey-Wissenschaftler, später die Staatswissenschaftler und heute die Soziologen sich zur Untersuchung vornehmen. Was ist die Bevölkerung? Das sind die Personen, die ein Staatsgebiet bevölkern, und hieran schließen sich nun eine Reihe von Fragen, die zur Anlage von Wissensbeständen führen. Die Bevölkerung, das ist zunächst ihre Fruchtbarkeit. Wie hoch ist die Geburtenrate, wie hoch die Sterblichkeit? Dann geht es um die Zusammensetzung: Wieviel Frauen gibt es, wieviel Männer? Wie sieht es mit der Zusammensetzung nach Generationen aus? Wie lang leben die Personen? Bevölkerung, das ist aber auch die Produktivität der Personen: Art und Verteilung der Berufe, des Zusammenhangs von Berufen und zu ihnen gehörigen Ressourcen, die Art der Qualifikationen, des Gelernt-Habens und der Ausbildung. Auf die Bevölkerung richten sich auch Fragen der Sicherheit der Regenerierung der Produktivität, Fragen nach Gesundheitszustand, Krankheitshäufigkeit, Ernährungszustand, Wohnverhältnissen, Kleidung.

Zusammengefaßt: Alles was zur Bevölkerung als wichtigstem Gut eines Staates gehört, ist Gegenstand der Policeywissenschaft, also gerade nicht der untertänige Bürger, sondern die fruchtbaren, Reichtum ver-

mehrenden Personen, und sie sollen gefördert werden. Um sie zu för-
dern, benötigt man Wissen, eine möglichst „vollkommene Kenntnis
dieser verschiedenen Güther". Das Wissen um alles, was mit der Bevölkerung zusammenhängt, ist bis heute ein Orientierungspunkt für Soziologie als Beruf (vgl. S. 57). Aus der alten Policeywissenschaft haben
sich bis heute zwei Formen der Wissensvermehrung in der Soziologie
erhalten.

Die Statistik. Man braucht Zahlen. Wieviel Personen gibt es im Staat?
Wieviel Personen leben, wieviel sterben? Was tun sie? Welche Ausbildung haben sie? Ohne Zahlen sind Aussagen über die Bevölkerung
nicht möglich. Darum gehört die Statistik ins Studium, obwohl nur
wenige Studierende der Soziologie Statistiker werden wollen. Statistik
ist ein unentbehrliches Mittel der *quantitativen Sozialforschung* (vgl.
S. 118).

Der Lagebericht. Policeyinspektoren, die nur am Schreibtisch die Ko-
lonnen von Zahlen addieren, sind natürlich nicht ausreichend. Zahlen
können täuschen. Man muß also die Dinge direkt in Augenschein nehmen. Im neunzehnten Jahrhundert reisen die Policeywissenschaftler im
Lande herum, beobachten, besichtigen, führen Gespräche, vernehmen
die verschiedenen Parteien, hören Lob und Tadel. Sie notieren sich
dann die Klagen, schreiben, was ihnen stolz als Errungenschaft präsentiert wird. Sie gewinnen einen Eindruck; sie machen sich ein Bild von
der Lage, ordnen die Informationen; sie recherchieren und schreiben
Lageberichte. Diese Berichte zur Lage, die auf direkter Beobachtung
und direkter Nachfrage beruhen, finden sich bis heute in der Soziologie als *qualitative Sozialforschung* (vgl. S. 123).

Die Soziologie hat einen Teil des Erbes der alten Policeywissenschaft
aufgenommen. Dazu gibt es in dieser Tradition auch ein implizites
Ideal, einen Endzweck: die gute Verwaltung. Sie ist gut, weil sie informiert ist, weil sie genau Bescheid weiß und sich nichts vormachen läßt.
Es ist die gute Verwaltung, die die Nöte der Bevölkerung ans Licht
bringt und nach gelungenen Lösungen auch Ausschau hält. An diesem
Idealbild partizipieren auch Soziologinnen und Soziologen heute. Für
sie ist die vorfindliche Art der Verwaltung nie der Weisheit letzter
Schluß. Das stürzt sie auch immer wieder in berufliche Probleme. Denn
eine gute Verwaltung liegt nicht unbedingt automatisch im Interesse
derer, die über die Stellenbesetzungen zu entscheiden haben. Sie stehen
bei der Besetzung von Posten im Bereich der Administration immer
wieder vor der Frage, ob sie die Soziologin einstellen, die sagt, wie die

Lage wirklich ist, oder nicht doch lieber den Juristen, der die Normen hochhält.

Socialismus. Wer sich die Frage vorlegt, warum aus der fördernden Policey die repressive Polizei wurde, gerät ins andere Orientierungsfeld der Soziologie, den „Socialismus". Noch beim Soziologentag 1928 in Zürich mußte der Vorsitzende der Deutschen Gesellschaft für Soziologie erklären, daß Soziologie und Sozialismus nicht dasselbe sind. Die sprachliche Nähe ist verfänglich und wird die Soziologie wohl auch in Zukunft mit der unausrottbaren Frage nach der besseren Gesellschaft in Verbindung bringen.

Im neunzehnten Jahrhundert wird Gesellschaft als eine fragliche Angelegenheit entdeckt. Die Option in der Tradition der Policeywissenschaft gipfelte in der Idee einer guten Verwaltung, die flexibel und kompetent auf soziale Probleme reagiert und optimale Lösungen anstrebt. Was aber, wenn die Idee Platz greift, daß es hier nichts mehr zu optimieren gibt, sondern daß die Gesellschaft von Grund auf neu organisiert werden muß? Eine ganz neue Gesellschaft muß her, und das meint eben ‚Socialismus' oder noch radikaler ‚Kommunismus'. Die Soziologie hat einen Teil des Erbes des alten Socialismus in sich aufgenommen, und sie ist vom Zusammenbruch der sich sozialistisch und kommunistisch nennenden Staaten in ganz besonderem Maße betroffen. So sehr sich auch Soziologen seit dem neunzehnten Jahrhundert bemüht haben, das Revoluzzer-Image des Faches abzuwehren, und so sehr Soziologen auch heute darauf hinweisen können, daß es gerade die Soziologie war, die als „bourgeoise Wissenschaft" unter kommunistischer Herrschaft verfolgt wurde, es bleibt das innere Band bestehen, das die Soziologie im guten wie im bösen mit allen historischen und aktuellen Bestrebungen verbindet, die eine bessere Gesellschaft als die bestehende wollen.

Der Traum von einer anderen Gesellschaft findet sich schon in den großen Sozialutopien der frühen Neuzeit, aber erst mit den Umbrüchen der Französischen Revolution wird die Sehnsucht nach einer ganz neuen Gesellschaft enorm verstärkt. Die bessere Gesellschaft erscheint bei vielen Autoren in der Erfahrung der fraglich gewordenen Gegenwartsgesellschaft als eine notwendige Konsequenz der geschichtlichen Entwicklung überhaupt. Hier entsteht ein **konstruktiv-utopischer Sozialismus**, in dem vorgedacht wird, wie die bessere Gesellschaft aussehen soll, und in dem philosophisch begründet wird, warum sie kommen muß. – Andere sagen: ‚Was soll die geschichtliche Hoffnung und das

Warten auf die Idealgesellschaft? Laßt uns einfach mit der neuen Ordnung anfangen, klein anfangen, hier bei uns, in unserer Stadt oder vielleicht etwas außerhalb, wo es etwas besser geht! Werden wir aus Staatsbürgern der alten Ordnung zu Genossen einer Neuen Gemeinschaft! Gründen wir Genossenschaften, Landkommunen, Gemeinschaftsprojekte, in denen es gerecht zugeht.' Im neunzehnten Jahrhundert blüht der **Genossenschaftssozialismus** in seinen vielfältigsten Formen. – Wieder andere sagen: ,Dieser Minisozialismus hilft uns genausowenig wie die konstruktiv utopischen Blaupausen, wir brauchen einen reellen Maxisozialismus, das heißt revolutionärer Sturz der alten Ordnung und revolutionärer Aufbau einer neuen.' Im neunzehnten Jahrhundert steigt die Konjunktur eines **revolutionär-eliminatorischen Sozialismus.** – Schließlich, vor dieser Alternative zurückschreckend, konzentrieren sich andere auf eine rein defensive Position. Im **Gewerkschaftssozialismus** entstehen Vereine und Verbände, in denen sich die von den gesellschaftlichen Umbrüchen betroffenen Handwerker und Arbeiter zusammenschließen, um ihre Interessen zu verteidigen. Zwischen diesen vier Möglichkeiten changiert die Diskussion im neunzehnten Jahrhundert und weit darüber hinaus, vielleicht sogar in die Gegenwart hinein, in die Nischen, in denen die Sehnsucht nach einer besseren Gesellschaft sich erhält.

Die Soziologie hat am wenigsten naturgemäß von der revolutionär-eliminatorischen Seite des Socialismus aufgenommen. Die Zahl der kleinen Lenins unter den Soziologen ist nach 1989 stark zusammengeschmolzen. Dennoch findet sich der revolutionär-eliminatorische Gestus häufiger in der Gewohnheit, eine Untersuchung gleichsam manifestartig mit einer Liste all der Dinge zu beenden, die abgeschafft werden müßten. Wichtiger ist die genossenschaftliche und gewerkschaftliche Seite des alten Socialismus. Hier geht es um die Erforschung und Förderung der Kräfte, die für eine grundlegende Änderung der Gesellschaft eintreten oder die gegenüber negativen Entwicklungen ein Gegengewicht bilden wollen. Im neunzehnten Jahrhundert war dies die Arbeiterbewegung, das Proletariat. Die Trias von Soziologie, sozialer Frage und Sozialismus war bis weit in den Anfang dieses Jahrhunderts hinein eine spontane Assoziation, der sich niemand entziehen konnte. Heute ist es nicht mehr so einfach, Bewegungen zu identifizieren und zu gewichten. Es gibt in modernen Gesellschaften nämlich viele Bewegungen: Frauenbewegungen, Kinderproteste, Krankenbewegungen, Altenbewegungen, grüne Bewegungen, Friedensbewegungen, Becquerelbewegungen, Tierschutzbewegungen, Studentenbewegungen usw. Bei diesen Bewegungen ist nicht ganz klar, was sie sind: Single-purpose-Movements oder so etwas wie „neue soziale Bewegungen" oder vielleicht gar keine Bewegungen, sondern seltsame Oberflächenspiele, deren Sinn noch nicht geklärt ist. Aus dieser Seite des Socialismus rührt immer noch als professionelle Orientierung die Idee, daß Soziologinnen und Soziologen gleichsam als Bewegungsberater tätig werden.

Am stärksten aber dürfte schließlich immer noch das Gewicht sein, das die konstruktiv-utopische Seite des Socialismus nach mancherlei Umbildungen in der Soziologie hat. Soziologen und Soziologinnen können nicht von der Frage lassen, wie sich die Gesellschaft weiterentwickelt. Man könnte sogar sagen: das geheime Thema aller Soziologie ist die *zukünftige Gesellschaft*. Soziologen versuchen Entwicklungstendenzen herauszubekommen, und dazu werden gesellschaftliche Zustände, die in der Geschichte vorgekommen sind, klassifiziert und systematisiert. Nach den Erfahrungen des vergangenen zwanzigsten Jahrhunderts ist freilich zu dem rosigen Zukunftsoptimismus, der nach einer besseren Gesellschaft Ausschau hält, die düstere Patin einer möglichen apokalyptischen und katastrophischen Entwicklung hinzugetreten.

Soziologinnen und Soziologen gleiten so zwischen dem Socialismus und seinen gegenwärtigen Derivaten und der Policeywissenschaft und ihren gegenwärtigen Derivaten. Im Gleiten besteht die Gefahr des Ausrutschens. Denn die Frage nach der guten Verwaltung und die Frage nach den besseren Gesellschaften liegen ja zugleich meilenweit entfernt, so meilenweit wie Polizeistaat und Aufruhr, aber sie liegen auch ganz nah beieinander, wie das Gute und das Bessere. Sie können sich auch ineinander verkehren. Es kann Soziologen geben, die eine gute Verwaltung wollen und darüber zu Revolutionären werden, oder revolutionäre Soziologen, die zu guten Verwaltern werden, vor allem, wenn sie gefordert werden, etwas zu gestalten. Hier gibt es also ein Gleiten, und mir ist kaum eine Soziologie bekannt, die nicht mit allen Schwierigkeiten dieses Gleitens zu tun hätte.

Die gute Verwaltung, die bessere Gesellschaft – wo diese Imperative im zwanzigsten Jahrhundert unter den Starkstrom des Totalitarismus geraten, wo es um die entschieden totale Verwaltung, die entschieden total andere Gesellschaft geht, da offenbart sich ihre Kongruenz, z. B. in dem Phänomen, das uns Soziologen noch Jahrzehnte beschäftigen wird, nämlich die Stasi, jene total fürsorgliche Macht, die alle Bewegungen peinlich genau recherchierte, registrierte und auf den rechten Weg brachte. Die Stasi, war sie nicht auch so etwas wie ein riesiges Sozialforschungsinstitut?

Reportage. Soziologie hat neben Policeywissenschaft und Socialismus noch eine dritte Erbschaft aufzuweisen. In den Umbrüchen des neunzehnten Jahrhunderts wachsen die Städte. Die Menschenmassen in der Stadt werden zu einer neuen Erfahrung. Auf dem Dorf kennt jeder jeden; Fremde und Zugereiste können sofort identifiziert werden. Anders in der Stadt. Auf einer belebten Straße laufen zahllose, einander Fremde mit höchst geschickten Ausweichmanövern aneinander vorbei – einzelne Individuen in Massen, von denen jedes einzelne Exemplar irgendwo unsichtbar in Familienbeziehungen, Intimbeziehungen, Freundschaftsbeziehungen verflochten ist. Es waren Schriftsteller, die die wachsenden Großstädte des neunzehnten Jahrhunderts in Europa mit dem Dschungel verglichen – ein Dschungel, der zu ganz außerordentlichen Beobachtungen und Reflexionen Anlaß bot. In der Stadt gibt es eine ganz eigenartige Mischung von Sichtbarem und Unsichtbarem, von Geheimnisvollem und Oberflächlichem. Zu den ersten Literaturen, die über die Stadt geschrieben wurden, gehören die *Detektivgeschichte* und der *Kriminalroman*. Der Detektiv ist die Verkörperung der umherwandelnden Ratio in der Stadt, der vermöge seiner Beobachtungsgabe und seiner intellektuellen Kräfte in der Lage ist, die Verbrechen, von denen er gehört hat, aufzuklären. Er informiert über Sensationen.

Dazu muß der Detektiv Strategien der Orientierung ausbilden, die den Städten gerecht werden, diesen Haufen von Artefakten, diesen Ansammlungen konkurrierender Weltbilder und der Massierung von Fremden. Die Orientierungen des Detektivs sind andere als die desjenigen, der eine gute Verwaltung anstrebt, und auch desjenigen, der eine bessere Gesellschaft möchte. In einer großen Stadt erweitert sich die Binarität von Policeywissenschaft und Sozialismus. Hier entspringt aus den literarischen Phantasien der Detektivliteratur eine professionelle Option. Zu dem Praktiker der besseren Gesellschaft und dem Praktiker der guten Verwaltung tritt eine dritte Gestalt, die *Reporterin* und der *Reporter*. Sie verhalten sich wie die Detektive in den Romanen.

Die Großstadt ist der Ort, der fortwährend News generiert. Presse und Großstadt gehören zusammen. Zu den frühen Formen des *Journalismus* gehört die Berichterstattung über Verbrechen, die in der Stadt stattfinden. Reporter lungern vor den Polizeibüros herum, um Neues zu erfahren, oder sie nehmen an Gerichtssitzungen teil. Sie gehen in Stadtteile hinein, die verrufen sind, und schreiben über sie. Sie kontrastieren die reichen und die armen Viertel. Zwischen den Gesinnungsblättchen der Linken und der monatlichen Einbruchsstatistik der Polizei bringen Reporterinnen und Reporter eine Unmenge von News hervor. Dazu bedienen sie sich spezieller Techniken, der Recherche, die in die Praxis der Soziologie eingehen werden. Sie fragen nämlich Leute aus, das heißt, sie machen Interviews, und sie nehmen verdeckt an Sitzungen sonst geschlossener Gesellschaften teil, sie enthüllen Skandale und Schiebereien. Historisch gesehen ist gerade der amerikanische Journalismus Ende des neunzehnten Jahrhunderts das große Laboratorium der Methoden der empirischen Sozialforschung: Interview, teilnehmende Beobachtung, Experiment (vgl. S. 125). Für diese Entwicklung steht ein Name: Robert Ezra Park (1864–1944), zuerst Reporter und zeitweise Presseagent des farbigen Bürgerrechtlers Booker Washington, dann erhält er 1914 mit fünfzig Jahren eine kleine Stelle bei den Soziologen in Chicago. Dort gerät er in Kontakt mit Ethnologen, aber er sagt sich „why go to the Northpol or climb Everest for adventure when we have Chicago", und er wird Begründer der berühmten Chicago School of Sociology, deren Produktionen bis heute Vorbilder für soziologische Fallstudien sind.

Die Soziologie wäre schlecht beraten, wollte man ihr zumuten eine der drei historischen Optionen: **verläßliche Ordnung, bessere Verhältnisse, spezifische Informiertheit** zu streichen. Denn sie bilden das motivierende Profil für die Soziologie als Beruf: Es geht stets um Angelegenheiten in ihrem öffentlichen Bezug, verbunden mit Diagnosen und Erwartungen globaler, menschheitlicher Prozesse und dem Wissen um die Unersetzbarkeit der konkreten Kommune.

Literatur – Peter Wagner, *Sozialwissenschaften und Staat. Frankreich, Italien, Deutschland 1870–1980*, Frankfurt a. M., New York 1990; Max Beer, *Allgemeine Geschichte des Sozialismus und der sozialen Kämpfe*, Berlin, 7. Aufl. 1931; Rolf Lindner, *Die Entdeckung der Stadtkultur. Soziologie aus der Erfahrung der Reportage*, Frankfurt a. M. 1990.

3. Politische Räume

Als Kind der Policey- und Staatswissenschaft hat Soziologie sich im Rahmen von *Nationalstaaten* entwickelt, als Kind des Socialismus ist bei einigen Autoren eine starke *internationale*, auf die gesamte menschliche Gattung hin angelegte Orientierung hinzugekommen, als Kind des Journalismus schließlich hat Soziologie ihre spezielle intensive *urbane* Orientierung hinzugewonnen. Soziologie hat sich historisch immer in *politischen Räumen* bewegt, und Soziologie als Beruf ist bis heute an die Geschichte dieser Räume und ihrer Wandlungen gebunden.

Um es gleich zu sagen: Soziologie als Beruf ist heute ohne Bewußtsein von der Vielzahl der historischen und gegenwärtigen Gesellschaften auf diesem Planeten kaum sinnvoll zu machen. Und das heißt in der Konsequenz: Soziologinnen und Soziologen sollten in möglichst vielen Gesellschaften zuhause sein. Am besten natürlich in direktem Aufenthalt. Das bereitet freilich praktische Probleme, aber wenn man schon nicht sehr viel in fremden Ländern leben kann, so kann man immerhin ihre *Sprachen lernen* und Bücher lesen, aus denen hervorgeht, wie Menschen anderswo leben. Der **Gesellschaftsvergleich**, das heißt der Vergleich von verschiedenen Lösungen, die Gesellschaften für vergleichbare Probleme und Herausforderungen gefunden haben, ist eines der wichtigsten Instrumente, die Soziologinnen und Soziologen im Beruf brauchen. Andere Länder haben bekanntlich andere Sitten, und diese Sitten sind gerade ein wesentlicher Teil des Stoffs, mit dem Soziologinnen und Soziologen beruflich zu tun haben. Dabei leistet ihre Internationalität sehr viel für den Ideenaustausch zwischen den Nationen. Die Soziologie ist international nicht zuletzt schlicht aus dem Grund, weil die Gegenwartsgesellschaft eine globalisierte Gesellschaft ist.

Dabei haben Soziologien aus einzelnen Ländern jeweils ihre Traditionen eingebracht und der Soziologie als Beruf eine Vielgestaltigkeit ermöglicht, wie sie in kaum einem anderen Fach zu finden ist. Drei Fachtraditionen seien kurz vorgestellt: Frankreich, USA, Deutschland.

Frankreich. Soziologie war in ihren Anfängen zunächst nur eine französische Angelegenheit. Frankreich besitzt eine große Tradition politischer Philosophien und Gesellschaftslehren. Der soziologische Kerngedanke, daß der Mensch ein flexibles Lebewesen ist, und die Art, wie er lebt, von zum Teil sehr komplizierten Umständen abhängig ist, ist bei Montesquieu (1689–1755) voll entwickelt, der nach Reisen durch viele Länder Lebensweisen, Lebensstile und Arten, sich zu regieren, samt ihren Vor- und Nachteilen in der Schrift „Der Geist der Gesetze" (1748) aufgeschrieben hat. Montesquieu gehört in Frankreich schon zum Abiturwissen. Und den Namen Ibn Chaldoun (1332–1406) lernen Soziologen in Frankreich bereits im Grundstudium, weil er früh schon soziale Verhältnisse aus der Erfahrung der Konfrontation von Gesellschaften unterschiedlichen Typs im südlichen Mittelmeer analysiert hat.

In Fahrt kommt jedoch die Soziologie in Frankreich nach der großen Französischen Revolution mit einer Frage, die bis heute im Bereich der Berufsorientierung virulent ist: Wie kann nach der politischen Revolution, in der dem König der Kopf abgehackt wurde, die neue industrielle Gesellschaft organisiert werden? In Frankreich entstand die Idee einer **Industriegesellschaft**, in der die Herrschaft von Menschen über Menschen zugunsten einer kollektiven Verwaltung von Sachen abgelöst werden sollte. Auguste Comte (1798–1857) hat der dazu nötigen neuen Wissenschaft ihren Namen gegeben: „Soziologie". Die Soziologie ist die Königin des neuen wissenschaftlichen Zeitalters, in dem die Menschen in der Lage sind, ihr Zusammenleben nach vernünftigen Gesichtspunkten zu organisieren, wobei natürlich auch Emotion und Leidenschaft eine große Rolle spielen. So z. B. bei Charles Fourier (1772–1837), für den die Frage, wer mit wem was wie lange leidenschaftlich gern zusammen macht, die Hauptfrage aller Gesellschaftswissenschaft darstellt.

Frankreich ist das erste Land, in dem Soziologie sich als Fach an Universitäten etablieren kann. Dieser Prozeß ist mit dem Namen Emile Durkheim (1858–1917) verbunden, der wie kaum ein anderer Wert auf die Autonomie der Soziologie gegenüber anderen Fächern gelegt hat. In Frankreich ist auch die Differenz zwischen zwei soziologischen Orientierungen aufgebrochen, die bis heute fortwirkt, einer Orientierung, die der Philosophie Konkurrenz machen möchte, wenn es um eine Neuinterpretation des Verhältnisses der Menschen zu sich und zur Welt geht, und einer anderen Orientierung, die Soziologie als Dienstleistungswissenschaft für politische Entscheidungsträger versteht. In beiden Fällen profitieren Soziologinnen und Soziologen von dem hohen gesellschaftlichen Prestige, das die Intelligenz in der französischen Gesellschaft besitzt. Wer sich mit den Intellektuellen Frankreichs befaßt, weiß in der Regel zehn Jahre früher Bescheid, welche geistigen Auseinandersetzungen demnächst auch hierzulande die Gemüter aufregen werden. Die eigentümliche historische Konkurrenz zwischen Deutschland und Frankreich führt bisweilen dazu, daß französische Autoren wie z. B. Michel Foucault (1926–1984) schon jahrelang Weltruhm erlangt haben, bevor der Troß deutscher Soziologen seine gebetsmühlenartig vorgetragenen abwertenden Urteile über den „Essayismus" französischer Intellektueller einstellt.

USA. Eine Zeitlang sah es so aus, als ob die Soziologie überhaupt amerikanisch würde. Die aus zwei Weltkriegen als Sieger hervorgegangenen USA galten im vergangenen zwanzigsten Jahrhundert als der Prototyp einer modernen Gesellschaft. Mit dem *american way of life* hielt auch die amerikanische Soziologie in vielen Ländern der Welt Einzug, insbesondere in Japan und Deutschland, deren nationale Traditionen diskreditiert waren. Zum weltweiten Erfolg der amerikanischen Soziologie hat viel beigetragen, nicht zuletzt eine umwerfende Mischung aus unkompliziertem Optimismus, Selbstgewißheit, auf dem richtigen Fuß zu stehen, und Missionsgeist. Und dies sind ja auch Tugenden, die Soziologen im Beruf nicht selten brauchen.

Die amerikanische Soziologie hat sich um 1900 etabliert und dabei aus Europa die aufklärerischen, optimistischen, wissenschaftsgläubigen Traditionen in das neue Gelobte Land mitgenommen und dagegen die düsteren, pessimistischen und grüblerischen Seiten in Europa zurückgelassen. Ausschlaggebend war dabei ein Verständnis der Menschheitsentwicklung, demzufolge man die eigene Nation – jedenfalls in ihrer weißen Bevölkerung – an der Spitze des menschlichen Fortschritts überhaupt sah. Die soziologischen Fragen konnten dann nur lauten: Was sind die Bedingungen des Erfolgs? In einem Land, in das viele verschiedene Ethnien eingewandert sind, muß dabei zuerst geklärt werden, ob der Erfolg an biologisch-rassischen Bedingungen hängt oder an sozialkulturellen. Die Mehrheit der amerikanischen Soziologen haben früh dezidiert antirassistische Auffassungen propagiert. Das menschlich Wichtige bei Individuen ist nicht angeboren, sondern erlernt, und zwar in Gruppen erlernt. Ob ein Verhalten mehr oder weniger Erfolg hat, liegt an den soziokulturellen Bedingungen, unter denen es entstanden ist. Mehr als in anderen Ländern hat sich die Soziologie in den USA mit Prozessen der Erziehung und der Sozialisation befaßt und die sozialpsychologischen Feinheiten menschlicher Kommunikation untersucht.

Die amerikanische Soziologie hat sich dabei von Anfang an vorgenommen, sich in den Dienst des sozialen Wandels als eines fortschreitenden Lernprozesses von Gruppen zu stellen. Dabei ging es weniger um ‚Staatsdienst‘ als um Dienst an den Gemeinschaften, die von irgendwoher kamen, das Land besiedelten und die Städte bevölkerten. Nicht verwertbare, pessimistische Spekulationen über die Zukunft der Gesellschaft überhaupt waren dabei kaum zu gebrauchen, sondern vielmehr ein solider Pragmatismus, der Antworten auf sehr konkrete Fragen zu geben verstand, wie z. B.: Warum gibt es in diesem Stadtviertel so viele kriminelle Jugendbanden, und was kann man praktisch tun, um die Ursachen zu beseitigen? Bei solchen Fragen ging es nicht um die ganz, ganz tiefen Ursachen, die zu verändern in der Regel viel zu teuer ist, sondern um eine auch ökonomisch vernünftige Ursachenbeseitigung, die zu besseren, das heißt erfolgreicheren, sozialen Strukturen führt.

Der amerikanischen Soziologie verdankt das Fach die professionelle Orientierung der **empirischen Sozialforschung**. Die Tradition der alteuropäischen policeywissenschaftlichen Lageberichte, auf amerikanischen Boden verpflanzt und mit Elementen journalistischer Recherche dynamisiert, führte schon zu Beginn des Jahrhunderts zu einem außerordentlichen Reichtum an ‚social surveys'. Es gab Tausende von Fallstudien über Armut in großen Städten, Nachbarschaftsverhalten, Wandlungen von Kleinstädten, Lernprozesse in Einwanderervierteln, über Jugendkriminalität und Wanderarbeiter, Alkoholismus, Sexualität, Arbeitszufriedenheit und die Einsamkeit alter Menschen, um nur einige zu nennen. Alles, was irgendwie interessant für die Entwicklung der Gemeinschaft war, lohnte sich, mit Mitteln der teilnehmenden Beobachtung, des Interviews und der Datenanalyse untersucht zu werden (vgl. S. 117).

Für die Frage: Wozu dieses Gebirge von Material? wurde in den USA der dreißiger Jahre mit der Arbeit an einer Großen Theorie begonnen, in der die Funktionen von Teilen für das Ganze der Gesellschaft systematisiert werden sollten. Der Amerikaner Talcott Parsons (1902–1979) war über Jahrzehnte hinweg der international anerkannte Soziologenpapst (vgl. S. 195). Dieser Traum von einer ganz großen Supertheorie, die durch viele, viele Einzelstudien erhärtet ist und die wegweisend für die Zukunft der Menschheit in ihren fortgeschrittensten Teilen sein sollte, dieser Traum des *we are the greatest* hat als Antidepressivum viele Soziologinnen und Soziologen im gebeutelten Europa und in der darbenden Restwelt beflügelt.

Deutschland. Man versteht Soziologie in Deutschland nicht, wenn man die Tatsache vernebelt, daß Soziologie hierzulande bei Karl Marx (1818–1883) anfängt. Dabei muß man hinzunehmen, daß Marx ebenso ein Anti-Soziologe war, wie sich die Soziologie als Anti-Marxismus verstanden hat. Diese verwirrenden Konstellationen haben dazu geführt, daß Soziologie in Deutschland zu einem spannungsgeladenen Unternehmen geworden ist, in dem starke Anti-Affekte fortwirken, die dem Ruf nach einer endgültigen Soziologenidentität eine besondere Farbe geben.

Verständlich wird diese Spannungslage, wenn man weiß, daß Marx zwei deutsche Anti-Affekte in sein Denken eingelassen hat, die sich gegen die geistigen Traditionen einerseits der Angelsachsen und ande-

rerseits der Franzosen richteten, von denen er aber gleichzeitig unge-
heuer profitiert hat. Marx haßte einerseits den Bourgeois, jene Gestalt,
der er einen französischen Namen gab, hinter der sich jedoch der eng-
lische Kapitalist verbarg, der *self made man*, berechnend, hartherzig,
erfolgreich. Andererseits haßte er die Halbherzigkeit der „nur" politischen Revolution, die die Franzosen 1789 gemacht hatten. Marx
träumte von einem Deutschland, das besser als alle anderen mit der
Zukunft fertig werden würde, und darum geißelte er die eklatante
Rückständigkeit seiner Landsleute und goß Hohn und Spott über ihre
Faulheit und Feigheit, ihre dumme Gutgläubigkeit, ihre gemütliche
Provinzialität, ihre unausstehliche Prahlsucht und ihre geistige Verstie-
genheit. In Deutschland gab es daher immer auch genügend Gründe
für einen Antimarxismus.

Dabei beruhte jene **kapitalistische Gesellschaft**, die zuerst in England auftauchte und die im zwanzigsten Jahrhundert in den USA zur
Weltmacht wurde, durchaus auf liebenswerten und moralisch einsichti-
gen Überlegungen. Es war der Schotte Adam Smith (1723–1790), der
es moralisch besser fand, wenn die Menschen die Dinge, die sie zum
Leben brauchen, miteinander austauschten, indem sie nicht für ihre Au-
tarkie, sondern für andere tätig werden. Die Lust zu kaufen und zu
verkaufen verbindet die Menschen viel stetiger und sicherer miteinander als Affekte anderer Art. Für den ordnungsliebenden Marx war es
ein unerträglicher Gedanke, daß die so völlig verschiedenen Substanzen
der Welt, wie Tulpen, Tapeten, Tonkrüge und Tauben, und Eigen-
schaften der Individuen, wie Muskelkraft, Sangeskunst, Liebesfähigkeit
und Zerstörungslust, beliebig, chaotisch füreinander zur Ware werden.
Dieser anti-merkantile Affekt von Marx, der aber auch bei anderen
deutschen Soziologen bis heute wirksam ist, hat hierzulande zwischen
Soziologie und Wirtschaft einen besonders tiefen Graben aufgeworfen,
der sich erst jetzt langsam zu schließen beginnt.

Zum Antikapitalismus kommt bei Marx die Kritik an der „Nur"-
Politik französischer Art hinzu. Der Stolz der revolutionären Franzosen, die demokratische Republik, sollte in der geschichtlichen Entwicklung durch einen Verein freier Menschen überboten werden, der ganz
vaterlandslos und mit absterbenden Staaten die Welt umspannen sollte
wie ein einziges Friedensreich.

Dabei beruhte der **Begriff des Politischen**, wie er in der Französischen Revolution maßgeblich wurde, auf einer schwer zu widerlegen-
den übernatürlichen Doktrin. Gegen alle augenscheinliche Wirklichkeit
und gegen alle greifbaren Unterschiede, etwa zwischen Urwaldindia-

nern und Bewohnern von Paris, wird von der Gleichheit aller Menschen
ausgegangen. Dieser Idealismus gegen alle Wirklichkeit kann sich,
wenn überhaupt, nur auf der Ebene einer symbolischen Repräsentation
bewegen und führt zu einer Spaltung des Menschen zwischen dem
Staatsbürger seines Staates, der in ihm gleiche Rechte hat, und dem
Privatbürger, dem es ansonsten sehr verschieden gehen kann. Daß so
lebenswichtige Themen wie Glück, Besitz, Liebe und Religion dem politischen Zugriff grundsätzlich entzogen sein sollten, das heißt Privatsache sein sollten, war für Marx besonders dort unerträglich, wo von
der Privatsache, z. B. dem Privatbesitz von Produktionsmitteln, Wohl
und Wehe ganzer Landstriche abhing.

Mit seiner gegen die politische Ökonomie der Angelsachsen gerichteten Kapitalismuskritik und seiner gegen die politische Philosophie
der Franzosen gerichteten Staatskritik ist Marx in Deutschland ein
solch geistiger Riese gewesen, daß die anderen deutschen Soziologen
alle Hände voll zu tun hatten, etwas dagegenzusetzen. Hinzu kam, daß
die wichtigen nicht-marxistischen Soziologien in Deutschland, wenn
man die eigene Tradition international zu relativieren versteht, durchaus verwandten Impulsen folgten. Hierzu gehört nicht nur die Soziologie Georg Simmels (1858–1918), der seine Kultursoziologie des Geldes
als korrigierende Erweiterung der Marxschen Kapitalismuskritik vor-
stellte, sondern auch die Soziologie Max Webers (1864–1920), dessen
historische und verstehende Soziologie die gesellschaftlichen Phänomene vorrangig an ihren kulturellen Manifestationen, an der Religion, der
Kunst und der Wissenschaft analysiert hat. Max Weber wollte die Soziologie in Richtung auf eine umfassende Kulturwissenschaft weiteren-
wickeln, die weniger nach den Gesetzen der Gesellschaften Ausschau
hielt, als sich vielmehr den realen historischen Wirkungsmächten zu-
wandte, die dort anzutreffen sind, wo Individuen und Gruppen Phänomenen der Welt einen Sinn geben und ihr Handeln danach ausrichten
(vgl. S. 133).

Das Profil einer deutschen Soziologie hat in der kurzen Zeit der
Weimarer Republik nur wenig Chancen gehabt, sich zu entwickeln.
Den hoffnungsvollen Ansätzen, die sich selbstkritisch und aufklärend
den Blockierungen der Gesellschaft in Deutschland zuwandten: den
Unsicherheiten im verantwortlichen Umgang mit politischer Macht,
der zögernden Anerkennung der Notwendigkeit internationaler wirt-
schaftlicher Verflechtung und der schwachen Wertschätzung der öffentlichen Sphäre einer freien Gesellschaft, wird mit der Machtüber-
nahme der Nazis 1933 ein Ende bereitet. Die Tradition einer eigen-

ständigen deutschen Soziologie, die untrennbar mit der in Jahrhunderten gewachsenen einzigartigen Symbiose jüdisch-deutscher Geistigkeit verbunden war, wurde unwiderruflich zerstört. Die besten Köpfe wurden aus Deutschland vertrieben, verfolgt oder ermordet. Die verbliebenen Nazi-Soziologen oder Kollaborateure haben sich mit dem sukzessiven Offenbar-Werden ihrer Verblendungen und Irrtümer nach Kriegsende entweder in selbstbezügliche Konstruktionen geflüchtet oder reuig der Philosophie der Sieger angeschlossen.

Man übersieht leicht, daß der Wiederaufbau von Städten, Verwaltungen und Industrien sehr wohl bei günstigen Rahmenbedingungen, wie sie in Westdeutschland nach 1945 gegeben waren, in einem Vierteljahrhundert erfolgen konnte, daß dagegen die Schaffung kultureller Profile weitaus größere Zeiträume benötigt und daß die von weit herkommenden Altlasten um so schwerer wiegen, je langsamer Neues entsteht. So kann kein Zweifel bestehen, daß die professionellen Orientierungen der Soziologie in Deutschland auch nach dem Nationalsozialismus, nach der Amerikanisierung der deutschen Soziologie in der Nachkriegszeit, nach der Wiederentdeckung von Marx in der Studentenbewegung, nach der Rezeption der neueren französischen Kulturtheorie in den achtziger Jahren und nach der Wende von 1989 immer noch stark vom festsitzenden antimerkantilen Affekt und von der Scheu vor dem Umgang mit Macht geprägt sind. Die Prozesse der Globalisierung, des Übergangs vom ausbeutenden zum ausgrenzenden Kapitalismus und die Entstehung neuer politischer Großräume werden uns jedoch zwingen, die kulturell, gewohnheitsmäßig eingeschliffenen Reaktionen und Ressentiments aufzuklären und abzubauen.

Literatur – Raymond Aron, *Hauptströmungen des soziologischen Denkens*, 2 Bde., Köln 1971; Friedrich Jonas, *Geschichte der Soziologie*, 2 Bde., Opladen, 2. Aufl. 1981; Dirk Käsler (Hrsg.), *Klassiker des soziologischen Denkens*, München, 2 Bde., 1976 und 1978; Wolf Lepenies (Hrsg.), *Geschichte der Soziologie. Studien zur kognitiven, sozialen und historischen Identität einer Disziplin*, 4 Bde., Frankfurt a. M. 1981.

III. Soziologische Praxis

Die Soziologie ist ein Kind der modernen Gesellschaft. Solange diese existiert, wird es in ihr für Soziologinnen und Soziologen etwas zu tun geben. Die professionellen Orientierungen, die in der Geschichte dieser modernen Gesellschaft erprobt wurden, die in verschiedenen Nationen entstanden und im Austausch zum allgemeinen Erbe der Soziologie wurden, sind für den, der genau hinsieht und sich durch flinke Umbenennungen nicht täuschen läßt, aller Wahrscheinlichkeit nach bis übermorgen aktuell. Denn hier handelt es sich um kulturelle Dimensionen und politische Aufgaben, deren Präsenz und Erfüllung für die moderne Gesellschaft unentbehrlich sind. Sie bleiben es auch dann, wenn die moderne Gesellschaft zusätzlich unter einem postmodernen, das heißt doppelt aufgeklärten, Blick erscheint. Wer in der Frage des wünschenswerten Images der Soziologie meint, auf einem weißen Blatt Papier anfangen zu müssen, irrt. Es sind die Traditionen in all ihrem Glanz und Elend, die das Image formiert haben und stabilisieren.

1. Die falschen Alternativen

Die Möglichkeiten soziologischer Praxis, wie sie sich weiterentwickeln könnte, sind durch eine Reihe von falschen Alternativen verstellt, die aus der Tiefe der sozialen Spannungen und Kämpfe herrühren. Es handelt sich um die Alternativen: Bildung oder Ausbildung; wissenschaftliches Forschen oder Entscheiden in der Praxis; allgemein-theoretisch oder empirisch-speziell. Diese Unterscheidungen haben bei vielen Prozessen eine wichtige Funktion und machen Sinn. Für die Frage nach der Soziologie als Beruf sind es zunächst einmal massive Alternativen, die den Blick verstellen.

Bildung oder Ausbildung. Hier entspinnt sich schon lange ein Streit, der gute Chancen hat, ewig zu sein. Soziologie, sagen die einen, ist primär ein Bildungsfach, kein Ausbildungsfach. Dem widersprechen die anderen, die Soziologie zuerst als Ausbildungsfach haben wollen.

Was ist Bildung? Zunächst muß man wissen, daß Bildung ein Phänomen ist, das vor allem in Deutschland traditionell beheimatet ist und um das uns andere Länder bisweilen beneiden. Bildung meint die Herausarbeitung der inneren Vermögen zur Menschlichkeit. Bildung soll zu einer Lebensform führen, die Teilhabe am Reich der Ideen und an der kulturellen Überlieferung ermöglicht. Selbstbestimmte Individualität – so das Bildungsziel – gibt es nur, wo eine Allgemeinbildung erstrebt wird, die auf philosophischer und historischer, ästhetischer und sprachlicher, mathematischer und naturbetrachtender Unterweisung beruht. Ausgestaltet wurde das Konzept der Bildung von dem Teil der deutschen bürgerlichen Oberschichten des ausgehenden achtzehnten Jahrhunderts, dem demokratische Führungspositionen in Militär und Staat verweigert wurden. Aus dieser äußeren Not schufen die Bildungsbürger einen Reichtum von inneren Werten und eine Tugendlehre der Bindung an sie, deren schöne Leuchtkraft bis heute reicht.

Soziologie, so wird in dieser Tradition argumentiert, ist ein Bildungsfach, weil ihre zentralen Wissensbestände in Relation zur Philosophie und Geschichte zu sehen sind, während die Kompetenzen für wirtschaftliche und administrative Zwecke erst in zweiter Linie und erst aus der Allgemeinbildung abzuleiten seien. Dem entspreche auch das Wahlverhalten der Studierenden. Die meisten seien an einer glatten Berufskarriere desinteressiert. Sie wenden sich der Soziologie aus freier Neigung zu und interessierten sich wenig für die Frage, was sie mit dem Studium später machen können.

Zum Bildungsgedanken gehört denn auch, daß ihr Eigenwert besonders hervorgehoben wird. Bildung ist für sich genommen schon die Hauptsache. Funktionale Zurichtungen des Wissens auf einen beruflich-praktischen Zweck verletzen das Bildungsideal. Schließlich ist Bildung etwas, das allen Menschen zukommen soll, die sich um sie bemühen. Es gibt nach dieser Philosophie keinen Grund, warum nicht Gärtner, Taxifahrer, Facharbeiter, Bankangestellte und Kaufleute so gebildet sein sollen, daß ihnen die Namen Herodot, Caravaggio, Chateaubriand und Schönberg eine Menge sagen.

Die Antwort derer, die Soziologie nicht als Bildung, sondern als Ausbildungsfach sehen, liegt auf der Hand. Wer auf Bildung setze, mache sich leicht überflüssig. Rücksichtslose Selbstbestimmung ignoriere, daß es auch objektive Aufgaben außerhalb der schönen Innerlichkeit gebe. Vernünftig betrachtet, sei eine Allgemeinbildung viel zu teuer und führe letztendlich zu einer Menge frustrierter Akademiker, die unter Umständen zu Störenfrieden der Gesellschaft werden könnten.

Die Soziologie stamme zwar zu einem Teil aus den Geisteswissenschaften, die sich als Hort des Bildungsideals in Deutschland behaupten, aber die Soziologie habe sich zu ihrem Glück doch aus diesem Verbund gelöst. Darin bestehe ihr wissenschaftlicher Fortschritt gegenüber den Geisteswissenschaften. Dies verpflichte sie, ihre Wissenbestände so

zu organisieren, daß sie zur Ausbildung von Berufsqualifikationen führen. Hinter der Bildungsorientierung von Studierenden finde man bei
genauem Hinsehen oftmals doch nur eine Wahl der Soziologie als
Wahl des kleineren Übels, die Hoffnung auf ein Dünnbrett-Fach, ein
Ausweichen vor Statistik und einen praxisscheuen Kult der Innerlichkeit vermeintlich guter Gesinnungen.

Bei dieser Art der Unterscheidung von Bildung und Ausbildung handelt es sich heute um eine falsche Alternative. Sie ist nicht leicht zu
überwinden, da an sie starke Emotionen gebunden sind. Bei vielen
Fachvertretern haben sich daran lebensgeschichtliche Identitäten gebildet, die man nicht mehr aufs Spiel setzen möchte. Bei Lichte betrachtet, führt heute an der Anerkennung der Tatsache, daß Soziologie de
facto ein Ausbildungsfach geworden ist, kein Weg vorbei. Zugleich
wird man anerkennen müssen, daß mit dem Untergang des alten Bil-
dungsbürgertums, das seine Universität schließlich mit ihrer Öffnung
für die bildungsfernen Mittelklassen in den siebziger Jahren verloren
hat, der Polemik derer, die gegen Soziologie als Bildungsfach noch immer glauben zu Felde ziehen zu müssen, der Boden entzogen ist.

Wahrscheinlich wird im Zeitalter der Globalisierung und der internationalen Konkurrenz die Erinnerung an die traditionellen Potentiale
in den einzelnen Ländern erneut an Bedeutung gewinnen. Die traditio-
nelle Stärke der Soziologie in Deutschland lag und liegt, von außen
gesehen, noch immer bei dem, was man Bildung nennt. Der deutsche
Beitrag zur internationalen Soziologie besteht im hohen Niveau der
Bildung, das heißt, in die heutige Soziologie übersetzt: der entwickelten Fähigkeit zur spontanen unreglementierten Wahrnehmung von
Sinnschichten, Eigensinnigkeiten, Rationalitäten, überhaupt „Bildun-
gen" im doppelten Sinn des Wortes und ihrer philosophisch angeleite-
ten systematischen Analyse. Es ist auch der fortwirkenden Tradition
des Bildungsideals zu verdanken, daß Soziologie in Deutschland mehr
als in allen anderen Ländern stark wissenschaftsorientiert ist und daraus ihr Selbstbewußtsein zieht. Für die Zukunft gilt es, die Bildungs-
seite von ihrer polemischen Frontstellung gegen die Ausbildung als
Ausbildung bloß niederer Vermögen zu befreien und andererseits den
Zuwachs an Ausbildungselementen an die Tiefenschichten der Tradition anzuschließen.

Forschen oder Entscheiden. In der Zeit, da Soziologie als Beruf nur
für Professoren möglich war, hat diese Alternative einen guten Sinn
gemacht. Denn die idealerweise von einseitig interessierten Auftragge-

bern freie Forschung an Universitäten sollte ein Wissen bereitstellen, das so neutral und sachbezogen war, daß damit alle möglichen Praktiker nach ihrem eigenen, legitimerweise außerhalb der Wissenschaft liegenden Anwendungs- und Verwertungsinteresse etwas anfangen konnten. Für Soziologen, die ihren Arbeitsplatz außerhalb der Universität haben, kann dies Modell nur in den Fällen zutreffen, in denen sie in universitätsanalog konstruierten Forschungsabteilungen großer Einrichtungen oder Unternehmen arbeiten und als Auftragsforscher von Entscheidungen entlastet sind. Aber auch dieses Modell wird zunehmend brüchig.

Es sind sehr alte Idealisierungen der Forscherpersönlichkeit, die uns glauben machen, Wissenschaftlerinnen und Wissenschaftler seien lebenslänglich dabei, eine Entdeckung oder Erfindung oder einen Paradigmenwechsel nach dem anderen der erstaunten Öffentlichkeit zu präsentieren. Erfahrungsgemäß sind Genies die Ausnahmen. Die breiten Fundamente des wissenschaftlichen Turmbaus werden von Leuten erneuert, die es in ihrem Leben zu zwei bis drei bedeutenden Beiträgen bringen. Es ist kein Geheimnis, daß der Professor in der ersten Hälfte seines Lebens die Wissenschaft voranbringt und den wissenschaftlichen Fortschritt dann in der zweiten Hälfte seines Lebens behindert. Er kann diese Bremsfunktion ausüben, weil er Ansehen und Macht gewonnen hat, z. B. eine Gutachtermacht, Innovationen zu befürworten oder abzulehnen.

Das Schema vom frei forschenden Wissenschaftler auf der einen Seite und vom kühnen Praktiker im wirklichen Leben auf der anderen stimmt heute weniger denn je. Mehr als in anderen Fächern kann für die Soziologie nur der Rat gegeben werden, daß der, der sich nicht vorstellen kann, in einem praktischen Beruf zu arbeiten, lieber nicht Wissenschaftler werden sollte.

Für den weit überwiegenden Teil derer, die im Fach Soziologie abschließen, ist die Frage ,Forschen oder Entscheiden' im Kern schon dann eine falsche Alternative, wenn sie auf dem Arbeitsmarkt um außeruniversitäre Beschäftigungen konkurrieren. Wo immer sie arbeiten, werden sie ihre Fähigkeiten einbringen, um die fraglichen Strukturen und Verhältnisse in ihrem Facettenreichtum zu analysieren. Dies wird zur Grundlage für die Vorbereitung von Entscheidungen. Ihnen wird die Darlegung von Entscheidungsalternativen abverlangt. Dann werden sie Präferenzen begründen müssen und damit selbst in den Hof der Entscheidung eintreten, in dem sie selbst mit dem Vorbehalt, sie seien nur Forscher, recht unglaubwürdig dastehen würden. In Prozessen, in denen Entscheidungen auf wissenschaftlichen Analysen beruhen, sitzen Entscheider und Analytiker im selben Boot. Das bislang fachintern gehegte Leitbild vom Soziologen als einem theoriegeleiteten Forscher ist in Zukunft nicht ausreichend.

Es gibt weder aus Erfahrung noch von den Inhalten der Wissensgebiete her gesehen Gründe, die dafür sprechen, daß die klassischen Eliteschmieden der Wirtschaft und Verwaltung: die Studiengänge Jura, Betriebswirtschafts- und Volkswirtschaftslehre, eine bessere Vorbereitung für die Fähigkeit, kompetente und verantwortbare Entscheidungen zu fällen, darstellen als die Soziologie.

Allgemein-theoretisch oder empirisch-speziell. Es gehört zu ihrer Geburtskonstellation, daß Soziologie als Krisenwissenschaft nach der Erschütterung des Sozialen im neunzehnten Jahrhundert stets zweierlei Krisen im Auge hatte: Einmal die alle Lebensbereiche durchdringende große Krisenhaftigkeit der gesamten Gesellschaft und dann die vielen speziellen Krisen, die man zwar als Symptome der großen Krise deuten könnte, die aber doch ein spezielles Wissen erforderten. So gibt es in der Soziologie eine anhaltende Diskussion, ob der Schwerpunkt der Ausbildung quantitativ mehr im allgemeinen, theoretischen Bereich liegen soll oder ob sich Soziologinnen und Soziologen mehr für ganz bestimmte Krisenfelder spezialisieren sollen.

Uralt ist die Klage, daß Absolventen mit dem, was sie im Studium gelernt hätten, in der Praxis nur wenig anfangen könnten. Entweder war das, was sie gelernt hatten, zu theoretisch und zu allgemein, oder es war dummerweise die falsche Spezialität. Aber auch da, wo Studienspezialisierung und Arbeitsplatzprofil auf den ersten Blick gut zu passen schienen, stellten sich in der Praxis doch Probleme ein, an die man während des Studiums kaum gedacht hat. Das liegt daran, daß im Unterschied zum Handwerk und zu einigen Universitätsfächern wie z. B. der Medizin, bei denen die Vermittlung von *Berufsfertigkeiten* (Wie backe ich Brot? Wie plombiere ich einen Zahn?) erfolgt, in der Soziologie in der Hauptsache eine *allgemeine Berufsgrundqualifikation* vermittelt wird. Spezielle einzuübende Fertigkeiten wie z. B. Datenerhebung, Datenauswertung, Erstellen von Statistiken und EDV sind für die Soziologie unentbehrlich, aber sie machen nicht die Hauptsache aus und würden für sich genommen ein Fachstudium kaum sinnvoll ausfüllen können (vgl. S. 118, S. 125). Darüber hinaus gehört der Bruch zwischen Studium und Berufswirklichkeit zum akademischen Studium selbst. So schmerzlich er mitunter erfahren wird, er hat auch sein Gutes. Er ist nämlich eine der wichtigsten Voraussetzungen dafür, daß sich in der Berufswirklichkeit etwas verändert. Denn da, wo Ausbildungsinhalte sich an der bestehenden Praxis orientieren, droht die Gefahr der Stagnation.

Während diese Beobachtungen mehr oder weniger auch bei anderen Studienfächern gemacht werden können, gehört zu den Eigentümlichkeiten soziologischer Praxis, die die Alternative von theoretisch-allgemein oder empirisch-speziell immer wieder durcheinanderbringen, daß soziologische Praxis nicht einfach auf die Abhilfe in Krisenlagen bezogen ist, sondern mehr und mehr mit einer komplizierteren Frage zu tun hat. Die praktische Kernfrage für Soziologinnen und Soziologen ist nämlich: wie kann mit den **Folgeproblemen bisheriger Krisenlösungen** umgegangen werden? Während in vielen Fächern noch mit einer gewissen Naivität davon ausgegangen wird, daß der glorreiche Einzug wissenschaftlichen Wissens in eine ahnungslose Praxis den Segen bringen wird, haben es Soziologinnen und Soziologen im Beruf mit der Definition und Verteilung von durch die wissenschaftliche Zivilisation selbst verschuldeten Fehlern und Risiken zu tun. Als ‚Spezialisten für Folgeprobleme‘ haben sie es in der Regel mit verwirklichten ‚Philosophien‘ zu tun, bei denen andere Effekte als erwartet hervorgerufen wurden. Die Alternative: theoretisch-allgemein/empirisch-speziell ist unter diesen Bedingungen falsch gestellt. Sie geht an dem für Soziologen zentralen Problem der unbeabsichtigten Folgen sozialen Handelns schnurstracks vorbei.

Literatur – Ludwig von Friedeburg, *Bildungsreform in Deutschland. Geschichte und gesellschaftlicher Widerspruch*, Frankfurt a. M. 1989; Ulrich Beck (Hrsg.), *Soziologie und Praxis. Erfahrungen, Konflikte, Perspektiven*, Sonderband 1 *Soziale Welt*, Göttingen 1982; Helmuth Plesser, *Über Elite und Elitenbildung*, Ges. Schriften X, Frankfurt a. M. 1985.

2. Alte und neue Praxisfelder

Soziologinnen und Soziologen sehen oft mit Neid und Sehnsucht auf Professionen, bei denen unerschütterlich feststeht, was sie zu tun haben. Denn die Praxisfelder für Soziologen sind in stetem Wandel begriffen. Dies ist das Schicksal einer Krisenwissenschaft. Es besteht daher die anhaltende Gefahr, sich in den Praxisfeldern der Soziologie zu verlaufen. Gut gerüstet sind diejenigen, die beides miteinander verbin-

den können, solide theoretisch-abstrakte Kenntnisse und konkrete Erfahrungen, die in Praktika während des Studiums gewonnen wurden.

Zum Szenario soziologischer Praxis gehören der öffentliche Pro-
blemdruck einer erfahrenen Krise und der Umgang mit den Experten,
die in die Sache involviert sind. Wo Mißstände freudig hingenommen
werden, findet man selten Soziologen. Hinzu kommt meist, daß die
Mißstände etwas mit vergangenen schiefgelaufenen Lösungsversuchen
zu tun haben. Soziologen sind selten die ersten Experten, die sich einer
Sache annehmen. Von daher müssen sie kooperieren, sie müssen andere
Fachleute verstehen und sich ihnen verständlich machen können.

Die Abhängigkeit der soziologischen Praxisfelder von der öffentlichen Wahrnehmung von Krisenbereichen führt zum Training von zwei
Fähigkeiten, die bei Soziologen besonders gefragt sind: die Fähigkeit,
Krisen zu identifizieren, bevor sie allgemein zutage getreten sind, und
die Fähigkeit, anderen die komplexen Zusammenhänge, die zu Fehl-
entwicklungen führen, zu erläutern. Soziologie gehört wie die Kunst
und die Literatur zu den Frühwarnsystemen einer modernen Gesellschaft. Bekanntlich ist aber die Rolle des Warners nie besonders attraktiv gewesen, und meist bleiben der Gesellschaft die Nicht- oder Fehl-
prognosen stärker in der Erinnerung als die prognostischen Treffer.
Diese Abhängigkeit der soziologischen Praxisfelder von der öffentlichen Krisenwahrnehmung hat schließlich die unangenehme Konsequenz einer extremen finanziellen Unsicherheit und Konjunkturab-
hängigkeit beruflicher Praxis. Wenn Soziologinnen und Soziologen am
nötigsten gebraucht werden, fehlt es oft an Geld, und zwar meist aus
denselben Gründen, aus denen sie benötigt werden. Wenn sich die Bürger satt und zufrieden zurücklehnen und Geld zur Krisenvorsorge da
wäre, sieht oft keiner einen Sinn darin, Soziologen einzustellen.

Wie bei kaum einer anderen Disziplin können sich die Praxisfelder
für Soziologen den gesellschaftlichen Erfordernissen zügig anpassen.
Die Soziologie verfügt über ein fachinternes Regulativ, das sie sehr flexibel macht, nämlich die Unterscheidung zwischen einer **Allgemeinen
Soziologie** und vielen **Speziellen Soziologien**. Diese Unterscheidung,
die von Durkheim eingeführt wurde, hatte zunächst nur den Sinn, rein
fachinterne Probleme zu regeln. Zur Allgemeinen Soziologie zählt man
Fragen, die die grundlegenden Theorien und Konzepte betreffen, die
sich überall finden, wo Gesellschaftliches gegeben ist. Spezielle Soziologien dagegen sind Arbeitsgebiete der Soziologie oder „Teildiszi-
plinen", die durch die wundersame Wirkung eines Bindestrichs zustande kamen.

Mit Hilfe eines Bindestrichs konnte man bei Bedarf jeden menschlichen Bereich und jede existierende Institution als Arbeitsgebiet für die Soziologie zugänglich machen. Zur Familie konnte man eine Familien-Soziologie gründen, zur Sprache eine Sprach-Soziologie, zur Arbeit und Industrie eine Arbeits- und Industrie-Soziologie, zu Medien eine Medien-Soziologie, zur Medizin eine Medizin-Soziologie, zur Wirtschaft eine Wirtschafts-Soziologie, zum Recht eine Rechts-Soziologie, zur Kunst eine Kunst-Soziologie, zur Literatur eine Literatur-Soziologie, zur Musik eine Musik-Soziologie, zur Religion eine Religions-Soziologie, zum Militär eine Militär-Soziologie, zur Technik eine Technik-Soziologie und zur Stadt eine Stadt-Soziologie usw. Als es zu Katastrophen kam, war für Soziologen nichts naheliegender, als eine Katastrophen-Soziologie ins Leben zu rufen. Und so lange es Soziologie gibt, gibt es immer auch eine Soziologen-Soziologie. Den Trick mit dem Bindestrich haben uns später Psychologen und Pädagogen nachgemacht.

Eine Liste aller speziellen Soziologien, die bisher betrieben wurden, erspare ich den Lesern. Wichtig ist, daß die Soziologie wie kaum ein anderes Fach zur Erzeugung von neuen Spezialitäten in der Lage ist. Es gibt kaum einen Bereich, der nicht soziologisch interessant gemacht werden kann. Ob aber eine spezielle Soziologie bedeutsam wird oder eine kleine Randexistenz führt, hängt von den genannten Ökonomien öffentlicher Aufmerksamkeit und der Bereitschaft ab, jeweils Arbeitsfelder, das heißt Jobs, für Soziologinnen und Soziologen einzurichten.

Die Wucherungen von neuen Spezialisierungen mit interessanten Namen gehören zum Teil in den Prozeß der stets anfallenden Folgeprobleme. Erst wird die Gentechnik entwickelt, dann entstehen soziale Probleme, und an den Instituten bildet sich die Spezialität einer „Soziologie der Gentechnik". Oder die Ausbreitung des Tourismus in arme Länder führt zu sozialen Problemen, auf die Soziologen mit einer „Tourismus-Soziologie" reagieren. Meist handelt es sich bei den neuen Spezialitäten um *Kombinationen von Problemausschnitten*, die eine Zeitlang ausprobiert werden. Da aber in Spezialitäten oft viel Zeit und Geld investiert wird, dauert es mit dem Absterben funktionslos gewordener Spezialisierungen immer etwas länger. Grundsätzlich gilt für alle speziellen Soziologien, daß ihre Gegenstandsbereiche auch von anderen Wissenschaften erforscht werden. Diese Zusammenarbeit erscheint je nach der mitunter komplizierten Geschichte, die ein Problem durchlaufen hat, als **Soziologisierung der Nachbarfächer** oder als **soziologische Interdisziplinarität.**

Sich an diesem spannenden Spiel der kombinatorischen Spezialistik produktiv zu beteiligen setzt voraus, daß man die Elemente kennt, die hier kombiniert werden. Bringt man die Elemente in eine heuristische Ordnung, das heißt eine Ordnung, die man sich gut merken kann und die einem hilft, Wirklichkeitsbereiche zu erschließen, und erinnert man sich weiterhin an das historische Erbe des Faches der Polizeywissenschaft, des Socialismus und der Reportage samt den verschiedenen nationalen Prägungen, so lassen sich die folgenden Praxisfelder oder Krisengebiete oder Arbeitsstätten identifizieren, in denen Soziologen mit anderen Experten zusammenarbeiten.

a) Wo Situationen von **Armut, Krankheit, Kriminalität und Flucht** so auftreten, daß soziale Probleme entstehen, sind Soziologen gefragt, wenn konventionelle Lösungen leerlaufen. Um die Situationen von Armut, Krankheit, Kriminalität und Flucht haben sich immense Einrichtungen gelagert. Um die *Armut* herum sind Sozialbürokratien und Wohlfahrtsverbände ebenso wie Medienkampagnen mit globaler Ausweitung entstanden. Um die *Krankheit* ist nicht nur ein kompliziertes System der Heilung, sondern auch der Prävention und der kulturellen Normierung von Gesundheitsidealen entstanden, die auf ihre gentechnische Umsetzung warten. Zu den Pathologien des Körpers kommen die Pathologien der Seele und des Geistes. Mit Psychologen und Psychiatern müssen sich Soziologen darüber unterhalten, welche sozialen Ursachen bei seelischen Erkrankungen mitspielen und wie das Verhältnis von subjektiver Disposition und intersubjektiver sozialer Situation sich jeweils darstellt. Wo die Anpassungsprozesse zwischen den Individuen und ihrer Gesellschaft mißglücken, da könnten sich immense *Zwischenbereiche* von *Krankheit und Kriminalität* auftun, wie z. B. exemplarisch im Komplex der Drogen. Weil der Unterhalt von Gefängnissen sehr teuer ist, waren Soziologen immer auch mit dabei, wenn es darum ging, Bedingungen von *Resozialisierung* zu erforschen und Reformvorschläge für Justiz und Strafvollzug zu machen. Aber nicht nur die gewalttätigen einzelnen oder die kleinen Diebe bereiten dem Rest der Gesellschaft Probleme, sondern zunehmend auch die professionelle, gut *organisierte Kriminalität* im Bereich der Wirtschaft und der Politik. Ohne soziologisches Verständnis für die Organisiertheit und soziale Struktur moderner Banden und korrupter Seilschaften wird man sie nicht gut aufdecken können. Schließlich führen Kriege, Diktaturen und wirtschaftliche Not zu weltweiten *Flucht- und Wanderungsbewegungen*. Dabei sind politische Freiheit, geistige Vitalität und

Wohlstand der Europäer für viele Flüchtlinge eine die Wahl des Ziellands bestimmende Orientierung. Die großen Fragen, die mit der Veränderung der ethnischen Zusammensetzung der Bevölkerung Europas zusammenhängen, lassen sich ohne die Erfahrung von Soziologen nicht in Angriff nehmen.

Literatur – Günther Albrecht und M. Brusten (Hrsg.), *Soziale Probleme und soziale Kontrolle*, Opladen 1982; K. A. Chassé, *Armut nach dem Wirtschaftswunder. Lebensweise und Sozialpolitik*, Frankfurt a. M., New York 1988; M. Jahoda u. a., *Die Arbeitslosen von Marienthal* (1933), Frankfurt 1975; Franz Wagner (Hrsg.), *Medizin-Momente der Veränderung*, Berlin, Heidelberg 1989; Siegfried Lamnek (Hrsg.), *Theorien abweichenden Verhaltens*, München 5. Aufl. 1993; Ute und Erwin Scheuch, *Cliquen, Klüngel und Karrieren. Über den Verfall der politischen Parteien. Eine Studie*, Hamburg 1993 ; D. Elschenbroich (Hrsg.), *Einwanderung, Integration, ethnische Bindung, Harvard Encyclopedia of American Ethnic Groups. Eine deutsche Auswahl*, Frankfurt a. M. 1985.

b) Ein zweites Arbeitsfeld für Soziologinnen und Soziologen umgreift alle mit den *Lebensläufen*, den *Generationen*, dem *Geschlechterverhältnis*, der *sozialen Schicht*, kurz mit der **Bevölkerungsentwicklung** zusammenhängenden Fragen. Um sie herum gibt es zahllose Mythen und Angstphantasien: Von der Sorge, die Deutschen sterben aus, bis zu düster-schwarzen Prognosen einer unerträglich werdenden Übervölkerung des Planeten. Ob viele, wenig oder gar keine Kinder in die Welt gesetzt werden, hat komplizierte soziale Ursachen. Fragen der gesellschaftlichen Einstellung zur Geburt, es mag nun verhütet oder abgetrieben werden oder nicht, sind für *Frauen* in allen Gesellschaften in anderer Weise vital als für Männer. Verändert sich jedoch die Frauenrolle, so hat dies Konsequenzen auch für die Lage der *Männer* und das ganze System von *Familie* kommt in Bewegung. In modernen Gesellschaften wächst die Zahl derer, die sich gegen Familie und Kinder entscheiden. Vielen fällt heute beim Thema Kindheit nur noch die eigene ein. In manchen Stadtvierteln werden *Kinder* und *Jugendliche* wie fremde Wesen betrachtet. Die Arbeitsplätze für Soziologinnen, die sich speziell mit der Lage von Frauen befassen, sind in den letzten Jahren vermehrt worden. *Herkunft* und *Ausbildung* beeinflussen die soziale Stellung, die ein Individuum erreichen kann, seine Zugehörigkeit zu einer **Gesellschaftsschicht.**

Mit der Veränderung der demographischen Zusammensetzung der Bevölkerung tut sich das immense Arbeitsfeld der *Altersforschung* bzw.

Sozialgerontologie auf, das heißt die Untersuchung der und die Arbeit
an den Problemen in den verschiedenen Phasen des Alters, das für manche ja schon mit der vorzeitigen Verrentung oder dem Vorruhestand
im Alter von 58 Jahren begonnen hat. Im fortgeschrittenen Alter wird
dann die soziale Situation in den Gesellschaften besonders schwierig,
die sich als ewig jung imaginieren und bestrebt sind, die Zeichen und
Symbole des Todes bis zur Unkenntlichkeit zu tabuieren. – Mit „Bevölkerungsentwicklung" ist also weit mehr verbunden als nackte demo-
graphische Ziffern. Dazu gehören die verschiedensten **Biographien** und
alle sozialen Dimensionen, die mit der unausweichlichen Gegebenheit
zusammenhängen, daß Menschen geboren werden und am Ende sterben.

Literatur – Gerburg Treusch-Dieter, *Von der sexuellen Rebellion zur Gen-
und Reproduktionstechnologie*, Tübingen 1990; Franz-Xaver Kaufmann,
*Zukunft der Familie im vereinten Deutschland: gesellschaftliche und poli-
tische Bedingungen*, München 1995; Claudia Honegger, *Die Ordnung der
Geschlechter. Die Wissenschaften vom Menschen und das Weib*, Frankfurt
a. M., New York 1991; K. Hurrelmann, *Einführung in die Sozialisations-
theorie. Über den Zusammenhang von Sozialstruktur und Persönlichkeit*,
Weinheim und Basel 1986; Deutsches Jugendinstitut (Hrsg.), *Immer diese Jugend! Ein zeitgeschichtliches Mosaik. 1945 bis heute*, München 1985;
M. Kohli und G. Robert, *Biographie und soziale Wirklichkeit*, Stuttgart
1984; Rainer Geißler, *Die Sozialstruktur. Ein Studienbuch zur gesellschaftlichen Entwicklung im geteilten und vereinten Deutschland*, Bonn: Bun-
deszentrale für Politische Bildung 1992; Heinz Bude, *Das Altern einer
Generation*, Frankfurt a. M. 1995; J. Hohmeier und H. J. Pohl, *Alter als
Stigma*, Frankfurt a. M. 1978; Arthur E. Imhof, *Die gewonnenen Jahre*,
München 1981; B. Glaser und A. L. Strauss, *Time for Dying*, Chicago
1968; Martin Bolte, Dieter Kappe und Josef Schmid, *Bevölkerung. Statistik, Theorie, Geschichte und Politik des Bevölkerungsprozesses*, Opladen
4. Aufl. 1980.

Soziologen, die im Bereich der speziellen sozialen Problemlagen wie im
Bereich der mit der Bevölkerungsentwicklung anfallenden Fragen ihre
Arbeitsfelder gefunden haben, stehen derzeit vor der Aufgabe, den inzwischen alt gewordenen **Wohlfahrtsstaat**, mit dem einmal die Klas-
senkonflikte des neunzehnten Jahrhunderts (vgl. S. 36, S. 100) befrie-
det wurden, umzubauen. Dabei ist weniger eine Ausweitung vorhande-
ner Strukturen gefragt als vielmehr eine Veränderung der Gesamtkon-
zeption, die dem veränderten Verhalten der Menschen, den Raum zu
bevölkern, ebenso entspricht wie den Veränderungen der physischen

und psychischen Belastungen heute Lebender, deren Einstellungen zu dem, was die Sicherheit des Lebens bedroht, sich auch gewandelt hat. Denn hier paßt manches nicht mehr. Den Monatslohn, den die Gewerkschaft für eine vierköpfige Familie vor fünfundzwanzig Jahren erstritten hat, den konsumiert heute ein Single. Krankheiten, die früher, weil sie gefährlich waren, wichtige Versicherungsfälle darstellten, bleiben im Leistungsbereich der Krankenversicherungen, auch wenn es heute Bagatellen sind, und so kann man alle Bereiche der sozialen Vorsorge und Hilfen durchdeklinieren.

Literatur – Christian von Ferber und Franz-Xaver Kaufmann (Hrsg.), *Soziologie und Sozialpolitik*, (KZfSS, Sonderheft 19), Opladen 1977; Jens Alber, *Der Sozialstaat in der Bundesrepublik 1950 bis 1983*, Frankfurt a. M. 1989; Georg Vobruba (Hrsg.), *Strukturwandel der Sozialpolitik. Lohnarbeitszentrierte Sozialpolitik und soziale Grundsicherung*, Frankfurt a. M. 1989; François Ewald, *Der Vorsorgestaat*, Frankfurt a. M. 1993.

c) Während es im sozialpolitischen Arbeitsgebiet um Fragestellungen geht, in denen sich Soziologen schon lange zuhause fühlen, sind die zahlreichen neuen Arbeitsfelder, die mit der Entdeckung der **ökologischen Dimension** zusammenhängen, gerade dabei, sich zu konstituieren. Dabei geht es, allgemein gesprochen, um die Beziehungen der Sozialwelt als einer Menschengemeinschaft zur Natur, die ganz wesentlich in der Errichtung einer **artifiziellen Lebensumwelt** besteht. Zwei Symbole stehen für diesen Prozeß: Die *gebaute Umwelt der Stadt* und der *Automatismus von Maschinen*.

Die Stadt ist schon lange ein Arbeitsfeld für Soziologen. Soziale Probleme sind gerade mit der Verstädterung in den Blick gekommen. Aber mit Fragen der *Stadtplanung* sind auch wesentlich ökologische Probleme verbunden, denn in der Art und Weise, wie Städte gebaut und modifiziert werden, wird immer auch zugleich ausgedrückt, wie Menschen ihr Verhältnis zur Natur regulieren. Das beginnt bei den Leitungen für Trinkwasser, das wir zur Dusche brauchen, und den komplizierten Wahrnehmungsweisen dessen, was man so gemeinhin Abfall nennt, führt über Fragen der ökologisch mehr oder weniger erträglichen Verkehrssysteme und Energierechnungen der Biosphäre zu dem Problem, wie eng und raumsparend wir zugunsten einer in ihrer Reichhaltigkeit regenerationsfähigen Pflanzen- und Tierwelt zusammenrücken wollen. Wo immer ökologische Fragen angepackt werden, ohne daß Soziologinnen und Soziologen die Veränderungschancen im Verhalten der Individuen zu den Dingen eruieren, werden diese Probleme kaum zu lösen sein.

Die Stadt ist aber auch eine artifizielle Lebensumwelt, in der die Differenz zur Natur mit ästhetischen Mitteln hergestellt wird. Die *Stadt als Erlebnisraum* konkurriert mit dem Naturschönen. Ihre Parks sind Ausdruck der Gartenkunst. Die Gebäude haben nicht nur praktische Funktionen, sondern sie wollen auf höchst unterschiedliche Weise den Sinn für Schönheit wecken. Ob öffentlich oder privat, in allen Häusern finden wir Ansammlungen von Gegenständen und Möglichkeiten für Ereignisse der Schönen Künste, mag es sich nun um alte Gemälde oder kitschige Fotos, um Meditations-CDs aus dem Supermarkt oder um eine unerhörte avantgardistische Geräuschkollage im ganz edlen Konzertsaal handeln, um Asterix oder um Paul Wühr.

Die artifizielle Lebensumwelt mit all ihren komplexen Problemen findet in den großen Städten einen konzentrierten Ausdruck. Hier sind auch die Stützpunkte und Arbeitsplätze einerseits für die Planung ganzer Landschaften und Regionen und andererseits für die mediale Vernetzung einer sich verstädternden Welt. Während es im Arbeitsbereich der Stadt-, Regional-, Landschafts- und Naturreservatsplanung um die stets wieder neu zu definierende Grenze zwischen nützlicher und schöner künstlicher Lebensumwelt und den verschiedenen Segmenten einer sich mehr oder weniger selbst überlassenen „wilden" Natur geht, handelt es sich bei der Arbeit an und mit **Medien** darum, für die Verbreitung von Wissen, die Zivilisierung aller möglichen Emotionen und für die Selbstbespiegelung, den Austausch und die Repräsentation der Sozialwelt Programme zu entwerfen und das kollektive Gedächtnis der *Archive* zu pflegen.

In einer global vernetzten Welt wächst auch die Notwendigkeit, die sozialen und kulturellen Prägungen von **Räumen** neu zu relationieren. Die Internationalisierung von Organisationen aller Art stellt eine Herausforderung dar, der mit den traditionellen Weisheiten der Diplomatie allein kaum zu begegnen ist. Eine aktive Moderation in den neuartigen Konflikten, die die alten Raummuster durchqueren, weil sie sich nicht an die Grenzen der Stadt, des Staates, des Kulturraums halten, könnte mit zu den spannendsten Zukunftsaufgaben für Soziologinnen und Soziologen gehören.

Literatur – Klaus M. Schmals (Hrsg.), *Stadt und Gesellschaft*, München 1983; Richard Senett, *Verfall und Ende des öffentlichen Lebens. Die Tyrannei der Intimität*, Frankfurt a. M. 1990; Hartmut Häußerman, Walter Siebel (Hrsg.), *Neue Urbanität*, 1987; Dieter Hoffman-Axthelm, *Die dritte Stadt*, Frankfurt a. M. 1993; Andreas Feldtkeller, *Die zweckentfremdete Stadt*, Frankfurt a. M., New York 1994; J. Mukarovsky, *Ästhetische*

Funktion, Norm und ästhetischer Wert als soziale Fakten, in: Ders., *Kapitel aus der Ästhetik*, Frankfurt a. M. 1970; Patrice Flichy, *Tele. Geschichte der modernen Kommunikation*, Frankfurt a. M. 1994.

Die artifizielle Lebensumwelt, von der Leben und Lebensweise moderner Individuen abhängt, zu errichten, zu erhalten und umzubauen, bedarf es der Werkzeuge. Was die vormodernen Städte von den modernen unterscheidet, ist die Differenz der Werkzeuge, die zu ihrer Errichtung benötigt wurden. Die moderne artifizielle Lebensumwelt ist mit Hilfe von **Maschinen** errichtet. Maschinen haben die ‚Arbeit‘ genannte menschliche Tätigkeit insbesondere seit der Industriellen Revolution des neunzehnten Jahrhunderts stets wieder umgewälzt und werden dies weiter tun. Die **Industrie** gehört zu den traditionellen Arbeitsfeldern von Soziologen, die damit zugleich in den Interessenkonflikt zwischen Unternehmensleitungen und Beschäftigten eingebunden waren. Mit der Krise der Erfindungen, die seit den großen Entdeckungen der Kernspaltung und des Eingriffs in die Gene von Lebewesen anhält, ist der alte industrielle Interessenkonflikt zwischen Lohnarbeit und Kapital von der Sorge überlagert, *neue Produktlinien* für Dinge zu erfinden, die, die guten Gewissens herzustellen und zu verkaufen sind.

Die alles bisherige in den Schatten stellenden Gefährdungen atomarer Verseuchung und genetischer Verstümmelung haben zu einer gesteigerten Sensibilität für die Nachtseiten des technischen Fortschritts geführt. Dabei drohen viele Debatten in fundamentalistische Glaubenskriege zwischen Übertreibern und Verharmlosern zu führen, und es droht vergessen zu werden, daß die Erfindung von Mitteln, die instrumentelle Vernunft, von einer eminenten politisch-moralischen Bedeutung für unsere Kultur ist. Freiheit und Autonomie des einzelnen sind ohne Mittel, ohne Instrumente und Maschinen nicht möglich. Es ist mehr als ein Wortspiel, daran zu erinnern, daß sich die Wünsche nach Automaten und Autonomien demselben Impuls verdanken, kein Sklave sein zu wollen und das heißt eben, über Mittel zu verfügen, aber nicht selbst Mittel zu sein.

Wie die Krise der Erfindungen überwunden wird, ist offen. Bei der Frage, von welchen Maschinen und von welchen technischen Systemen wir in Europa unsere Zukunft abhängig machen wollen, ist der Beitrag der Soziologie entscheidend, sei es im Bereich der **Marktforschung**, das heißt der Analyse von Potentialen für Innovationen im Konsumverhalten, sei es im Bereich der **Organisation** von Arbeitsabläufen oder sei es im Bereich der Entwicklung der in den Betrieben arbeitenden Individuen mit ihrer so oder so gelagerten Kreativität, Leistungsfähigkeit und Arbeitslaune, das heißt des **Personalwesens**, sowie im Bereich der **Weiterbildung**.

Literatur – Heinrich Popitz, *Epochen der Technikgeschichte*, Tübingen 1989; Werner Rammert, *Technik aus soziologischer Perspektive*, Opladen 1993; P. Weingart (Hrsg.), *Technik als sozialer Prozeß*, Frankfurt a. M. 1989; Martin Schönherr, *Die Technik und die Schwäche. Ökologie nach Nietzsche, Heidegger und dem „schwachen" Denken*, Wien 1989; Lars Clausen, *Produktive Arbeit, destruktive Arbeit. Soziologische Grundlagen*, Berlin und New York 1988; Horst Kern und Michael Schumann, *Das Ende der Arbeitsteilung? Rationalisierung in der industriellen Produktion: Bestandsaufnahme, Trendbestimmung*. München 1984; Dirk Baecker, *Information und Risiko in der Marktwirtschaft*, Frankfurt a. M. 1988; Klaus Türk, *Einführung in die Soziologie der Wirtschaft*, Stuttgart 1987; Günter Büschges, *Einführung in die Organisationssoziologie*, Stuttgart 1983; Wolfgang Sofsky, Rainer Paris, *Figurationen sozialer Macht. Autorität – Stellvertretung – Koalition*, Opladen 1991; André Gorz, *Wege ins Paradies. Thesen zur Krise, Automation und Zukunft der Arbeit*, Berlin 1985; Rolf-Peter Sieferle, *Fortschrittsfeinde? Opposition gegen Technik und Industrie von der Romantik bis zur Gegenwart*, München 1984.

3. Soziale Rationalität

Überblickt man das Panorama der Praxisfelder, in dem Soziologen mit anderen Fachleuten kooperieren, so stellt sich die Frage der Einheitlichkeit dessen, was man soziologische Praxis nennt. Die Frage wird unter den Gesichtspunkten der Konstruktion der Universitätsfächer im nächsten Kapitel wieder aufgenommen (vgl. S. 67). Was die Praxis selbst angeht, so lassen sich zahllose Beispiele dafür nennen, daß Soziologinnen und Soziologen nach ein paar Jahren Berufsarbeit in einem der Arbeitsfelder sich so in die praxisspezifischen Probleme vertieft haben, daß sie immer weniger auf die äußerlichen Prägungen des „Soziologe-Seins" Wert legen. Sie arbeiten als Berater, Planerin, Organisator, Verwalterin, Forscher, Ausbilderin und merken manchmal gar nicht, daß sie ihre Profession viel weniger bekennen als ihre Kolleginnen und Kollegen. Sie werden zu einer schwer faßbaren Spezies.

Um die Einheitlichkeit soziologischer Praxis sichtbar zu machen, bedarf es einer Blickrichtung, die einzunehmen voraussetzungsvoll ist. Wir haben nämlich zu fragen, in welchem Sinn eine *berufliche Praxis als wertvoll* anerkannt ist. Gläubige Menschen beantworten diese Frage, indem sie sich sagen, daß Gott darüber das letzte Urteil zustehe. Wie das Urteil vor diesem Jüngsten Gericht zustande kommt, diese menschlich interessante Frage hat zunächst das Kirchenrecht und dann das daraus in einem komplizierten geschichtlichen Prozeß hervorgegangene **europäische öffentliche Recht** beschäftigt. Berufliche Praxis ist danach wertvoll, wenn sie rechtens ist, das heißt im Einklang mit rechtlichen Normen ausgeübt wird. Das gilt bis heute. Und diese fortdauernde Geltung sichert Juristen ihre professionelle Identität. Es hat Jahrhunderte gebraucht, bis sich der Gedanke in den europäischen Gesellschaften festgesetzt hat, daß alle menschlichen Handlungen nach ihrer **Rechtsstimmigkeit** befragt werden können und daß die vielgestaltige Kreativität durch das Nadelöhr der unbeanstandeten Legalität muß, wenn sie nicht der Verachtung und Verfolgung anheimfallen will. Es ist die bewundernswerte Leistung von Juristen, die Herrschaft von Menschen über Menschen kulturell so überformt zu haben, daß wir in relativ pazifizierteren Räumen leben als unsere Vorfahren.

Mehr als fünfhundert Jahre nachdem die Juristen mit ihrem Werk begannen, traten die **Ökonomen** auf, die für die Bewertung der beruflichen Praxis ein neues Kriterium propagierten. Ohne daß sie am Rechtsstimmigkeitskriterium der Juristen groß etwas revolutionierten, zogen sie eine neue Meßlatte der Bewertung hoch: Nicht nur legal sondern auch rentabel sollten Handlungen sein. Wertvolle Berufspraxis ist wirtschaftlich effektive Berufspraxis. Diese Auffassung, die im siebzehnten Jahrhundert von einer Handvoll Ökonomen vertreten wurde, hat ebenfalls Jahrhunderte gebraucht, bis sie sich in den europäischen Gesellschaften festgesetzt hat. Alle Versuche, das Kriterium der **Rentabilität** abzuschaffen, sind ebenso gescheitert wie die Versuche, das Prinzip der Rechtsstimmigkeit abzuschaffen. Genau besehen, erwarteten auch die bisherigen europäischen Revolutionäre, daß ihre Modelle einen Fortschritt im Recht und eine überlegene Rentabilität bringen sollten, das heißt, auch die Revolutionäre bewegten sich – bei unterschiedlichen Tempoerwartungen freilich – doch auf derselben Straße der Zivilisation.

Gemessen an den Zeiträumen, die Juristen und Ökonomen gebraucht haben, um ihre Kriterien der Rechtsstimmigkeit und der Rentabilität in die Köpfe und Herzen der Menschen einzupflanzen, braucht die Soziologie wohl noch Zeit. So wie sich früher die Juristen mit den Theologen auseinandersetzen mußten, durchaus vergleichbar mit den theologisch-juridischen Konflikten im Iran von heute, und so wie sich die ersten Ökonomen mit dem Wust von rechtlichen Normen zum Gewerbe herumgeschlagen haben, bevor sie ihre Kriterien selbst in ihrem Kern verstanden haben, so haben sich Soziologen mit den historisch vorgängigen Kriterien der Juristen und Ökonomen auseinandergesetzt, und sie sind dabei, im Prozeß der Auseinandersetzung ein zusätzliches Kriterium für die Bewertung von wertvollen Berufstätigkeiten zu entwickeln. Auch das Kriterium der Soziologen setzt nicht die historisch vorgängigen Kriterien außer Kraft, sondern entwickelt eine weitere Meßlatte.

Wertvolle Praxis ist danach nicht allein, was rechtens ist und was rentabel ist. Es muß noch zusätzlich in seiner sozialen Dimension, seiner **sozialen Rationalität** reflektiert werden. Seit dem neunzehnten Jahrhundert erleben wir den sehr aufregenden Lernprozeß der europäischen Gesellschaften, die soziale Dimension zu institutionalisieren. Die rechtliche Vernunft hat im *Rechtsstaat* ihre Institution gefunden, die wirtschaftliche Vernunft im *System der Märkte*. Damit haben zwei wichtige Dimensionen menschlicher Geschichte, die Macht und das Geld, eine kulturelle Überformung erfahren. Die Wahrheit der Macht erweist sich im Rechtsstaat, die Wahrheit des Geldes auf den Märkten. Die Frage, welche Institutionen für die soziale Dimension errichtet werden, ist noch offen.

Offen ist, ob die in Deutschland konzipierte Doppelung von *Sozialstaat* und *sozialer Marktwirtschaft* das letzte Wort ist. Offen ist, in welcher Weise die philosophischen Traditionen der Soziologie in die Institutionalisierung der Dimension des Sozialen eingehen. Offen ist, wie weit die soziale Dimension sich in dem korporiert, was man den *Stil des Lebens* nennt, das heißt den Stil des Verhältnisses zu sich, zu anderen und zu den Dingen, ein Stil, der bekanntlich von Ort zu Ort und Zeit zu Zeit recht verschieden sein kann und der weder staatlich zu regulieren noch ökonomisch effizienter zu machen ist. Der Stil des Lebens ruht den rechtlichen und wirtschaftlichen Dimensionen auf, aber er entgeht ihnen und ist trotzdem von einer gleichgewichtigen Bedeutung. Offen ist, welche Rolle die Medien, der technisch vermittelte Prozeß der Kommunikation, dabei spielen und ob sich die soziale Rationalität nicht vielleicht auch in *Wissensordnungen* inkorporiert, die der Information, der Verständigung und der Kreativität eine Würde geben, die den Rationalitäten der Macht und des Geldes nicht nachstehen.

Wie immer sich die Entstehung neuer Institutionen in diesem neuen Jahrhundert darstellen wird, heute kann schon gesagt werden, daß, wo immer – ob nun in der Wirtschaft oder im öffentlichen Bereich – relevante Entscheidungen anstehen, es nicht mehr ausreicht, sie auf Rechtsstimmigkeit und Rentabilität zu prüfen, hinzukommen muß die Prüfung der Sozialverträglichkeit. Diese hat sehr wenig mit Barmherzigkeit und Caritas zu tun, die sich jeder Mensch spontan zurechnen kann und um seines Seelenheils willen viel praktizieren sollte, sondern für diese Prüfung bedarf es der Entwicklung soziologischer Kompetenzen.

Es geht dabei nicht um die ideologische Beruhigung derer, die man immer sehr schnell als sogenannte ‚Betroffene‘ isolieren zu können glaubt. Soziologen wissen, daß von Entscheidungen die Entscheider im Prinzip ebenso betroffen sind. Soziologen begreifen nämlich alle Handlungen, unabhängig davon, ob sie rechtsstimmig oder rentabel sind, als Momente der sozialen Situation, die eine zum Teil sehr weitreichende historische und kulturelle Fracht mit sich führt. So sind Soziologinnen und Soziologen die geborenen **Moderatoren**, die aktiv zwischen widerstreitenden Perspektiven vermitteln können und Einsichten in die fremde Welt des je Anderen eröffnen. Sie bringen in Entscheidungen eine Rationalität ein, die auf gesellschaftlich relevanten Informationen, auf ein Wissen um die Wandelbarkeit menschlicher Verhältnisse und einer Steigerung der Fähigkeit, lange Handlungsketten ins Kalkül zu nehmen, beruht.

B. Soziologie als Fach

I. Das Gebiet der Soziologie

Soziologie ist eine Wissenschaft. Zu den Bedingungen, die erfüllt sein müssen, damit ein Unternehmen Wissenschaft genannt werden kann, gehört unstrittig die, daß ein erkennbarer Gegenstand vorhanden sein muß, ein Gebiet, das so genau umrissen ist, daß es auch für dritte einsehbar ist. Bei dieser Frage fängt ein Problem an, das Generationen von Soziologen Kopfzerbrechen gemacht hat. Es wird deutlich, wenn man die Debatten nachliest, die die Etablierung der Soziologie als ein Universitätsfach zu Beginn des zwanzigsten Jahrhunderts begleitet haben.

1. Zwischen Disziplin und Transdisziplin

Soziologie ist die Wissenschaft von der Gesellschaft, das heißt, die Gesellschaft ist der Gegenstand dieser Wissenschaft, so ist es nahezu überall zu lesen. Wer jedoch diese Gegenstandsbeschreibung überdenkt, wird über kurz oder lang zu dem Resultat kommen, daß dies so viel bedeutet wie: Das Gebiet der Soziologie ist überall und nirgends. Es war Georg Simmel, einer der Gründerväter der Soziologie, der die möglichen Extrempositionen scharf herausgearbeitet hat.

> Alle Existenz, so hören wir, komme ausschließlich den Individuen, ihren Beschaffenheiten und Erlebnissen zu, und ‚Gesellschaft‘ sei eine Abstraktion, unentbehrlich für praktische Zwecke, höchst nützlich auch für eine vorläufige Zusammenfassung der Erscheinungen, aber kein wirklicher *Gegenstand* jenseits der Einzelwesen und der Vorgänge an ihnen. Wenn ein jedes von diesen in seiner naturgesetzlichen und historischen Bestimmtheit erforscht sei, so bliebe für eine davon gesonderte Wissenschaft überhaupt kein reales Objekt mehr übrig. (Georg Simmel 1917).

Wenn der Physiologe den Körper des Menschen, die Psychologin die Seele, der Staatswissenschaftler das politische Verhalten, die Ökonomin das Wirtschaftsverhalten, der Philologe die Sprache, die Theologin den Glauben der Menschen und der Historiker die Geschichte als existierende Tatsachen untersucht hat, gibt es gar nichts mehr zu untersuchen. Das Gebiet der Soziologie ist nirgends. Die Sphäre der menschlichen Existenz ist restlos aufgeteilt unter ehrwürdigen Disziplinen, und diese junge Dame Soziologie hängt in der Luft, denn wo sie landet, wird schon ernsthafte Wissenschaft betrieben. Aber es gibt noch eine andere Position, die Simmel beschreibt:

> Alles was Menschen sind und tun, so heißt es nun andererseits, geht innerhalb der Gesellschaft, durch sie bestimmt und als Teil ihres Lebens vor sich. Es gebe also überhaupt keine Wissenschaft von menschlichen Dingen, die nicht Wissenschaft von der Gesellschaft sei. Anstelle der künstlich gegeneinander isolierten Einzelwissenschaften historischer, psychologischer, normativer Art habe also die Gesellschaftswissenschaft zu treten und in ihrer Einheit zum Ausdruck zu bringen, daß alle menschlichen Interessen, Inhalte und Vorgänge durch die Vergesellschaftung zu konkreten Einheiten zusammengingen.

Hier wird Soziologie als Superwissenschaft entworfen, die alle Wissenschaften vom Menschen einschließt. Die Mediziner, Juristen, Ökonomen, Philologen usw. bildeten gleichsam Unterabteilungen des Superfaches Soziologie. Das Gebiet der Soziologie ist überall. Alles Menschliche ist gesellschaftlich, und die junge Dame Soziologie, die gerade erst in den Krisen des neunzehnten Jahrhunderts geboren ist, schwingt sich gleich auf den Chefsessel und gemeindet ganze Fakultäten mit anderen Disziplinen in ihr Fach ein.

Kein Fach kann sich seine Geburtsstunde frei wählen. Soziologie entsteht aus der Erfahrung der Unselbstverständlichkeit des Sozialen im neunzehnten Jahrhundert, und sie entsteht in einer Disziplinenlandschaft, in der kein Platz oder zuviel Platz für sie ist. Diese Situation zwingt Soziologinnen und Soziologen dazu, das Verhältnis von *disziplinären* und *transdisziplinären* Beschreibungen des Gebiets der Soziologie immer wieder zu überdenken. Alle Versuche, die Soziologie zu normalisieren und als ein Fach wie z. B. Geschichte, Ökonomie, Philosophie zu bestimmen, scheitern, weil der Typ des Gegenstands, der Charakter des Gebiets der Soziologie kaum jene Dichte und Abgrenzbarkeit erhalten kann, wie dies bei anderen Fächern der Fall ist. Sie können es sich leisten zu sagen, dieses oder jenes interessiert uns nicht, z. B. „es ist Aufgabe des Mediziners, sich um den menschlichen Körper zu kümmern, damit haben Betriebswirte grundsätzlich nichts zu tun" oder „es ist Aufgabe des Geographen, sich mit der Erdoberfläche zu befassen, damit haben Musikwissenschaftler grundsätzlich nichts zu tun". Die Soziologie kann sich dies nicht leisten. Sie wird immer angewiesen sein, das, was anderswo gemacht wird, ernsthaft zur Kenntnis zu nehmen.

Wer Soziologie treibt, muß in fremden Gärten wildern, eine Tätigkeit, die unter Nichtwilderern nicht gern gesehen ist. Es ist auch ein strafbarer Tatbestand. Heimatforscher freilich können uns belehren, daß in Landstrichen, in denen Wilderer auftauchen, diese durchaus angesehene Leute sind und keineswegs mit Räubern in einen Topf geworfen werden. Auch erfährt man, daß sich Wilderer meist an die Regeln und Gebräuche halten, die auch die fürstlich bestallten Jäger befolgen. Soziologie zwischen Disziplin und Transdisziplin meint, daß zwischen der Seßhaftigkeit in einem Fach, über dessen Umfang und Lage viel gestritten werden muß, und dem Nomadisieren im fremden Gelände Austauschbeziehungen gefunden werden müssen. Das ist nicht einfach. Es ist die Crux der Soziologie, es ist das Risiko, das eingeht, wer sich auf dieses Fach einläßt.

Gegen Risiko versichert man sich gern. So haben Soziologen auch Versicherungsstrategien erfunden, von denen hier nur zwei genannt seien:

1. Wenn die Gebietsdefinition in der Soziologie so schwierig ist, so können wir die Identität des Faches vielleicht über eine bestimmte Methode herstellen und uns so versichern. Wir könnten dann sagen, es gibt eine spezielle soziologische Methode, die nur wir anwenden und die unsere Fachidentität begründet.

2. Wenn die Gebietsdefinition für die Soziologie so schwierig ist, so könnten wir uns eine Versicherung im Bereich großer Weltorientierungen holen. Wir könnten unsere Identität darin sehen, daß wir Soziologie nach allgemeinen philosophischen oder theoretischen Paradigmen treiben, nach Weltbildern oder Geistesrichtungen. Wir könnten uns eine Kontur geben, indem wir etwa eine systemtheoretische Soziologie, eine phänomenologische Soziologie, eine marxistische Soziologie etc. treiben. Wir stehen dann als Soziologen nicht allein, sondern je nach Orientierung zusammen mit phänomenologischen Literaturwissenschaftlern, systemtheoretischen Gehirnforschern, marxistischen Philosophen etc.

Beide Strategien haben viel für sich, aber sie befriedigen nicht. Sie können sehr nutzbringend sein. Im Kampf um Wahrheit, der ja auch mit institutionellen Machtmitteln ausgetragen wird, bleibt oft keine andere Wahl. Wichtig ist nur, daß nicht vergessen wird, daß es sich um Versicherungsstrategien handelt, denen ein ganz bestimmtes Risiko vorgelagert ist, nämlich das Risiko, zwischen Disziplin und Transdisziplin die Balance zu verlieren angesichts der Erfahrung, daß das Gebiet der Soziologie überall und nirgends ist.

Literatur – Georg Simmel, *Grundfragen der Soziologie (Individuum und Gesellschaft 1917)*, Berlin, Leipzig, 2. Aufl. 1920; Norbert Elias, *Was ist Soziologie?*, München, 6. Aufl. 1991; Peter L. Berger und Thomas Luckmann, *Die gesellschaftliche Konstruktion der Wirklichkeit. Eine Theorie der Wissenssoziologie*, Frankfurt a. M., 8. Aufl. 1991.

2. Humanwissenschaften, Kulturwissenschaften

Das Gebiet der Soziologie erscheint in jeweils anderem Zuschnitt, wenn man sich daran macht, das Fach in den größeren Kontexten der *Humanwissenschaften* und der *Kulturwissenschaften* zu situieren. Beides meint nicht genau dasselbe.

Der Kontext der Humanwissenschaften (vgl. Abb. S. 72). Die Bestimmung von Grenzen zwischen Fächergruppen und Fächern könnte mit dem Unterschied der *Naturwissenschaften* zu den Humanwissenschaften beginnen, die im angelsächsischen Bereich *humanities* genannt werden. Chemikerinnen haben es mit natürlichen Stoffen zu tun, mit Mischungen, Verbindungen, mit den Bausteinen der anorganischen Materie. Physiker mit Fragen der Schwerkraft, der Masse, der Atome, der Energie. Das wäre ein plausibler Unterschied zu den Humanwissenschaften, die sich mit Menschen befassen. Unter allen Naturwissenschaften freilich gibt es eine, die für die Humanwissenschaften von besonderer Bedeutung ist: die *Biologie*, die sich mit Lebewesen befaßt, mit Pflanzen, Bakterien, Käfern, Fischen, Affen und unter anderem auch mit Menschen. Die Biologie wäre jene Naturwissenschaft, die zum Teil in die Humanwissenschaften hineinragt, weil auch der Mensch ein **Lebewesen** ist.

Wenn man die Eingrenzung der Humanwissenschaften und ihre innere Systematik von einem anderen Startpunkt her beginnt, so könnte man lange darüber diskutieren, ob die *Theologie* eine Humanwissenschaft ist. Theologie ist im strengen Sinne Wissenschaft von Gott. Die Theologen wissen von Gott, weil Er sich – jedenfalls im Abendland – in einer sehr komplizierten und mysteriösen Weise offenbart hat. Er hat unter anderem Texte hinterlassen: die zwölf Gebote, die Bergpredigt, heilige Schriften also, um deren Ausdeutung sich Theologen bemühen. Aus der europäischen Geschichte ist uns ein langer und erbitterter Streit darüber überliefert, ob man Gottes Worten mehr glauben soll als der eigenen Vernunft, der eigenen Weisheit. So sehr wir uns darüber streiten könnten, ob Theologie eine Humanwissenschaft ist, so sicher sind wir, daß *Philosophie* dazugehört. Wir könnten uns nun weiter streiten, ob es eine philosophische Wahrheit gibt, die unabhängig von der Variabilität menschlicher Lebensformen existiert. Wir könnten auch, wenn wir mit diesem Problem nicht zu Rande kommen, ein Ausweichmanöver versuchen und die Philosophie schlicht zu den *Geisteswissenschaften* rechnen, zu denen auch Fächer wie *Literaturwissenschaft, Musikwissenschaft* und *Kunstwissenschaft* als diejenigen Disziplinen gehören, die sich mit dem ästhetischen Ausdrucksvermögen des Menschen befassen. Es gibt aber nicht wenige Philosophen, die der Auffassung sind, daß die Philosophie keine Wissenschaft ist, sondern eine Anstrengung des Denkens, die gemacht werden muß, bevor man überhaupt mit einer Wissenschaft anfängt, und in der jene Kriterien entwickelt werden, nach denen entschieden werden kann, ob sich etwas um eine Wissenschaft handelt oder nicht (vgl. S. 100). Wieder andere sind der Meinung, daß die Philosophie zwar eine Geisteswissenschaft sei, daß sich ihre Kernfrage aber nicht so sehr in Richtung des Humanen bewege, sondern in Richtung einer abstrakten Geistigkeit, die in ihrer idealsten Form von der Geisteswissenschaft *Mathematik* vertreten wird. Wie immer man diesen ganzen Komplex weiter diskutiert, man wird sich schnell darauf einigen, daß ein humanwissenschaftlicher Bezug dort gegeben ist, wo es um den Menschen als ein sprechendes Wesen geht. Zum Lebewesen Mensch tritt der Mensch als ein **sprechendes Wesen**.

Die Bestimmung der Grenzen der Humanwissenschaften und ihre innere Systematik läßt sich auch noch von einer dritten Seite her anlegen. Die *Rechtswissenschaft* scheint ohne Zweifel eine Humanwissenschaft zu sein. In Rechtsfragen geht es um Recht und Unrecht von menschlichen Taten. Dabei geht es sicherlich auch um eine philosophisch-moralische Dimension, möglicherweise um die Frage nach einem absoluten, unhintergehbaren Recht, das auch menschlichem Zugriff entzogen sein soll. Aber überall dort, wo der Akzent vom Recht hin zu den Taten der Menschen verlegt wird, befinden wir uns in der humanwissenschaftlichen Dimension. Menschen handeln. In der Geschichte der Disziplinen haben dabei zunächst die ,res gestae' interes-

Das humanwissenschaftliche Dreieck

NATURWISSEN-   PSYCHOLOGIE   THEOLOGIE
SCHAFTEN   Sinne, Seele   Offenbarung
Kosmos, Energie, Stoffe,   MATHEMATIK
Zustände   Mengen, Zahlen

        BIOLOGIE   PHILOSOPHIE
        Lebewesen   Vernunft

        Leben   **Sprache**

TECHNIKWIS-   GEISTESWIS-
SENSCHAFTEN   SENSCHAFTEN
Naturbearbeitung,   Sprachen, Lite-
Maschinen   ratur, Künste

                    Arbeit

WIRTSCHAFTS-
WISSENSCHAFTEN   RECHTSWISSEN-
Handel, Austausch   SCHAFTEN
                                   Legalität, Legitimität
                    GESCHICHTE
                    Kriege, Konflikte

siert, die Herrschertaten der großen Männer, die Geschichte machen.
Die *Geschichte* gehört zu den genuinen Humanwissenschaften. Zunächst interessierten die *great men*, die Könige und Herrscher, die Politik treiben und Kriege führen. *Politikwissenschaft* ist eine Humanwissenschaft. Aber zu den geschichtlich wirksamen Taten gehören auch
die Handlungen der *little men*, der kleinen Leute, die arbeiten, das
heißt Dienste leisten und Güter herstellen, die gehandelt werden und
Reichtum wie Armut der Gesellschaft darstellen, Bereiche, die von den
Wirtschaftswissenschaften untersucht werden. Zwischen Recht und krie-
gerischer Gewalt, zwischen friedlicher Arbeit und dem Handeln mit
Gütern, die den Stoffen der Natur entnommen und umgeformt sind,
hat sich ein dritter Sektor der Humanwissenschaften entfaltet. Was immer zerstört oder erobert wird in Kriegen, und was immer an Gütern
gehandelt wird, es muß produziert sein. Und die Geschichte der

Menschheit, was wäre sie anderes als ihre Arbeit? Zum Menschen als Lebewesen und zum Menschen als sprechendes Wesen kommt als dritte humanwissenschaftliche Dimension der Mensch als **arbeitendes Wesen** hinzu.

Dieser Plan soll helfen, eine strengere Vorstellung vom Kerngebiet der Humanwissenschaften zu gewinnen. Er ist bei weitem nicht vollständig, viele Disziplinen fehlen, insbesondere fehlt die Soziologie darin. Aber wir haben ein Gebiet markiert, in dem es sich nur um den Menschen handelt und nichts anderes, ein Gebiet, in dem alles auf den Menschen zurückgeführt werden kann. Jenseits des Kerngebietes sind Objektzusammenhänge denkbar, bei denen der Humanbezug gelockert werden kann. Es ist denkbar, Natur als Bereich sui generis zu behandeln. Es ist denkbar, die Heilige Schrift als transzendenten Text zu behandeln. Auch die Künste Musik, Literatur und Bilder, die geistigen Objektivationen können einen möglicherweise vergessen machen, daß sie von Menschen geschaffen wurden.

Es gehört nun zur disziplinären Erkenntnisweise der Soziologie, daß sie auf Wanderungen im Feld der Humanwissenschaften verwiesen ist und in ihrer Entwicklung auch bereits einige Wegstrecken zurückgelegt hat. In geschichtlicher Reihenfolge erzählt, setzen soziologische Fragestellungen in dem Bereich ein, in dem es um Fragen der aus der Staatswissenschaft hervorgegangenen Nationalökonomie und Wirtschaftswissenschaft geht. Soziologie konzentriert sich dann auf die „soziale Frage" des neunzehnten Jahrhunderts, das heißt die Arbeiterfrage, die zum Teil zu einer Geschichte der menschlichen Arbeit ausgeweitet wird. Dann gerät gegen Ende des neunzehnten Jahrhunderts das Thema des Lebens, der Mensch als Lebewesen in den Blick. Eine ganze Reihe Soziologen haben sich durch Charles Darwin dazu verleiten lassen, den tierischen Kampf ums Dasein umstandslos in die Menschengesellschaft zu versetzen. Um 1900 wird wichtig, daß der Mensch jenes Lebewesen ist, das sich durch ein differenziertes Innenleben auszeichnet. Zwischen Körperleib und geistigen Phänomenen wird die Mittelregion der Seele oder Psyche wichtig. Hier finden die wichtigen Auseinandersetzungen zwischen Soziologie und *Psychologie* statt. Schließlich kommt in einer dritten Bewegung etwa nach dem Ersten Weltkrieg der Bereich der Sprache, Symbole und Zeichen in den Blick. Von dieser Wendung zur Sprache, die in den zwanziger Jahren stattfand, zehren wir noch heute.

Die Skizze kann helfen zu verstehen, wie Soziologie im Feld der Humanwissenschaften zwischen der Sphäre der gesellschaftlichen Produktion und der Sphäre der anthropologischen Dimensionen, zwischen einen Körper zu haben und Innenleben erfahren zu können, zwischen der Sphäre der Arbeit und dem symbolischen-zeichenhaften Austausch, zwischen den Symbolen der Lebensformen und ihren bio-psychischen Dimensionen nomadisiert. In dem *Dreieck von Arbeit–Leben–Sprache* sind zahlreiche Kombinationen denkbar und in der Geschichte der Soziologie ausprobiert worden. Soziologie im humanwissenschaftlichen Kontext meint: Keine reine Geisteswissenschaft, in der die geistigen Objektivationen für sich betrachtet werden, sondern eine Wissenschaft, in der Sprach- und Symbolfragen gleitend zu Fragen des Lebewesens Mensch und gleitend zu Fragen der gesellschaftlichen Produktion diskutiert werden. Nicht reine Biologie, reine medizinische Anthropologie oder Psychologie, sondern die Dimensionen des Lebewesens Mensch gleitend zu den anderen beiden Bereichen der geschichtlichen Taten und der Symbole. Nicht reine Ökonomie oder Rechtswissenschaft, sondern vom arbeitenden, seine Form produzierenden Menschen gleitend zu den Bereichen der körperlichen und seelischen Verfaßtheit und der Sprache.

Der Kontext der Kulturwissenschaft. Dem Konzept der Humanwissenschaften ist nun aber ein gewisser Zentrismus zu eigen. Sie beziehen sich immer wieder auf den Menschen und nichts als den Menschen, sein Leben, seine Arbeit, seine Sprache. Es handelt sich um eine großartige Evidenz, der sich zu entziehen nicht leicht ist. Irritationen der humanwissenschaftlichen Ordnung tauchen aber auch schon bei der schlichten Frage nach dem *Menschenbild* auf. Der humanwissenschaftlichen Argumentationsstrategie folgend, wäre bei solchen Zweifeln gleich zu antworten: Menschen machen sich Bilder von sich selbst, das heißt, sie sind die Produzenten ihrer Bilder. Mit dieser Redeweise ist man schnell wieder im sicheren Hafen des humanwissenschaftlichen Dreiecks. Wenn man aber die Zweifel an der humanwissenschaftlichen Immanenz, das heißt an der Rückführung aller menschlichen Phänomene auf den Menschen hin, wenn man die Zweifel an dieser großen Tautologie der Humanwissenschaften zuläßt, dann wird ein Wissenschaftskontext bedeutungsvoll, der mit dem Terminus *Kulturwissenschaft* umschrieben werden kann.

Überzeugte Humanwissenschaftler werden die leichte Verschiebung nicht bemerken und in ihrer Manier antworten, daß zwischen Humanwissenschaften und Kulturwissenschaft gar kein Unterschied bestehen könne, da es schließlich der Mensch sei, der Produzent seiner Kultur

ist. Wem es dennoch gelingt, sich ein Stück weit von der Ursprungs-
besessenheit der humanwissenschaftlichen Strategie zu lösen, der wird
eine feine Differenz entdecken. In den Humanwissenschaften geht der
Mensch immer nach Hause, zu sich. In der Kultur ist das nicht unbedingt so der Fall. Kulturwissenschaftliche Fragestellungen erkennt man
daran, daß der Zirkel der Nostrifizierung, das heißt die narzißtische
Selbstbespiegelung, durchbrochen wird. Es ist dies zunächst eine Frage
der sprachlichen Reihenfolge. Kulturwissenschaftlich gesprochen, versichern wir uns nicht unbedingt ängstlich der Tatsache, daß der
Mensch Produzent seiner Menschenbilder ist, sondern wir sagen zuerst:
,Es gibt Bilder' und schließen dann an: ,die Individuen haben mit ihnen
zu tun'. Wir müssen auch nicht immer notorisch beteuern, daß es der
Mensch war, der die artifizielle Lebenswelt um sich herum erbaut hat,
sondern können kulturwissenschaftlich ansetzen und sagen: ,Es gibt
Artefakte, und die Individuen haben damit zu tun'.

Heute ist der Terminus ,Kultur' ein Allerweltswort geworden. Dieser Vorgang, der 1968 mit der „Kulturrevolution" der aufständischen
Studenten einsetzt, ist bis heute noch nicht abgeschlossen. Es handelt
sich um eine stete Vermehrung der Termini „Kultur" und „kulturell"
in allen möglichen Verbindungen mit anderen Termini. Man spricht
jetzt von „Unternehmenskultur", „Rechtskultur", „politischer Kultur", „Stadtkultur" usw. „Kulturelle Differenzen" sind sehr beliebt.
„Kulturell vermittelt" ist so ziemlich alles. Die Termini „Kultur",
„kulturell" stehen heute für eine fast unendliche Reihe von ehemals
heterogen wahrgenommenen Phänomenen. Daher ist es nötig, einige
Anhaltspunkte dafür zu geben, wie der kulturwissenschaftliche Kontext
präziser bestimmt werden kann. Drei Bestimmungen seien genannt.

1. Der Hauptsatz aller Kultur heißt: „Nicht alles ist möglich." Es gibt
also Grenzen. Kultur ist immer eine Grenzfrage, ein Herstellen von Grenzen, ein Übertreten oder Unterlaufen von Grenzen. Diesseits der Grenze
herrscht Vertrautheit, jenseits der Grenze wird einem abenteuerlich oder
befremdlich zumute. Vieles, was in der Soziologie zu Kultur gedacht
wird, entstammt der ethnologischen Erfahrung. Überzeugte Humanwissenschaftler werden natürlich auch an dieser Stelle redundant einwenden,
daß die *Ethnologie* ja doch zweifellos zu den Humanwissenschaften gehört. Präziser wäre freilich zu sagen, es ist eine Wissenschaft von fremden Menschen, fremden Völkern, fremden Gesellschaften. Es ist eine
,Fremdmenschenwissenschaft'. Mit der ethnologischen Erfahrung hat es
nun seine eigene Bewandtnis. Der ethnologische Blick kann nämlich auch
auf die eigene Gruppe zurückgewandt werden. Der Ethnologe der eige-

nen Kultur kann den Blick auf seine Landsleute verfremden und in den
üblichen Vereinssitzungen seines Fußballklubs recht eigenartige Stam-
mesriten erfüllt sehen. Springprozessionen und Rundtänze von Masken-
trägern, wie sie z. B. in der alemannischen Fastnacht auftreten, sind ein
beliebter Forschungsgegenstand der *Europäischen Ethnologie*, die in
Deutschland *Volkskunde* heißt.

2. Fremdheit ist nicht identisch mit Feindschaft. Es sind ja gerade
die Ethnologen gewesen, die sich in der Kritik am Kolonialismus für
ihre Fremden eingesetzt haben und ihre Lebensweise zum Teil so ver-
klärt haben, daß sie uns Europäern als moralischer Spiegel vorgehalten
werden konnte. Im kulturwissenschaftlichen Feld geht es in der Hauptsache um *Umgangsweisen mit Fremdheiten*. Das Eigene und das Fremde verlieren dabei ihren antithetischen Charakter. Der andere ist dabei
nicht automatisch der „Wildfremde", sondern der bloß Fremde.

3. Fremd sind in dieser Perspektive nicht so sehr die Menschen selbst
als vielmehr ihre Sitten und Gebräuche, das heißt die *kulturellen Objektivationen*, in denen sie leben und mit denen sie leben. Wenn man
die Reflexion so anlegt, erscheint Kultur hier als etwas A-subjektives,
eben als Objektivation. Nur so ist ja erklärbar, daß Menschen nicht an
die kulturellen Objektivationen ihrer Herkunft gebunden sind, sondern
in verschiedenen Kulturen sich verwurzeln können. Sie müssen nicht
schicksalhaft mit Geranien vorm Fenster oder in Pfahlbauten existieren. Sie können immer auch in und mit anderen Objektivationen leben.

Kulturwissenschaftliche Aussagen fangen meist mit der Formulie-
rung ‚Es gibt' an: Es gibt Grenzen, nicht alles ist möglich; es gibt
Fremdheit und Umgänglichkeiten mit ihr; es gibt Objektivationen, die
a-subjektiv sind. Humanwissenschaften dagegen sagen immer recht
schnell, was wir Menschen sind. Wenn man einer kulturwissenschaftlichen Perspektive folgt, so wird man sich eher bemühen, diese
Frage offenzuhalten. Der Weg zu einer kulturwissenschaftlichen Perspektive führt weg vom *Streben nach Identität* und hin zur *Entdeckung
der Differenzen*.

Wollte man eine Gliederung des kulturwissenschaftlichen Feldes
vornehmen, so käme man ebenfalls auf drei Bereiche. Auszugehen ist
von einem dreifachen ‚es gibt'. 1. Es gibt das Sein der Artefakte, 2. das Sein der Religion und des Wissens und 3. das Sein der Vertrautheit und Fremdheit.

1. Zu den **Artefakten** gehören die nützlichen Artefakte, das heißt
technische Dinge im weitesten Sinne, und die schönen Artefakte, das
heißt ästhetische Dinge im weitesten Sinne. Diese Welt der Artefakte

ist immer schon in einer bestimmten Anordnung vorhanden, wenn ein Mensch das Licht der Welt erblickt.

2. Die **Religion** und das **Wissen**, das heißt die Weltbilder, sind immer auch schon da, und zwar ebenfalls in einer bestimmten Anordnung, wenn ein Mensch das Licht der Welt erblickt.

3. Es gibt die **Differenz der Individuen**, deren gegenseitige und interne Fremdheit verschiebbar und modulierbar ist, aber im Prinzip etwas Unaufhebbares und Unausrottbares darstellt. Sie ist ebenso stets vorgegeben. Als differente Individuen können sich Menschen einander Überraschungen bereiten. Unvertrautes kann immer auftauchen, zwischen mehreren ebenso wie in einer Einzelnen, die sich über sich selbst wundert.

Bei der kulturwissenschaftlichen Perspektive geht es nicht darum, neue Fächer zu kreieren, sondern darum, unser Menschenbild auf die vielfältigsten Kulturen hin zu öffnen. Wir schauen dann nicht in die menschliche Welt wie in einen Spiegel, der uns unser Bild zeigt, sondern wie in großen Städten richtet sich unser Blick auf die Ansammlungen von sehr verschiedenen Artefakten, konkurrierenden Weltbildern und die Massierung von Fremden aus aller Herren Länder. Ohne Liebe zur Urbanität, zur großen Stadt, ist Soziologie mit einer kulturwissenschaftlichen Perspektive nicht zu machen.

Literatur – Michel Foucault, *Die Ordnung der Dinge*, Frankfurt a. M., 12. Aufl. 1994; Wolf Lepenies, *Die drei Kulturen. Soziologie zwischen Literatur und Wissenschaft*, Reinbek 1988; Peter Weingart (Hrsg.), *Wissenschaftssoziologie. Band I: Wissenschaftliche Entwicklung als sozialer Prozeß; Band II: Determinanten wissenschaftlicher Entwicklung*, Frankfurt a. M. 1972/1974; R. Stichweh, *Zur Entstehung des modernen Systems wissenschaftlicher Disziplinen 1740–1890*, Frankfurt a. M. 1984; Wilhelm E. Mühlmann und Ernst W. Müller (Hrsg.), *Kulturanthropologie*, Köln 1966; Hinrich Fink-Eitel, *Die Philosophie und die Wilden*, Hamburg 1994; Günther Kehrer, *Einführung in die Religionssoziologie*, Darmstadt 1988.

3. Gesellschaften

Menschen gibt es vielleicht seit etwa 3,7 Millionen, 500 000 oder seit 35 000 Jahren auf diesem Planeten, je nachdem, wie eng oder weit man den menschlichen Organismus definiert. Wo immer man zu zählen anfängt, sie haben ihn in der Geschichte der menschlichen Gattung mit der Vielzahl von verschiedenartigsten Gesellschaften bevölkert. All diese Gesellschaften sind Gegenstand der Soziologie. In weiten Partien ihrer Forschung kooperieren Soziologen mit den Ethnologen, die sich speziell mit den einfachen Gesellschaften befassen, auf die europäische Reisende und Kolonialisten bei ihrer Eroberung der Erde stießen, mit den Archäologen und Paläoanthropologen, die jene spärlichen uralten Überreste der ersten menschenähnlichen oder menschlichen Wesen untersuchen, mit den Anthropologen aus der Biologie und Medizin und den Humangenetikern, die sich mit der Physiologie des menschlichen Körpers und seiner Naturgeschichte befassen, und besonders mit den Historikern, die die vergangene und überlieferte Geschichte menschlicher Gesellschaften erforschen.

Menschliche Gesellschaften, das ist ein uferlos erscheinendes Gebiet. Bei genauerem Hinsehen sind es aber im Kern nur drei Fragen, die Soziologen interessieren.

1. Wie läßt sich die Variabilität und Vielfalt gesellschaftlicher Formen im Verhältnis zu den natürlichen Konstanten des Lebewesens Mensch erklären? Jede Froschgattung lebt überall, wo sie lebt, auf dieselbe Weise. Nicht so der Mensch. Das ist die **anthropologische Frage**.

2. Wie läßt sich der Zusammenhang von Zufall und Notwendigkeit in der geschichtlichen Entwicklung von Gesellschaften begreifen? Warum verändern sich Gesellschaften? Gibt es einen Richtungssinn der Veränderungen? Vielleicht gar Fortschritt oder Rückschritt? Wie erklären sich Tempounterschiede, innere oder äußere Differenzierungen, Blockaden, Revolutionen? Das ist die **historische Frage**.

3. Wie ist im Verhältnis zur Anthropologie des Menschen und zu seiner Historie die Gesellschaft heute verfaßt? Das ist die **gegenwartsdiagnostische Frage**.

Wenn Soziologinnen Gesellschaften untersuchen, so haben sie mehr oder weniger explizit drei Arten von Gesellschaften vor Augen. Zunächst ist es die *pristine Gesellschaft*, das heißt die Gesellschaft der Sammler und Jäger, von der wir vermuten, daß sie die Lebensform der frühesten Menschen war. Die pristine Gesellschaft interessiert, weil ihre Analyse uns die Chance gibt, zu eruieren, was von der Natur des Menschen her elementar zu jeder menschlichen Gesellschaft gehört. Dann haben Soziologen *historische Gesellschaften* im Blick, weil ihre Analyse die Chance bietet, Aussagen darüber zu machen, wie geschichtliche Entwicklungen und sozialer Wandel sich vollziehen. Schließlich befassen sich Soziologinnen mit der *Gegenwartsgesellschaft*, zu der alle jetzt lebenden Individuen gehören, wie auch immer sie sich in der Vielfalt ihrer Kulturen darstellen.

a) Pristine Gesellschaft

Von Zeit zu Zeit wird die menschliche Eitelkeit durch unangenehme wissenschaftliche Entdeckungen erheblich gekränkt. Dazu gehört die Entdeckung des Kopernikus, daß die Erde nicht Mittelpunkt des Weltalls ist, sondern sich an einer an und für sich unbedeutenden Stelle um irgendeine Sonne dreht. Dazu gehört auch die Entdeckung Darwins, daß die Vorfahren des Menschen und die des Affen dieselben waren. An diese beiden Kränkungen menschlicher Eitelkeit hat der Erfinder der Psychoanalyse Sigmund Freud seine eigene Entdeckung angeschlossen, daß das Ich nicht einmal Herr im eigenen Seelenhause und gezwungen ist, sich mit seltsamen Abkömmlingen aus dem dunklen Kontinent des Unbewußten in uns herumzuplagen.

Diese Kränkungen sind auch heute noch nicht leicht zu verschmerzen. Nach allem, was wir wissen, ist der Mensch Resultat einer naturgesetzlich erklärbaren Evolution, die ohne Sinn und ohne Vorsehung oder Absicht abgelaufen ist. Das konsequent **naturwissenschaftliche Weltbild**, das sich von allen religiösen oder spirituellen Einkleidungen oder Absicherungen emanzipiert hat, wird nur von sehr wenigen Menschen ertragen, und es ist ungewiß, ob es in Zukunft allgemein sozialverträglich werden kann. Denn zur menschlichen Situation gehört vielleicht schon von Anfang an jene eigentümliche Paradoxie, sich einerseits dem Tierischen sehr nahe zu wissen und andererseits sich stets vom Tier triumphal abheben zu wollen.

Zu den spannendsten wissenschaftlichen Fragen gehört die Untersuchung des **Tier-Mensch-Übergangsfeldes**. Wie war es möglich, daß sich aus einer originär geistlosen Natur Lebewesen entwickeln konnten, die der Tierwelt eine humane Lebensform entgegensetzten? In den letzten Jahren ist dank engagierter Forschung mit Menschenaffen eine ganze Reihe von Fähigkeiten bei diesen Tieren entdeckt worden, die man lange Zeit als humane Monopole behauptet hatte. Höher entwickelte Tiere, insbesondere Primaten, sind keine instinktgesteuerten Biomaschinen. Sie haben zum Teil einen erheblichen Spielraum des Verhaltens. Sie können spontan sein, lernen, sich erinnern, primitive Werkzeuge herstellen, einfache Symbole entziffern und sie zum Ausdruck von Emotionen kommunikativ einsetzen. Ihre Instinkte, das heißt die genetisch programmierte bestimmte Reaktion auf einen bestimmten Reiz, sind zum Teil reduziert, und Lernen ist in einem gewissen Umfang an die Stelle von Instinkten getreten.

Wir Menschen werden uns wohl damit abfinden müssen, daß der Prozeß der Abschleifung vermeintlich humaner Monopole weitergeht.

Dies hilft allerdings auch, den Kreis des spezifisch Menschlichen genauer als bisher zu umreißen. Danach zeichnet sich ab, daß Tiere zwar mehr als gewöhnlich angenommen intelligent handeln können, indem sie das, was in ihrer Umwelt und bei Artgenossen passiert, als funktionale Feldverhalte einschätzen und darauf zum Teil recht individuell reagieren oder zögern, daß ihnen aber bestimmte geistige Sachverhalte wie insbesondere die abstrakt-negativen Charaktere der Welt, z. B. die Abwesenheit und die Leere, sowie die Vorstellung von etwas Unsichtbarem, das hinter den Dingen ist, verschlossen sind. Tierkollektive haben keine Religion.

Sicher dagegen ist, daß Tiere nicht nur Schmerzen empfinden, sondern auch bei manchen Arten darüber hinausgehend eine Palette emotionaler Tönungen empfinden, sie zeigen und aneinander erkennen können. Man hat beobachtet, wie Außenseiter von Tiergruppen wegen ihrer schlechten Sozialkontakte in Depression fielen. Aber es ist Tieren verschlossen, sich zu ihren Stimmungen selbst noch einmal in Beziehung zu setzen und über ihre eigene Situation und Verfassung zu reflektieren und sich selbst zu trösten. Die mögliche Nichtigkeit der Welt zu denken und die Distanz zu sich selber einzunehmen, das werden vermutlich humane Monopole bleiben.

Wie immer das Tier-Mensch-Übergangsfeld beschrieben wird, wir sind sicher, daß es sich um unseresgleichen handelt, wenn wir Zeugnisse einer das einzelne Lebewesen oder das Kollektiv überschreitenden kulturellen Praxis finden. Wo jenseits des biologischen Daseins kulturelle Objektivationen tradiert werden, die Weitergabe von know how z. B. in der Werkzeugherstellung, und wo der Gruppenzusammenhang in eine profane und heilige Sphäre verdoppelt wird, da können wir sicher sein, daß es sich um menschliche Gesellschaften handelt. Jeder Blick auf die frühesten Höhlenmalereien bestätigt dies.

Daß Menschen überhaupt in Gesellschaften leben, ist nicht ihr Monopol. Die *sozietäre Lebensweise* ist bei Primaten schon sehr differenziert. In Primatengesellschaften finden wir nicht nur das Fürsorgeverhalten von Affenmüttern gegenüber Affenbabies, sondern auch das Interesse von Geschwistern, Nichten und Neffen, Onkeln und Tanten an den Kleinen. Wir finden in Primatengesellschaften auch sorgsam verteidigte Rangordnungen, die den Ranghöheren Vorteile und Rangniederen Nachteile bringen. Wo Lebewesen sozietär leben, entsteht ein Unterschied der Zonen: Es gibt gefährdete Grenzzonen nach außen und geschütztere Bereiche nach innen, in denen sich insbesondere Jungtiere mehr an Erfahrung und Lernen leisten können. Es spricht viel dafür, daß in der beim Menschen durch das sogenannte extrauterine Frühjahr stark verlängerten Sozialisationsphase und ihrem machtgeschützten Innenfeld die wichtigen Chancen für einen Zuwachs an Lernen und Autonomie lagen.

Auch nicht besonders originell ist das Sammeln und Jagen der ersten Menschen. Primaten leben auch als Sammler und Jäger. Die hierfür funktional erforderliche Handlungskoordination leistet zu einem nicht unerheblichen Teil die aus dem Tierreich mitgebrachte sozietäre Rangordnung. Schwer zu erklären ist, wie aus den hierarchisch organisierten tierischen Sozietäten mit ihrem Leithammel oder Affenboß an der Spitze auf dem Niveau des Menschen die *Egalität pristiner Gesellschaften* werden konnte, die sich in vielen uns zugänglichen Sammler- und Jägergesellschaften findet, eine Egalität freilich, die nur unter Männern bestand. Wie immer verschieden die *geschlechtliche Arbeitsteilung* im einzelnen aussah, die angeseheneren Tätigkeiten fielen in der Regel Männern zu, unabhängig davon, ob die Arbeit selbst leicht oder schwer und mehr oder weniger notwendig war. Selbst dort, wo Männer und Frauen in weiten Bereichen der Arbeit und des Krieges sich gegenseitig ersetzen konnten, erfanden Männer irgendein geheimnisvolles kultisches Ding an sich, von dem sie Frauen ausschließen konnten.

Die Rekonstruktion des Tier-Mensch-Übergangsfeldes und die Welt der frühen Menschheit wird immer wieder verstellt durch die ungebrochene Macht der Imaginationen und der alten und neuen Mythen. In gewisser Weise hängt nämlich das Selbstbild der heutigen Individuen stark an der Weise, wie wir unsere Frühgeschichte erzählen. Haben wir – was die Frühzeit angeht – mehr die Hölle verlassen, oder wurden wir aus dem Paradies vertrieben? Stand am Anfang der faustkeilschwingende Killer, den wir aus den Fantasy-Filmen kennen, oder die große Urmutter in all ihrer Güte? Gibt es in der frühen Zeit irgendeine Dimension oder einen Schritt, von dem man sagen kann, daß damit irgendein Verhängnis seinen Lauf genommen hat oder eine glückliche Chance entstanden ist, die wir wiederholen? Der Urmensch, wie wir ihn heute so oder so im Kopf haben, liegt nicht nur unzählige Jahre hinter uns in grauer Vorzeit, sondern er hat auch eine imaginäre Gegenwart, und sie trägt zu den Maßstäben bei, mit denen wir heute im Zeitalter des gentechnisch planvollen Eingriffs in die Evolution das Mensch-Tier-Übergangsfeld neu vermessen. Nicht zuletzt von dieser Vermessung wird auch abhängen, wie wir jenes andere anthropologische Übergangsfeld gestalten, daß sich zwischen unserem Denken und den künstlichen Intelligenzen, zwischen Mensch und Automat, auftut.

Literatur – Jane van Lawick-Goodall, *Wilde Schimpansen. 10 Jahre Verhaltensforschung am Gombe-Strom*, Hamburg 1971; Edmund Leach, *Social anthropology*, London 1982; Elaine Morgan, *Der Mythos vom schwachen Geschlecht*, Düsseldorf 1972; Helmuth Plessner, *Die Stufen des Organischen und der Mensch*, Frankfurt a. M. 1981; Arnold Gehlen, *Der Mensch. Seine Natur und seine Stellung in der Welt*, Frankfurt a. M. 1993; Günter Dux, *Die Spur der Macht im Verhältnis der Geschlechter. Über den Ursprung der Ungleichheit zwischen Frau und Mann*, Frankfurt a. M. 1992; Georges Bataille, *Die vorgeschichtliche Malerei. Lascaux oder die Geburt der Kunst*, Genf 1955; Peter Sloterdijk, „Actionkino" in: Ders., *Medien-Zeit. 3 gegenwartsdiagnostische Versuche*, Stuttgart 1993; Sherry Turkle, *Die Wunschmaschine. Vom Entstehen der Computerkultur*, Reinbek 1984.

b) Historische Gesellschaften

Wenn alle Gesellschaften aus sich heraus stets und unweigerlich zu historischen Gesellschaften werden müßten, so wäre die Existenz von Gesellschaften der Sammler und Jäger bis in unsere Gegenwart schwer zu erklären. Andererseits gilt auch, daß historische Gesellschaften keine garantierte Kontinuität haben. Sie können wie z. B. einige der präkolumbianischen Gesellschaften wieder im Urwald versinken. Auch die moderne Gegenwartsgesellschaft verfügt über allen Overkill und alle Vergiftungskapazität, sich selbst ein Ende zu bereiten. Ob und wie lange Gesellschaften dauern, wie erneuerungs- oder wie anpassungsfähig sie sind, das hängt nicht am Gesellschaftstyp. Pristine Gesellschaften unterscheiden sich von historischen dadurch, daß sie die anfallenden Gelegenheiten, in eine Geschichte einzutreten, ignorieren. Manchmal hat man den Eindruck, sie wollen gar keine Geschichte haben.

Anlässe, in Geschichte einzutreten, fallen immer wieder an. Sie können in recht verschiedenen Bereichen der Erfahrung auftreten. Die wichtigsten Bereiche sind: a) Technische Entdeckungen und Erfindungen, b) die Entdeckung, daß Normen des Zusammenlebens veränderbar sind, c) der Kontakt mit bisher unbekannten Kulturen, d) ökologische Krisen und Katastrophen. Keine der Erfahrungen führt zwangsweise automatisch zum Eintritt in die Geschichte. Entdeckungen und Erfindungen können wieder vergessen werden, weil sie als wertlos erachtet werden. Der spontane Gedanke einer Normveränderung kann immer wieder abgewiesen werden. Der Kulturkontakt kann zu Arbeitsteilungen führen, bei der die pristine Lebensweise bewahrt wird. Ökologischen Krisen und Katastrophen kann ohne Veränderungen durch Wanderungen ausgewichen werden.

Der Eintritt in die Geschichte hat so lange gedauert, daß man für die Übergangszeit zwischen pristinen und historischen Gesellschaften selbst noch einen eigenen Typus konstruiert hat: die *archaischen Gesellschaften*. Wie immer man jedoch die Terminologie anlegt, aus der Ewigkeit des Sammler- und Jägerdaseins treten die Gesellschaften heraus, die mit der Domestizierung der Tiere beginnen und seßhaft werden, um zu säen und zu ernten. Diese Revolution, die vielleicht um 10 000 v. Chr. im sogenannten fruchtbaren Halbmond des Vorderen Orients einsetzte, ist grundlegend für alle späteren historischen Prozesse.

Die **Agrikultur**, vor allem der Kornanbau, verändert nämlich das Verhältnis der Individuen zur Zeit. Es dauert, bis das Korn reif ist. Man kann in der Zwischenzeit nicht weglaufen, und es muß vorgesorgt werden, daß genügend Saatgut für die nächste Aussaat übrigbleibt. Mit der Agrikultur entsteht eine Dimension, die für alle historischen Gesellschaften grundlegend ist: die **Kontinuität der Arbeit** (Popitz). Landwirtschaft gelingt nicht ohne ausdauernde Anstrengung und auch nicht ohne Geduld. Von ihr geht ein eigener Zwang, dabeizubleiben und das heißt zugleich die Möglichkeit aus, die Kontinuität der Arbeit auf die Bindungen in der Abstammungsgruppe und gegenüber der Erde auszudehnen. Die Münder, die ernährt werden sollen, müssen kalkulierbar und zuordnenbar sein. Es ist zu regeln, wer welcher Familie angehört, wer überhaupt dazugehört.

Der Lohn all dieser Mühen ist **Überschuß**, etwas, was pristine Gesellschaften nicht kennen. Die ersten Erfahrungen der Ernte sind beglückend und verwirrend. Innerhalb weniger Wochen gibt es Korn im Überfluß, das heißt, es gibt die Alternativen von Verteilung, Hortung und festlichem Konsum, die geregelt werden wollen. Der Überfluß ist ebenfalls grundlegend für historische Gesellschaften. Mit der Agrikultur entstehen keine Systeme, bei denen die Bilanz ausgeglichen ist, sondern es entsteht aus jedem Korn mehr als gebraucht wird. Anfallender Reichtum bedroht jedoch die Egalität der pristinen Gesellschaften. Historische Gesellschaften tragen die archaische Reichtumserfahrung weiter. Viele Autoren legen die Entstehung von **Eigentumsverfassungen** in die archaische Zeit.

Der Kornanbau kann immer mehr Menschen ernähren, als in ihm arbeiten. Dieser **Reichtum an Menschen** ist die Voraussetzung für die Entwicklung der **Arbeitsteilung**. Für Bauern gibt es freie Zeiten, in denen auf dem Felde nichts getan werden muß. Es kann also Zeit in die häusliche Werkzeugerneuerung investiert werden. In Familien können dem einen Individuum mehr die Landbestellung, dem anderen die Geräteherstellung zufallen. Wann immer man Menschen einen strukturierten Raum zur Betätigung gibt und ein wenig Zeit zu spielerischen Experimenten, bestehen Chancen für Erfindungen. *Keramik* und *Metallurgie* sind die ersten komplexen handwerklichen Innovationen, die die bäuerliche Stein- und Holzbearbeitung ablösen. Mit Keramik und Metallurgie treten *bäuerliche* und *handwerkliche Tätigkeiten* auseinander.

Mit dem Reichtum des Korns, der Dauerhaftigkeit gebrannten Tons und der Allzweckartigkeit des Metalls sind alle Voraussetzungen gegeben, um Zug um Zug gegen die natürliche Landschaft eine eigene künstliche Umwelt zu errichten: die **Stadt**. Die frühen sumerischen Städte stammen aus der Zeit um 3000 v. Chr. Bis heute hat sich die Stadt als dominierende Lebensform historischer Gesellschaften erhalten.

So wie die Agrikultur das Verhältnis der Menschen zur Zeit grundlegend verändert hat, so hat der Bau von Städten ihrem Verhältnis zum Raum neue Dimensionen gegeben. Die Stadt ist ein komplex organisierter Raum, und Städte organisieren Räume. Die gebaute Umwelt akzentuiert die Grenzen zwischen Außen und Innen sowie die Unterschiede von Einschluß, Öffnung und Ausschluß. Städte brauchen das Umland, aus dem sie die Dinge ziehen, die sie in ihren Grenzen verwandeln, anhäufen oder konsumieren. Städte können sich aber auch nach innen falten und eine Stadt in der Stadt ausbilden. Städte sind der ideale Raum für **soziale Differenzierung**. Die Handwerker können sich spezialisieren, Produktion und Distribution von verschiedenen Individuen besorgt werden, und aus den einzelnen Arbeitsprozessen können die nicht-körperlichen Dimensionen von Disposition, Planung und Entscheidung extrahiert werden. Einer trägt die Schaufel, der andere die Verantwortung.

Soziale Differenzierung erzeugt Ungleichgewichte. Historische Gesellschaften sind spannungsgeladene Gesellschaften, weil sie auf Städten beruhen, das heißt auf Zusammenballungen vieler verschiedener Individuen auf begrenztem Raum. Städte sind immer ein **Organisationsproblem**. Sie sind eine der größten Herausforderungen für die **Formung von Macht**. Wenn man das Historische an historischen Gesellschaften genauer erfassen will, so reicht es nicht zu sagen, daß sie eine zeitliche Dimension haben. Auch pristine Gesellschaften sind in der Zeit. Das Historische an historischen Gesellschaften ist der **Wandel der Machtstrukturen**.

Alles was lebt, kann verletzt und getötet werden. Gewaltsame Auseinandersetzungen zwischen Artgenossen kennen wir aus dem Tierreich. Diese Gewalt ist auch beim Lebewesen Mensch unausrottbar und macht uns auch morgen noch Schrecken. Solche Gewalttätigkeit ist nicht eigentlich historisch, sie kennt nur Anlässe, aber keine sich wandelnde Form. Pristine Gesellschaften haben für Machtauseinandersetzungen einen Modus entwickelt. Die Egalität unter Männern kann sich reproduzieren, weil sie sorgfältig darauf achten, daß die Machtunterschiede nicht zu groß werden, daß jeder eine ähnlich starke Macht für Interaktionen sich erhält. Fatalerweise ist es gerade dieser Egalitätsmechanismus, der Kinder und Frauen in pristinen Gesellschaften strukturell ins Hintertreffen geraten läßt.

Voraussetzung für historische Dynamik ist die Entstehung von größeren Machtdifferentialen und **Machtpositionen**. Beides findet sich zuerst bei den Bauern. Die Streitschlichter, denen man folgt, auch wenn man stärker ist, sind oft Dorfälteste, Patriarchen, die ihre Macht auf irgendeine heilige Autorität der Erfahrung stützen können, oder Richter, die Entscheidungen orakeln, aber auch Anführer, die sich bei der Verteidigung des Dorfs als besonders tapfer und siegreich bewährt haben. Historische Gesellschaften sind in der Regel in **Kriege** verwickelte Gesellschaften. Im Krieg der Gemeinwesen untereinander lag die Siegeschance bei denen, die über die entwickeltere Kriegstechnologie verfügten. Die metallene Rüstung und die Reiterei sind erst seit hundert Jahren verschwunden.

Literatur – Heinrich Popitz, *Aufbruch zur artifiziellen Gesellschaft*, Tübingen 1995; Lewis Mumford, *Mythos der Maschine. Kultur, Technik und Macht*, Wien 1974; Ulrich Enderwitz, *Reichtum und Religion*, 2 Bde., Freiburg 1990–91; Stefan Breuer, *Archaischer Staat. Zur Soziologie charismatischer Herrschaft*, Berlin 1990.

Machtpositionen haben ein oft gemaltes Doppelgesicht. Einmal ist es eine magisch-juridische Seite, die Autorität eines großen alten Weisen, ein andermal ist es die gewalttätig-militärische Seite, der bewehrte Arm eines jugendlichen Heerführers. Beide Machtpositionen finden sich auch in Städten wieder, deren Bau eine enorme Leistung der Organisation vielfältigster Arbeiten und produktiver Vermögen darstellt. Zur Machtpositionierung in historischen Gesellschaften gehört neben dem weisen Oberpriester und dem tapferen Heerführer auch die produktive Reichtumsballung von Städten mit vielen fleißigen Bewohnern und einem produktiven, auf die Stadt bezogenen Umland.

Das große Muster sozialer Differenzierung in historischen Gesellschaften ist, wenn man den Blick auf den indoeuropäischen Kulturkreis eingrenzt, über drei Jahrtausende erstaunlich konstant. Vom alten Indien 1300 bis 1000 v. Chr. bis noch ins neunzehnte Jahrhundert berichten die historischen Erzählungen von der Vollkommenheit der Gliederung der Gesellschaft in *drei Hauptfunktionen*. Ein alter indischer Mythos erzählt, daß nach der Opferung eines Urriesen aus seinem Mund die **Priester**, aus den Armen die **Krieger**, aus den Schenkeln die *Bauern* und aus den Füßen die Unreinen, die Parias entstanden. So legitimieren sich die Hauptkasten der Brahmanen (Priester), Ksatriyas (Krieger) und Vaisyas (Bauern) als reine arische Kasten in Absetzung von den Sudras, den ethnischen Minderheiten. Zweitausend Jahre später, 1020 schreibt ein europäischer Bischof:

> Dreifach also ist das Haus Gottes, das man eines wähnt: Hier auf Erden beten (orant) die einen, andere kämpfen (pugnant), und noch andere arbeiten (laborant); diese drei gehören zusammen und ertragen nicht, entzweit zu sein; derart, daß auf der Funktion (officium) des einen die Werke (opera) der beiden anderen beruhen, indem alle jeweils allen ihre Hilfe zuteil werden lassen.

Die vollkommene Gesellschaft teilt sich in drei Stände: **Geistlichkeit**, **Adel** und **Dritter Stand**. Die Fremden, für die die Gesetze der Gastfreundschaft gelten, kommen als am Rand Positionierte dazu. – Wiederum ca. tausend Jahre später gibt es im Deutschen Kaiserreich immer noch die Ideologie von *Thron* und *Altar*, die zusammen mit dem *arbeitenden Volk* eine Einheit darstellen, in der es keine Parteien, sondern nur Deutsche geben soll.

Die große Verbreitung der *trifunktionalen Ideologie indoeuropäischer Zivilisationen* (Dumézil) von dem göttlichen Gesetz, das zur Ordnung zurückführt, dem bewehrten Arm, der mit Gewalt zum Gehorsam zwingt, und der Fruchtbarkeit der Arbeit, der Fülle und der Feste, darf freilich nicht die Unterschiede verwischen, die zwischen *Kasten* und **Ständen** bestehen. Einer Kaste gehört der einzelne durch die natürliche Geburt an wie in einem Apartheitsystem. In Stände werden einzelne durch Initiation, das heißt durch eine zweite, soziale Geburt, aufgenommen. Die Beispiele sind vielfältig: Priesterweihe, Ritterschlag, Gesellenprüfung bei Handwerkern und Mannbarkeitsriten bei Bauern, Immatrikulation bei Studierenden etc.

Die trifunktionale Ideologie war historisch nicht unangefochten. Aus der Tiefe des europäischen Mittelalters heraus läßt sich der Weg eines anderen Modells sozialer Differenzierung beobachten, das geeignet war, die historischen Gesellschaften enorm zu dynamisieren. Gegenüber der Vollkommenheit der Dreiteilung wird geltend gemacht, daß der Friede der Ordnung nur ein oberflächlicher Schein ist, während in Wahrheit die Gesellschaft von einem geheimen Krieg durchzogen ist, der sie in nur *zwei Lager* teilt. Jedes Individuum würde sich mit dem Offenbarwerden der fundamentalen binären Spaltung der Gesellschaft auf einer Seite finden. Die Wahrheit der sozialen Ordnung sei auch immer nur auf einer Seite, sie sei eine Waffe, es gäbe keine Neutralität, das Gesetz sei Partei. Unter dem Ansturm dieser Kritik am Trifunktionalismus bricht das alteuropäische Ständesystem zusammen.

Der Vorgang ist am klassischen Beispiel der Französischen Revolution gut zu beobachten. Die berühmte Kampfschrift von Emmanuel Sieyès zeigt lehrbuchartig die Dramatik der Umstellung vom Trifunktionalismus zur Binarität:

> Der Plan dieser Schrift ist ganz einfach. Wir haben uns drei Fragen vorzulegen.
> 1. Was ist der dritte Stand? Alles.
> 2. Was ist er bis jetzt in der staatlichen Ordnung gewesen? Nichts.
> 3. Was verlangt er? Etwas darin zu werden.

Der Dritte Stand ist alles. Das heißt bei Sieyès, er ist eine „vollständige Nation". In ihr gibt es überhaupt nur zwei Typen von Arbeiten: 1. private Arbeiten: Feldarbeit, Handwerk, Handel und Dienstleistungen von Ärzten bis zum Hausgesinde und 2. öffentliche Arbeiten: Militärdienst, Rechtspflege, Kirche und Staatsverwaltung. Das ist alles, und alles dieses kann der Dritte Stand leisten. Der Rest, die „Privilegierten", sind überflüssig.

> Wer könnte also die Behauptung wagen, der dritte Stand umfasse nicht alles, was zur Bildung einer vollständigen Nation nötig ist? Er ist der starke und kraftvolle Mann, dessen einer Arm noch angekettet ist. Wenn man den privilegierten Stand entfernte, wäre die Nation nicht etwas weniger, sondern etwas mehr. Was also ist der dritte Stand? Alles, aber ein gefesseltes und unterdrücktes Alles. Was wäre er ohne den privilegierten Stand? Alles, aber ein freies und blühendes Alles. Nichts geht ohne ihn, alles würde unendlich viel besser gehen ohne die anderen.

Der Diskurs der sozialen Differenzierung ist umgestellt. Jetzt regieren Binaritäten. Es gibt die privaten und öffentlichen Arbeiten als nützliche Funktionen, und es gibt die Unnützen. Die Nützlichen sind Alles, die Unnützen Nichts. Probleme bei der Binarisierung macht das alte Doppelgesicht der geistlichen und adligen Souveränität. Hier differen-

ziert Sieyès. Der Adelsstand fügt sich bei ihm nicht in den gesellschaftlichen Organismus, wohl aber die Geistlichkeit. Von ihr heißt es:

> Meiner Ansicht nach ist sie kein Stand, sondern eine Berufsgruppe,
> die mit einem öffentlichen Amt betraut ist. Hier ist nicht der Einzelne
> privilegiert, sondern das Amt, und das ist ein großer Unterschied.
> [...] Wenn man vor der Aufnahme in die Geistlichkeit eine lange
> Reihe von Prüfungen bestehen muß, so ist dies kein Grund, diese
> Körperschaft als eine besondere *Kaste* anzusehen. Diese Bezeichnung
> trifft nur auf eine Klasse von Menschen zu, die ohne Amt und ohne
> nützliche Tätigkeit – nur weil sie existieren – Privilegien genießen, die
> an ihre Person gebunden sind. In diesem einzig richtigen Sinn gibt es
> nur eine Kaste, nämlich den Adel. Das ist wirklich ein Volk für sich,
> aber ein falsches Volk, das in Ermangelung nützlicher Organe nicht
> aus eigener Kraft bestehen kann und sich einer Nation wie jene
> Schmarotzerpflanzen anhängt, die nur vom Saft anderer Pflanzen le-
> ben können, die sie quälen und austrocknen.

Zu dieser Passage von 1789 wäre ein ganzes Buch zu schreiben. Die
spirituelle Autorität der Geistlichkeit rückt als Berufsgruppe in die
vollständige Nation ein, aus der die Adligen als „falsches Volk" wie
Parias ausgestoßen werden.

Bis ins neunzehnte Jahrhundert wurde das binäre Schema sozialer
Differenzierung als sich fortsetzender geheimer Krieg von Ethnien ge-
deutet, der von vergangenen **Eroberungen** herrühre. So schreibt der
Historiker Augustin Thierry:

> Die oberen und niederen Klassen, die heutzutage sich beobachten
> und miteinander um politische Systeme kämpfen, sind in mehreren
> Ländern nur die siegenden und besiegten Völker einer früheren Pe-
> riode. (A. Thierry 1830)

Daß in der Gesellschaft eine Gruppe über eine andere herrscht, wird
damit erklärt, daß es im Volk ein wahres Volk gibt, das gedemütigt ist,
und daß es ein falsches Volk gibt, das Herrenvolk, das eigentlich aus
fremden Eroberern besteht, und daß irgendwann Tag der Rache sein
wird. Und umgekehrt legitimiert sich die andere Seite: Wir sind zu
Recht Sieger, wir sind das wahre Volk im Unterschied zum gemeinen
Volk, das dumm, faul, ungläubig und aufrührerisch ist.

Literatur – Georges Dumézil, *Mythos und Epos. Die Ideologie der drei
Funktionen*, Frankfurt a. M. 1989; Georges Bataille, *Der verfemte Teil*,
München 1975; Georges Duby, *Drei Ordnungen. Das Weltbild des Feu-
dalismus*, Frankfurt a. M. 1986; Emmanuel Sieyès, *Was ist der Dritte
Stand*, Frankfurt a. M. 1968; Augustin Thierry, *Geschichte der Eroberung*

Englands durch die Normannen, Berlin 1830; Michel Foucault, *Vom Licht des Krieges zur Geburt der Geschichte*, Berlin 1986; Fernand Braudel, *Die Dynamik des Kapitalismus*, München 1986; Max Weber, *Die protestantische Ethik*, Gütersloh 1981; Norbert Elias, *Über den Prozeß der Zivilisation*, Bern 1969.

Das Modell einer historisch-politischen Spaltung von zwei Ethnien, die nicht dieselbe örtliche Herkunft haben, die ursprünglich nicht dieselbe Sprache sprechen oder Religion haben, von zwei Gruppen, die eine politische Einheit nur um den Preis von Krieg, Eroberung und Gewalt gebildet haben und somit zur Fortsetzung ihres Kampfes in dieser Einheit getrieben werden, dieses die historischen Gesellschaften Europas dynamisierende Modell war seit der Mitte des neunzehnten Jahrhunderts nach zwei Richtungen entwicklungsfähig:

1. In Richtung eines offenen **biologischen Rassismus**. Hier wird das Thema der Binarität verschoben auf das Thema einer bedrohten rassischen Homogenität. Die Rede ist jetzt nicht mehr von einem Kampf, der in der Einheit weitergeht, sondern man spricht von einem „gesunden Volkskörper", in den sich von außen „fremdrassige Elemente" einschleichen, um ihn zu zersetzen, zu schwächen, zu verderben. Die Schmarotzer, von denen Sieyès schon gesprochen hat, sind nicht die überlegenen Fremden, sondern gerade schwächlich hinterhältige Gestalten, von denen man sich wie im Wahn verfolgt fühlt. Diese Wendung des binären Modells in den Gedanken einer bedrohten rassischen Homogenität führt direkt zum Nationalsozialismus.

2. Die andere Richtung wendet die Binarität weg von den ethnischen und rassischen Determinanten hin zum Thema des sozialen Krieges und der **sozialen Konflikte**. Für diese Richtung stehen Marx, der ein begeisterter Leser von Thierry war, und die Theoretiker der Arbeiterbewegung. Neben die Kampfschrift des revolutionären Bürgertums von Sieyès kann man die etwa ein halbes Jahrhundert später 1848 von Marx und Engels verfaßte Broschüre „Das kommunistische Manifest" legen:

> Die Geschichte aller bisherigen Gesellschaft ist die Geschichte von Klassenkämpfen.
> Freier und Sklave, Patrizier und Plebejer, Baron und Leibeigener, Zunftbürger und Gesell, kurz, Unterdrücker und Unterdrückte standen in stetem Gegensatz zueinander, führten einen ununterbrochenen, bald versteckten, bald offenen Kampf, einen Kampf, der jedesmal mit einer revolutionären Umgestaltung der ganzen Gesellschaft endete oder mit dem gemeinsamen Untergang der kämpfenden Klassen.

Marx gehört zu denen, die die Geschichte von einem sich stets erneu-
ernden Krieg zwischen zwei Lagern weitergetragen haben. Er war sich
auch dessen bewußt und hat nie beansprucht, der Entdecker des Prin-
zips des **Klassenkampfs** in der Geschichte gewesen zu sein. Was er für
sich reklamierte, war, nachgewiesen zu haben, daß die Existenz der
Klassen bloß an bestimmte historische Enwicklungsphasen der produktiven Tätigkeit der Menschen gebunden ist. Und er hat dem siegreichen revolutionären Bürgertum, das wie Sieyès glaubte, mit der Erhebung des dritten Standes zur vollständigen Nation sei der Krieg der
Klassen beendet, ins Stammbuch geschrieben:

> Die aus dem Untergange der feudalen Gesellschaft hervorgegangene
> moderne bürgerliche Gesellschaft hat die Klassengegensätze nicht auf-
> gehoben. Sie hat nur neue Klassen, neue Bedingungen der Unter-
> drückung, neue Gestaltungen des Kampfes an die Stelle der alten ge-
> setzt.
> Unsere Epoche, die Epoche der Bourgeoisie zeichnet sich jedoch da-
> durch aus, daß sie die Klassengegensätze vereinfacht hat. Die ganze
> Gesellschaft spaltet sich mehr und mehr in zwei große feindliche La-
> ger, in zwei große, einander direkt gegenüberstehende Klassen: Bour-
> geoisie und Proletariat. (K. Marx, F. Engels 1848)

Die These von der Unausweichlichkeit einer letzten großen Schlacht
zwischen Bourgeoisie und Proletariat hat seit 1848 zahllose revolutionäre Marxisten angetrieben, in soziale Konflikte so einzugreifen, daß
die prognostizierte große Schlachtordnung offenbar wird. Die Hoffnung auf ein „letztes Gefecht", in dem das „Weltübel des bourgeoisen
Kapitalismus" endgültig besiegt wird, ist immer wieder enttäuscht worden. Recht behalten haben diejenigen, die eine Unabschließbarkeit sozialer Konflikte ins Auge gefaßt haben und die davon ausgingen, daß,
wenn auch nicht ‚der' Kampf weitergeht, so doch aber ‚die' Kämpfe.

Was von der Marxschen Theorie der Klassen bleiben wird, ist der
Kern, daß die Existenz von Klassen an bestimmte historische Entwick-
lungsphasen der Art und Weise der Produktion gebunden ist. Klassen
hängen nicht an der Menschenproduktion, nicht an der Frage der Geburt oder der Abstammung, sondern an der Art und Weise, wie das
System gesellschaftlicher Arbeit organisiert ist. Es geht nicht ums Blut,
sondern ums Geld. Klassen entstehen bei Marx als ein historisches Phänomen in den ökonomischen Strukturen, in denen Überschüsse anfallen und die Mehrarbeit des einen zur Existenzbedingung des anderen
wird. Die Klassenstruktur haftet an einer ökonomischen **Werttheorie**,
die Generationen von Ökonomen fasziniert und verbittert hat.

Die Scheidung des alten Diskurses von den beiden feindlichen Lagern in das Thema der bedrohten rassischen Homogenität einerseits und das Thema des sozialen Krieges andererseits kulminiert im zwanzigsten Jahrhundert in der Ausbildung zweier totalitärer Doktrinen, die sich als Todfeinde definieren: Bolschewismus oder Nationalsozialismus, Klassenfrage oder Rassenfrage, Weltrevolution der Unterdrückten oder Weltheilung vom Erbübel der fremdesten aller fremden Rassen, dem von Gott auserwählten jüdischen Volk. Heute zehren wir noch vom freilich nachlassenden Schrecken über die unsagbaren Staatsverbrechen, die im Namen dieser Doktrinen der Differenzierung begangen wurden. Aber wenn man um das hohe geschichtliche Alter des binären Schemas sozialer Differenzierung weiß, muß man zur Vorsicht raten.

Das beste Mittel gegen seine Wiederkehr ist eine realistische Betrachtungsweise der unendlichen Zersplitterung der Interessen und Stellungen, die im System der Arbeitsteilung und der Berufe entstanden sind. Nicht um sie kritiklos hinzunehmen, sondern um der Idee nahezutreten, daß wir es stets nur mit schlechten sozialen Differenzierungen zu tun haben, zu deren Abhilfe man für bessere soziale Differenzierungen eintreten muß. Der Maßstab für das ‚Besser‘ und ‚Schlechter‘ kann bei dieser Betrachtungsweise natürlich nicht eine von einem einzelnen für alle entworfene Harmonievorstellung sein, sondern nur das einzelne Individuum selbst. Dieser dritte Weg des individuellen Maßstabs, des **Individualismus**, hat sich in den dramatischen Umbrüchen der Ständegesellschaft, des Nationalismus und Rassismus und der Klassengesellschaft in immer neuen Anläufen neue Wege gesucht.

Die Philosophie dieser Art sozialer Differenzierung lautet: *Kritik* an der bestehenden sozialen Differenzierung und Eintreten für eine *neue soziale Differenzierung*. Es geht also nicht darum, Schranken einzureißen und zu verhindern, daß je wieder neue entstehen, sondern es geht um den Abriß alter unvernünftiger Schranken und den Aufbau neuer vernünftiger Schranken. Es geht um eine Veränderung der Grenzlinien, von denen angenommen wird, daß sie in bezug auf die Wünsche des einzelnen immer nur relative Verbesserungen bringen können. In allen Revolutionen, Umbrüchen und Wendepunkten der historischen Gesellschaften Europas hat sich stets ein individualistisches, freiheitliches Moment behauptet, das mal libertär, mal liberal, mal liberistisch gefärbt war. Ein Moment, das nicht auf einen Stand, eine Klasse oder eine Partei beschränkt war, sondern in allen gesellschaftlichen Lagen und politischen Lagern von rechts bis links wirksam war. In dem Bestreben, die bestehende Differenzierung der

Gesellschaft neu gegenzudifferenzieren, hat sich eine individualisti-
sche Tendenz zur Öffnung bisher geschlossener Gemeinschaften
ebenso behauptet wie das Bestreben, den Einheitsbrei homogener
Entdifferenzierungen zu verhindern.

Einige Beispiele für diese dritte Linie der sozialen Differenzierung
seien kurz gegeben. Als im Gefolge der Reformation die europäischen
Gesellschaften in einen nicht enden wollenden Religionskrieg fielen, in
dem sich die Anhänger verschiedener Glaubenslehren gegenseitig um-
brachten, traten Kritiker auf, die die Sinnhaftigkeit einer Differenzierung in verschiedene Konfessionen grundsätzlich in Frage stellten. Gegen die Differenzierung von katholisch, lutherisch, calvinistisch, täu-
ferisch etc. setzten sie die Differenzierung von privat und öffentlich.
Religion sollte als Differenzierungsmerkmal aus dem öffentlichen Raum
verschwinden und dafür im Privatbereich gepflegt werden. Die Differenzierung von privat und öffentlich war eine Gegendifferenzierung zur
konfessionellen Spaltung. – Als mit der Entwicklung der Handwerks-
kunst und des Manufakturwesens im siebzehnten Jahrhundert von seiten des Staates uniforme Etablissements zur Produktion verordnet wurden, traten Kritiker auf, die gegen die verordnete Gleichförmigkeit eine
Differenzierung nach Maßgabe von Rollenverteilung und Spezialisierung der Arbeiten forderten. – Als die Teilung der Menschheit in Nationen die Gefahr internationaler Kriege hervorbrachte, traten Kritiker
auf, die gegen die Differenzierung der Menschheit in Nationen als Gegendifferenzierung die internationale Verflechtung durch freien Handel befürworteten. Im Vergleich zu Gewalt und Mord sei die Über-
vorteilung beim Handel immer noch das kleinere Übel, das sich Kollektive einander antun könnten. – Gegenüber denjenigen, die behaupteten, daß ein stabiler Gesamtstaat nur entstehen könnte, wenn die einzelnen Elemente wie Familie, Kommune, Glaubensgemeinschaft ebenfalls stabil seien, traten Kritiker auf und bewiesen, daß ein stabiles Ganzes nur zustande komme bei der Freiheit und Instabilität der einzelnen
Glieder. – Gegen die These, daß es natürliche Über- und Unterordnungen in Gesellschaften geben müsse, argumentierten Kritiker, daß
nur solche Differenzen von Oben und Unten legitim sind, die auf Leistung oder Funktion beruhen. – Denjenigen, die eine gemeinsame Moral predigten, wurde entgegengehalten, daß bei klaren formalen Regeln
selbst eine Bevölkerung von Teufeln friedlich koexistieren könne. –
Wer die alten Über- und Unterordnungen nicht haben wolle, solle alles
daran setzen, attraktive neue Positionen zu schaffen. – Wer in der Politik die Differenzierung zwischen einer Machtclique und den von ihr

Abhängigen verändern wolle, solle alles daransetzen, die Zahl der Cliquen zu erhöhen.

Überblickt man das breite Spektrum der den Individualismus fördernden **Gegendifferenzierungen**, so wird man in jedem Versuch eine gewisse List am Werke sehen. Dabei ist den Kritikern bewußt gewesen, daß die neuen Schranken und neuen Grenzen, die an die Stelle der alten treten sollten, stets mehr provisorische Lösungen waren als fundamental richtige. Der individualisierende Zug sozialer Gegendifferenzierung unterscheidet sich von der Vollkommenheit der trifunktionalen Ideologie ebenso wie von den endgültigen Lösungen, die Rassismus und Klassenkampf behaupten. Bei einer durchaus pessimistischen Weltsicht ist der Individualismus ein wiederkehrender Modus der **Überlebenskunst** in historischen Gesellschaften gewesen.

Literatur – Karl Polanyi, *The great transformation. Politische und ökonomische Ursprünge von Gesellschaften und Wirtschaftssystemen* (1944), Frankfurt a. M. 1978; Karl Marx, Friedrich Engels, *Das kommunistische Manifest* (1848); Karl Korsch, *Karl Marx*, Frankfurt a. M. 1967; Detlev Claussen, *Was heißt Rassismus?* Darmstadt 1994; Stephen Holmes, *Differenzierung und Arbeitsteilung im Denken des Liberalismus*, in: Niklas Luhmann (Hrsg.), *Soziale Differenzierung*, Opladen 1985; John Rawls, *Eine Theorie der Gerechtigkeit*, Frankfurt a. M. 1979; Raoul Vaneigem, *Handbuch der Lebenskunst für die jungen Generationen*, Düsseldorf 1973.

c) Gegenwartsgesellschaft

Pristine Gesellschaften interessieren, weil sie Aufschlüsse über die Konstitution des Menschen erlauben. Historische Gesellschaften zeigen die bisher realisierten Möglichkeiten menschlicher Gesellschaft. Die Gegenwartsgesellschaft ist die einzige, in der wir handeln können. Das Interesse richtet sich hier darauf, zu wissen, wie die Gesellschaft, in der wir jetzt leben, beschaffen ist.

Überblickt man die Reihe der Adjektive und Substantive, die zur Spezifizierung der Gegenwartsgesellschaft gebraucht werden, so ergeben sich eindrucksvolle Listen:

Industriegesellschaft
Informationsgesellschaft
Postindustrielle Gesellschaft
Mediengesellschaft
Leistungsgesellschaft
Konsumgesellschaft

Risikogesellschaft
Erlebnisgesellschaft
Kapitalistische Gesellschaft
Spätkapitalistische Gesellschaft
Bürgerliche Gesellschaft
Nivellierte Mittelstandsgesellschaft
Zweidrittelgesellschaft
Männergesellschaft
Massengesellschaft

Mal wird eine dominierende Technologie oder ein charakteristischer Aspekt namengebend, mal wird eine historische Kontinuität bzw. Diskontinuität exponiert. In der soziologischen Gegenwartsdiagnostik herrschen Unsicherheit und vor allem eine Konkurrenz der Angebote, die Soziologinnen und Soziologen für die Selbstdeutung von Gesellschaft heute machen.

Beispielhaft für den diagnostischen Konkurrenzmechanismus ist der Streit um die Etikette ‚**moderne Gesellschaft**‘ ‚**postmoderne Gesellschaft**‘, in dem auch eigenartige Verschlingungen wie die Rede von „unserer postmodernen Moderne" (Welsch) anzutreffen sind. Dieses Spiel der Etikettierungen ist möglich, weil ‚Moderne‘ einmal ein Zeitabschnitt sein kann, zum anderen auf qualitative Merkmale verweist. Bestimmte Verfahren können z. B. als ‚modern‘ qualifiziert werden und mit ‚unmodernen‘ Phänomenen in derselben Zeit koexistieren. Dieselbe Doppelung von Zeitaspekt und qualitativem Aspekt kann auch für den Terminus ‚postmodern‘ ausgenutzt werden. Wer die Gegenwartsgesellschaft als ‚postmodern‘ qualifiziert, will damit sagen, daß eine ganze Reihe von Modernisierungsprozessen, wie z. B. die Industrialisierung, Verstädterung und Rationalisierung von Wirtschaft und Politik, so weit vorangeschritten sind, daß sich gegenwärtig eine qualitativ veränderte Gesamtsituation ergibt. Wer dagegen die Gegenwartsgesellschaft als ‚modern‘ qualifiziert, will damit geltend machen, daß wir uns noch mitten in den Prozessen der Modernisierung befinden, die ihrem Charakter nach unvollendete oder gar unvollendbare Projekte darstellen.

Was den Zeitaspekt der Diagnostik angeht, so wird man zunächst eine besondere Zäsurbedürftigkeit des modernen/postmodernen Menschen annehmen müssen. Als epochale Formation taucht der Terminus postmodern zuerst in einem 1947 entworfenen Epochenschema von Arnold Toynbee auf:

Western I: Dark Ages

Western II: Middle Ages
Western III: Modern (1500–1875)
Western IV: Post-Modern (seit 1875)

Danach wären unsere Großeltern schon in der Postmoderne geboren, ohne es zu wissen.

Epochenbezeichnungen, die die **Jetztzeit** umgreifen, haben ihre eigenen Tücken. Historiker können ein Lied davon singen. Denn das Spiel, das heute mit den Termini ‚Moderne‘ und ‚Postmoderne‘ gespielt wird, war dasselbe, das sich vor zwei Jahrhunderten mit dem Terminus ‚Neuzeit‘ abspielte. Die Neuzeit, so hieß es Mitte des achtzehnten Jahrhunderts, reiche „von der Reformation Luthers bis auf unsere und noch folgende Zeiten, die bis zum Weltenende kommen werden" (J. H. Zedler 1732). Ein anderer Vorschlag lautete:

> die Zeit zu unterscheiden in ‚die alte‘, ‚die mittlere‘ und ‚die neue‘, bis an unsere Zeiten, in welcher wir noch ‚die neueste‘ unterscheiden können, welches die Zeit des letzten Menschenalters oder dieses Jahrhunderts begreifen möchte. (J. G. Büsch 1775)

Ist einmal eine bestimmte Zeit als die Neuzeit, die Moderne oder die Postmoderne bezeichnet, haben es die nachfolgenden Zeiten schwer, wenn sie sich anders definieren wollen. In den Fesseln einer Epochenbezeichnung jedenfalls bringt der Terminus ‚Postmoderne Gesellschaft‘ nicht viel an Erkenntniszugewinn.

Was die historischen Zäsuren angeht, so sind sich alle einig, daß um 1500 sehr viel passiert ist: die Glaubensspaltung, die Entdeckung neuer Welten. Hier bricht in der Tat eine Neuzeit oder eine Moderne an. Auch wird man sich einigen können, daß mit der Französischen Revolution eine Problemlage gegeben ist, die so vorher nicht gegeben war. Von einzelnen Ereignissen her lassen sich schon konsensuell sinnvolle Zäsuren setzen. Je näher man freilich an die Gegenwartsgesellschaft rückt, um so umstrittener wird die Bestimmung von Einschnitten. Der Grund ist leicht einsehbar. Der Streit resultiert aus der **Differenz der Generationslagen**. Wenn man die je gegebene Zeitgenossenschaft als ein Maß nimmt für das, was man Gegenwartsgesellschaft nennt, so kommt man grob gerechnet im Durchschnitt auf die Spannbreite von drei Generationen, das heißt auf eine Zeitspanne von 75 Jahren. Im Streit um die Gegenwartsdiagnostik, das heißt die Abgrenzung der Gegenwart von der letztvergangenen Epoche, sind jeweils etwa **die letzten 75 Jahre** hoch strittig. Ist die Gesellschaft, in der die jetzt lebenden Generationen sich befinden, noch dieselbe, wie die der Urgroßeltern,

die in den Gräbern liegen? Was von den letzten 75 Jahren gehört zur
Vergangenheit, was zur Gegenwart?

Im Streit um die Definition der Gegenwart gibt es zwei implizite
Bezugspunkte: zum einen den altgewordenen neuzeitlichen Bezugspunkt, von dem man einmal glaubte, daß er bis zum Ende der Welt
anhielte, und den Bezugspunkt der letzten 75 Jahre. Der neuzeitliche
Bezugspunkt betrifft die Frage nach den langdauernden Prozessen der
Säkularisierung, Bürokratisierung, Industrialisierung, Urbanisierung,
Demokratisierung und eines Zuwachses an sozialer Mobilität und öko-
nomischer Rationalität – kurz: nach der Genese der *bürgerlichen Gesellschaft* und ihres Schicksals, ihrer Transformationen, ihrer Steigerungen
oder ihres Zerfalls. Der Bezugspunkt der letzten 75 Jahre betrifft die
Frage nach dem, was im zwanzigsten Jahrhundert anders oder neu geworden ist, und die Frage, wie diese letzten 75 Jahre im Bezug zur
Gegenwartsdefinition zu halten sind. Gehören die letzten 75 Jahre
noch zum neuzeitlichen Bezugspunkt, oder gibt es hier Zäsurverdäch-
tiges, irgend etwas diesen Rahmen Sprengendes oder Überschreitendes?
Gehört zur Gegenwart alles dazu, was den gegenwärtigen Zeitgenossen, den ganz alten und den jungen gemeinsam wäre, oder ist inmitten
der letzten 75 Jahre ein Schnitt zu machen, der für eine Begründung
der Gegenwart herhalten könnte? Die verdächtigen Zäsurdaten im 75-
Jahre-Zeitraum sind schnell aufgezählt: Mit dem Ersten Weltkrieg
1914–1918 könnte die Gegenwartsgesellschaft beginnen *oder* nach den
Katastrophen des Archipel Gulag, von Auschwitz und Hiroshima, also
in der post-war-Zeit seit 1945 *oder* 1968 im weltweiten Aufstand der
Jugend *oder* 1989 mit dem Zusammenbruch des Ostblocks und dem
Ende des Kalten Krieges. In der Konkurrenz dieser Daten wird darum
gerungen, welche Problemlagen noch zur Diagnostik der Gegenwartsgesellschaft dazugehören und welche verblassendes geschichtliches Erbe sind.

Der Streit handelt somit von der **Qualität der Gegenwart**. Gegenwart ist eine unübersteigbare Tatsache. Wir sind einfach präsent. Wir
kommen aus einer Situation und gehen in eine andere. Gegenwart ist
immer zugleich auch die Frage der *Einheit von Situationen*. Wer darüber nachdenkt, wird feststellen, daß das Begreifen der Gegenwart als
eine Einheit immer eine Leistung des Subjekts ist. Gegenwart ist meine
Gegenwart, und in meiner Gegenwart bin ich zugleich Zeitgenosse mit
anderen. Der Andere oder die Andere sind gegenwärtig präsente andere. Meine Gegenwart hängt somit an meiner *Leiblichkeit* und meiner
Lebenszeit.

Die Diagnose von Gegenwartsgesellschaften ist eine Aufgabe, die sich jeder Generation von Soziologinnen und Soziologen neu stellt. Gegenwartsdiagnostik geht von den Krisen aus, so wie sie jetzt erfahren werden. Es handelt sich zumindest um all die Problembereiche und Praxisfelder, über die in Kapitel ‚Soziologie als Beruf‘ schon gesprochen wurde (vgl. S. 53). Was dabei jetzt mehr oder jetzt weniger auf den Nägeln brennt, bedarf jeweils genauer Untersuchung, Prüfung und Diskussion. Gegenwartsdiagnostik ist meist strittig. Um so wichtiger ist es, mit offenen Augen und Ohren sich in möglichst vielen Bereichen der Gegenwartsgesellschaft zu bewegen, um die wiederkehrenden Beschwerden und die Ratlosigkeiten in der Erfahrung der Gegenwart, so wie sie von Menschen gemacht werden, herauszuhören. Gute Gegenwartsdiagnostiker sind zumeist auch gute Zuhörerinnen.

Wollte man die Probleme, die sich in der Diagnostik der Gegenwartsgesellschaft stellen, vorläufig bündeln, so käme man auf drei Dimensionen, die so etwas wie einen determinierenden Horizont der Gegenwartserfahrung abgeben.

1. **Globalisierung.** Auf welchem Fleck des Planeten auch immer menschliche Gruppen sich zusammenfinden, sie sind heute in einer bisher nicht dagewesenen Weise miteinander verflochten und voneinander abhängig. Zur Diagnostik der Gegenwartsgesellschaft gehören der Austausch und die Konflikte der vielen, zunehmend aneinanderrückenden Ethnien, Staaten und Kulturen in einer Weltgesellschaft.

2. **Reflexive Modernisierung.** Es reicht nicht mehr hin, Gegenwartsgesellschaften als solche zu beschreiben, in denen eine Auseinandersetzung zwischen Tradition und Moderne stattfindet. Nach Bereichen, in denen noch ursprünglich Traditionelles zu finden ist, muß man lange suchen. Die Prozesse der ersten, einfachen Modernisierung sind zumeist abgeschlossen. Reflexive Modernisierung beschreibt die gegenwärtige Situation, die darin besteht, daß Traditionen einmal schon durch Modernisierung verändert wurden und derselbe Prozeß nun noch einmal erfolgt als Modernisierung von bereits Modernisiertem.

3. **Postmodernes Denken.** Die Komplexität der Gegenwartsgesellschaft läßt sich kaum durch die Proklamation einer postmodernen Epoche reduzieren. Wohl aber gibt es heute ein postmodernes Denken als einen bestimmten Modus, sich auf Epochen und Zäsurfragen zu beziehen. Postmodernes Denken richtet sich auf die Moderne so, als ob es sich um ein endliches Ensemble hergestellter Wirklichkeiten handelt. Der Reflexionsmodus des „als ob" ist subtil. Es handelt sich um ein heute mögliches *Gedankenexperiment*, aber auch *Habitusexperiment*.

Das Experiment lautet: Denken und Handeln wir, als ob die Moderne abgeschlossen ist und halten wir dieses ‚als ob' reversibel. Postmodernes Denken ist vom Konjunktiv beherrscht: ‚es könnte sein', ‚möglicherweise', ‚vielleicht'. Was wäre, wenn wir denken, die Moderne als unsere Epoche ist übersehbar und abgeschlossen? Postmoderne Reflexion ist in keiner Weise aufdringlich, es handelt sich um die zusätzliche Möglichkeit einer Denkrichtung, die wir nicht einnehmen müssen, aber einnehmen können.

Mit dem Horizont der Globalisierung stellen sich Fragen von Kultur, Lebensstil, von Religion und Verantwortung auf eine neue Weise. Im Horizont reflexiver Modernisierung haben wir es mit der verwirklichten Moderne zu tun. Der Blick für alle Folgeprobleme der technisch-industriellen Zivilisation wird geschärft. Das postmoderne Denken schließlich eröffnet uns eine Dimension der Freiheit. Wir können einen Standpunkt außerhalb der Entwicklung einnehmen, wir können die moderne Gegenwartsgesellschaft transzendieren und einen Stil und eine Methode des Umgangs mit Selbstdeutungen der Moderne entwikkeln, aus dem Maßstäbe für verantwortungsvolle Praxis gewonnen werden können.

Literatur – Reinhart Koselleck, *Vergangene Zukunft. Zur Semantik geschichtlicher Zeichen*, Frankfurt a. M. 1984; Karl Mannheim, *Das Problem der Generationen*, in: Ders., *Wissenssoziologie*, Berlin und Neuwied 1964; François Lyotard, *Das postmoderne Wissen*, Graz und Wien 1984; Wolfgang Welsch, *Unsere postmoderne Moderne*, Weinheim 1987; Pierre Bourdieu, *Die feinen Unterschiede. Kritik der gesellschaftlichen Urteilskraft.* Frankfurt a. M. 1984; Richard Münch, *Die Kultur der Moderne, Bd. 1: Ihre Grundlagen und ihre Entstehung in England und Amerika; Bd. 2: Ihre Entwicklung in Frankreich und Deutschland*, Frankfurt a. M. 1986; Hermann Schwengel, *Der kleine Leviathan*, Frankfurt a. M. 1988; Ulrich Beck, *Risikogesellschaft. Auf dem Weg in eine andere Moderne*, Frankfurt a. M. 1987; Zygmunt Baumann, *Moderne und Ambivalenz: Das Ende der Eindeutigkeit*, Hamburg 1992; Willem van Reijen, Hans van der Loo, *Modernisierung – Projekt und Paradox*, München 1992; Michael Makropoulus, *Modernität und Kontingenz*, München 1996.

II. Theorie und Wirklichkeitswissenschaft

Wenn die Wahrheit aller Verhältnisse für jedermann offen zutage läge und alle Dinge spontan mit ihren richtigen Namen aufgerufen würden, wäre Wissenschaft überflüssig. Wer eine Sache wissenschaftlich erforscht, hat zumindest schon ein Urteil gefällt, nämlich, daß dies nötig und eine sinnvolle Angelegenheit ist. Er ist damit möglichen Einwänden von drei Seiten ausgesetzt. Der eine Einwand lautet, daß es für dieses oder jenes keiner Wissenschaft bedürfe; der andere, daß das, was er da treibe, keine richtige Wissenschaft sei. Schließlich kann ihm gesagt werden, was er wissen wolle, werde man nie erfahren. Wo immer Wissenschaft getrieben wird, ist solch Mehrfrontenkampf unvermeidbar. Die Einwände kommen einmal von denen, die sich nicht in die Position von Unwissenden bringen lassen wollen, ein andermal von denen, die behaupten, es besser zu wissen bzw. eine höhere Unwissenheit in Anspruch nehmen. Jede Wissenschaftlerin kann aufatmen, wenn die Unkundigen und Skeptiker schließlich bekennen, daß sie ihrer Wissenschaft bedürfen, und die Kundigen endlich von der Güte ihrer wissenschaftlichen Arbeit überzeugt worden sind.

Ob sich jemand in die Position eines Unkundigen bringen läßt, kann von vielen Dingen abhängen. Bei Kindern und Jugendlichen ist es noch einfach. Erwachsene dagegen sind mitunter schwer dazu zu bringen, anzuerkennen, daß ihre Auffassungen mehr aus Meinungen (doxa) als aus Erkenntnissen (episteme) bestehen. Es bedarf meist einer ganzen Reihe von außerwissenschaftlichen Hebeln, um sie zu motivieren, wissenschaftliche Unternehmungen überhaupt anzuerkennen: wissenschaftliche Erkenntnis muß als etwas Gutes oder Nützliches vorgeführt werden, als etwas, das Macht, Geld oder gute Positionen einbringt oder wenigstens die Langeweile vertreibt. Selten widersprechen Wissenschaftler ihrem *internen Prinzip* vorurteilsloser Wahrheitssuche mehr als dann, wenn sie es mit Unkundigen zu tun haben und um ihre Zustimmung werben müssen. Sie haben es dann nämlich mit *wissenschaftsexternen Dimensionen* zu tun, die geeignet sind, die Erkenntnisprozesse unerkannt zu behindern und Erkenntnisse hinterhältig zu verfälschen: z. B. Werturteile, die aus traditionellen oder ideologischen Gruppennormen kommen, Gewinnchancen bei der Vermarktung, Belobigung bei der Ausführung von Befehlen, Befriedigung der Sensationsgier oder Ersatzbefriedigung bei psychischen Problemen.

Soziologie ist Teil des Universums der Wissenschaft und partizipiert an allen Freuden und Leiden, die hier anzutreffen sind. Wer Soziologie studieren will, sollte sich darauf einstellen, daß drei Komplexe nicht loszuwerden sind: Der Zweifel, ob etwas „wissenschaftlich" ist oder nicht, die Mühe, die Fragen: „Was, wie, warum?" zu unterscheiden, und den Verkehr zwischen der Bibliothek und dem Ort der empirischen Sozialforschung durchzuhalten.

1. Philosophisches zur Wissenschaftlichkeit

Die Wissenschaft europäischer Provenienz definiert sich als ein von religiösen, moralischen, ökonomischen und politischen Anforderungen entlastetes autonomes Unternehmen, das sich ausschließlich als eine auf die Erkenntnis gerichtete geistige Tätigkeit versteht, mit der das Informationspotential über die Welt, in der wir leben, erhöht werden kann. Ziel ist nicht die subjektive Erkenntnis, sei es als eigene Meinung oder Erleuchtung, sondern eine Art „objektiver Erkenntnis" (Popper), die den Titel wissenschaftliche Wahrheit beansprucht. Es konnte nicht ausbleiben, daß sich über der Frage, ob Wissenschaft überhaupt von **Werturteilen** frei gehalten werden kann und ob sie nicht stets normative Orientierungen impliziert, die fairerweise offengelegt werden müssen, ein Dauerstreit entwickelt hat, der keinem Studierenden erspart bleibt und auch nicht erspart werden sollte. Denn es gehört ironischerweise zum Prozeß der Wissenschaftsentwicklung, daß von den Wissenschaften selbst immer mehr und immer neue Hindernisse gesehen werden, die dem Erreichen dieses Ideals entgegenstehen.

Die Aufklärung von Erkenntnishindernissen ist ja selbst eine Art Erkenntnisfortschritt. So war es ein enormer Fortschritt, als Marx entdeckte, daß nicht nur die politischen Meinungen handfesten Interessen folgten, sondern daß auch im Bereich der Wissenschaft seiner Zeit die theoretischen Begriffe selbst einen ideologischen, die Wahrheit verzerrenden Charakter angenommen hatten. Erkenntnishindernisse anderer Art hat Sigmund Freud (1856–1939) entdeckt, indem er die komplizierten unbewußten Seelenvorgänge von geheimen Wünschen und Versagungen, von Kränkungen und Schädigungen erforschte, von denen auch die Seele der Universitätsangehörigen und Wissenschaftler erfüllt ist. Schließlich hat Michel Foucault (1926–1984) eine Fragerichtung eröffnet, die Erkenntnishindernisse einer dritten Art ins Auge faßt. Ob es in Erkenntnissen Wahres und Falsches gibt, wird stets innerhalb bestimmter „Wahrheitsspiele" entschieden, die als Diskurse und Praktiken in der Gesellschaft verbreitet sind. Weil in die Wahrheitsspiele stets Techniken der Macht und Selbstprüfungsweisen der einzelnen involviert sind, gelingt wissenschaftliche Aufklärung nur, wo eine gesteigerte Hellhörigkeit und ein politisch verantwortungsvolles Sprechen praktiziert wird.

Marx, Freud, Foucault gehören zu den unbequemen Gestalten, die der Pflicht zum Optimismus in der Wissenschaft nicht immer vorbehaltlos folgen. Optimistisch und äußerlich betrachtet, besteht objektive Erkenntnis aus sprachlich formulierten Theorien und Argumenten oder aus daraus extrahierbaren logischen Gehalten, die allesamt Prozessen der Diskussion unterworfen werden können. Auf diese Weise werden sie von allen, die guten Willens sind, sich kundig zu machen, und die den Mut haben, sich des eigenen Verstandes zu bedienen, geprüft, um dann **intersubjektive Gültigkeit** zu erlangen.

Wissenschaftliche Unternehmungen sind voraussetzungsvoll. Sie sind, wenn es zweifelhaft wird, ob guter Wille und Mut in hinreichendem Maße vorhanden sind, rein wissenschaftlich nicht zu begründen. Es gibt keinen Selbstausweis von Wissenschaft in ihrem eigenen Element. Zur Begründung von Wissenschaft bedarf es immer der **philosophischen Anstrengung**, der sich gerade Soziologinnen und Soziologen nicht entziehen sollten. Für die soziologische Theorie und Wirklichkeitswissenschaft sind drei philosophische Themen von besonderer Wichtigkeit: a) die Frage nach der Einheit der Wissenschaft, b) der Streit zwischen Empiristen und Rationalisten, c) die Charaktere von „Wirklichkeit". Alle drei Themen haben ein ehrwürdiges Alter und ganze Bibliotheken gefüllt.

Literatur – Max Weber, *Die ‚Objektivität' sozialwissenschaftlicher und sozialpolitischer Erkenntnis*, in: Ders., *Gesammelte Aufsätze zur Wissenschaftslehre*, Tübingen 1968; Kurt Lenk (Hrsg.), *Ideologie. Kritik und Wissenssoziologie*, Frankfurt a. M. 1984; Helmut Seiffert, *Einführung in die Wissenschaftstheorie*, 3 Bde., München 11./9. Aufl. 1985, 1991.

a) Einheit der Wissenschaft

Kann man alle Dinge dieser Welt mit einem einheitlichen Konzept von Wissenschaft untersuchen, oder muß ich nicht einen Unterschied zwischen Aussagen über Steine und Aussagen über meinen Nachbarn machen? Zweifellos benötigt mein Nachbar – wie ich auch – täglich eine gewisse Menge bestimmter Mineralien für seinen Organismus, die so sind, wie sie in Bergen vorkommen. Auch wird er auf seiner

Bergwanderung den Hang nach denselben Fallgesetzen *like a rolling stone* herunterrollen, wenn er abrutscht. Aber trotzdem bleibt eine Reihe recht komplizierter philosophischer Fragen. Haben wir es bei der Wissenschaft mit einem einheitlichen Unternehmen, mit denselben Normen und Prüfverfahren zu tun, oder gibt es sinnvollerweise zwei verschiedene Wissenschaftsuniversen, eines für menschliche Angelegenheiten und eines für den Rest der Welt? Folgen z. B. Experimente mit Menschen derselben Wissenschaftsidee wie Experimente mit Fruchtfliegen? Wenn es Unterschiede gibt, wo genau liegen sie? Im Gegenstand? In der Methode? In der Frage der Gültigkeit? In der Ethik?

Diese Fragen sind etwa um 1900 mit großer Vehemenz aufgebrochen und bis heute im Kern ungelöst. Die sogenannte *Grundlagenkrise der Wissenschaft* dauert an. Oft fehlt Lehrenden in den ersten Semestern der Mut, offen einzugestehen, daß in allen Fächern das wissenschaftliche Eis, auf das Studierende gelockt werden sollen, sehr dünn ist. Grundlagenprobleme werden gern ins höhere Semester verschoben, wenn die Übung an den Trott schon fortgeschritten ist. Grundlagenzweifel sind schmerzlich. Es kostet schon viel Anstrengung, den Laden genannt ‚Wissenschaft' überhaupt noch zusammenzuhalten. Bis heute sind an den Universitäten die drei zentralen und sich einander widersprechenden Axiome der europäischen Kultur noch nicht zu einem Ausgleich gebracht: Die *wissenschaftliche Erkenntnis*, daß der Mensch Resultat einer langen naturgeschichtlichen Evolution ist, die ohne einen im Zeichen bestimmter Erkenntniskriterien erklärbaren Sinn stattgefunden hat; die *philosophische Reflexion*, daß es allein die Vernunft ist, die den Menschen auszeichnet und verhindert, daß er sich in seiner Wissenschaft als Tier mißversteht, und die *Lehre des Mythos*, daß Menschen irren können und zwar als philosophierende einzelne ebenso wie als wissenschaftstreibendes Kollektiv. Wer sich bemüht, die Axiome der neuzeitlichen Naturforschung, der griechischen Vernunftauszeichnung und des jüdisch-christlichen Mythos vom Sündenfall zu durchdenken und sich gegenwärtig zu halten, ist für Grundlagendebatten trefflich vorbereitet. Insbesondere ist es für die Soziologie unverzichtbar, sich mit dem Streben nach wissenschaftlicher Einheit und Identität, wie es von den Naturwissenschaften ausgeht, auseinanderzusetzen, dem Behaupten von Differenzen, wozu die Philosophie stets einlädt, nicht auszuweichen, und die Tugend der *humilitas*, die der Mythos von der Fehlbarkeit der Menschen lehrt, zu erlernen.

Literatur – Max Scheler, *Die Stellung des Menschen im Kosmos*, Bern

1962; Edmund Husserl, *Die Krisis der europäischen Wissenschaften und die transzendentale Phänomenologie*, Hamburg 1977; Karl R. Popper, *Kübelmodell und Scheinwerfermodell: zwei Theorien der Erkenntnis*, in: Ders. (Hrsg.), *Objektive Erkenntnis*, Hamburg 1974; François Lyotard, *Grundlagenkrise*, in: Neue Hefte für Philosophie, H. 26, 1986, S. 1–33.

b) Empirismus und Rationalismus

Zwischen Rationalisten und Empiristen ist strittig, was die wissenschaftliche Erkenntnis ist. Die *Empiristen* behaupten, wissenschaftliche Wahrheit sei allein die Wiedergabe der objektiven Struktur des Gegenstandes. Diese Wiedergabe sei auf dem Wege des geregelten Machens von Erfahrungen mit dem Gegenstand und des Vergleichs mit anderen gemachten Erfahrungen zu erreichen. Aristoteles nannte dies Aufsteigen vom Besonderen zum Allgemeinen *Induktion*. Die englischen Philosophen Francis Bacon (1561–1626), John Locke (1632–1704) und David Hume (1711–1776) behaupteten, die empirische Beobachtung, die Messung und das Experiment, deren Resultate handgreiflich sinnlich erfahrbar sind, seien der Ausgangspunkt aller wissenschaftlichen Erkenntnis. Allgemeine Erkenntnisse seien aus empirischem Einzelwissen zusammengesetzt. Ob etwas gültiges Wissen ist oder nicht, entscheide sich letztlich an den *positiven Tatsachen*. Dabei konnte man so weit gehen, Begriffe und Namen für Dinge und Ereignisse als beliebige, nichtssagende Benennungen zu betrachten, die der empirischen Positivität der Sachen und Vorgänge nur konventionell übergestreift würden.

Die *Rationalisten*, die sich heute oft „Theoretiker" nennen, behaupteten dagegen, die wissenschaftliche Wahrheit sei in der Hauptsache eine strukturierende Leistung des erkennenden Subjekts. Was das Auge sehe und was die Sinne wahrnehmen, sei nur die Oberfläche. Deren Beschaffenheiten könnten die Empiriker zwar beschreiben, aber nicht verständlich machen. Das Wesentliche sei auch mit geschlossenen Augen durch die Anstrengung des Geistes auf dem Wege einer *logischen Rekonstruktion* begriffener Wirklichkeit herauszubekommen. In der Theorie gehe es um die rational notwendigen Wahrheiten, während Empiriker nur zufällige Zusammenstellungen, je nachdem, was sie gerade sehen, hinbekämen. Der Rationalismus kann so gesteigert werden, daß sich schließlich der Wirklichkeitscharakter der Welt gänzlich verliert und nur noch die im Bewußtseinssystem aufgebaute „Welt" als Objekt übrig bleibt, das heißt aus den Kategorien deduziert wird. *Deduktion* nannte Aristoteles den Weg vom Allgemeinen zum Besonderen.

Der Streit zwischen Rationalisten und Empiristen dauert schon lang, und er wird noch lange weitergehen. In der Soziologie stellt er sich auf verschiedenen Ebenen dar. Als Streit innerhalb der soziologischen Theorie, als Erkenntnistheorie-Streit und als Streit zwischen „Theoretikern" und „Empirikern". Wer sich mit diesem philosophischen Streit auseinandergesetzt hat, kann naive Neuauflagen des Problems, die ihm viel zeitraubende Grübeleien und Lektüren einbringen, beiseite legen und sich um einen Weg zwischen rationalistischem Grau und empirischer Farbenpracht bemühen.

Literatur – Hans Blumenberg, *Das Lachen der Thrakerin. Zur Urgeschichte der Theorie*, Frankfurt a. M. 1987.

c) Wirklichkeit

Die dämonischen Wirkungen, die der Begriff Wirklichkeit hervorrufen kann, erlebt man, wenn man philosophisierenden Studierenden zuhört, die bereits einige Zeit bei diesem Thema festhängen. „Die Wirklichkeit ist eine Konstruktion des erkennenden Subjekts", sagt der eine, und die andere ergänzt, „vielleicht ist es wie im Traum, den wir ja mitunter auch ganz intensiv und echt erleben". Die kalte Dusche läßt nicht auf sich warten, bzw. spätestens beim imaginierten Sturz auf den Boden kommt die Wirklichkeit der Fallgesetze ins Spiel. Wirklichkeit ist der Ort der Enttäuschung. Aber auch die kann eingebildet sein. Außerdem werden Enttäuschungen auch wieder vergessen. „Die Wirklichkeit gibt es immer nur in der Gegenwart. Vergangenes hat sich entwirklicht," wirft jemand ein und erntet den Protest der Historikerin, die behauptet, auch in der Vergangenheit Wahn und Wirklichkeit unterscheiden zu können, sich freilich weigert, über etwas Wirkliches in der Zukunft irgendwelche Wetten abzuschließen. „Wirklichkeit ist, was für jedermann sichtbar und meßbar ist," trumpft jemand auf, mit frechem Seitenblick zum Theologen, der schon still und leise die Serie der Gottesbeweise rekapituliert. Mutig fällt der Satz: „Aber meine Gefühle sind doch auch wirklich, selbst wenn sie unsichtbar und kaum zu messen sind!" Im Unsichtbaren um die diskutierende Gruppe herum bereiten sich etliche Wortgespenster vor, in der Erkenntnistheorie-Diskussion aufzutreten, bis jemand tief erregt mit der Hand den Tisch demonstrativ berührt und erklärt: „Aber dieser Tisch hier, Freunde, der ist doch wirklich!"

Die letzte Wirklichkeit dieser Art Debatten ist häufig der Tisch, um den die Philosophen versammelt sind, das Glas mit geistigen Getränken darauf, der Stuhl, auf dem sie sitzen, die Tür, durch die sie hereingekommen sind, u. ä. Die Wirklichkeit, um die es in erkenntnistheoretischen Debatten geht, ist eine vor anderen Wirklichkeiten *ausgezeichnete Wirklichkeit*. In der Debatte wurde der gewöhnliche Tisch oder das andere gerade zuhandene Objekt zur Künderin von Wirklichkeit. Menschen bewegen sich in verschieden ausgezeichneten Wirklichkeiten, die aber allesamt der **Alltagswirklichkeit** aufruhen. Für Soziologen ist der Alltag daher eine besonders ausgezeichnete Wirklichkeit.

Die Wirklichkeit des Alltags ist unermeßlich und kontinuierlich. In der Alltagswirklichkeit liegen auch sehr banale und hochbedeutende Dinge chaotisch nebeneinander, eine Tatsache, die der Psyche der Soziologin und des Soziologen schwer zu schaffen macht. Es gibt natürlich pflegeleichtere Wirklichkeiten. Sie entstehen, wie die Erschaffung der Welt, im Mythos, in logischer Abfolge an sechs Tagen (Genesis 1). Wer sich als soziologischer Schöpfergott die Wirklichkeit selbst gründet, das heißt die Axiome, Leitdifferenzen, objektiven Grundstrukturen, Hierarchien der Werte etc. nach vernünftigen Gesichtspunkten festlegt, wird am siebenten Tage seine helle Freude daran haben. In der Soziologie gibt es eine anhaltende Spannung zwischen *Sonntags-Soziologien*, die eine in sich geordnete Wirklichkeit voraussetzen, oder die nur das als Wirklichkeit anerkennen, was schon unabhängig vom Forscher eine Ordnung besitzt, und *Alltags-Soziologien*, die mit jenen Dissonanzen spielen, die dem unermeßlichen und kontinuierlichen Durcheinander, dem alltäglichen Chaos entspringen.

Im Unterschied zur gegründeten Wirklichkeit, deren modellhafte Darstellungen Abbildungen einer wirklichen Ordnung sein sollen, tritt Alltagswirklichkeit eher intervenierend auf, so wie man bei einer spontanen Kopfbewegung plötzlich Dinge sieht, die nicht ins vorherige Bild passen. Alltägliches kann als Opposition gegen für hochheilig Gehaltenes intervenieren, wie der banale Tisch gegen den musealisierbaren Tisch, den ein Genie berührte, oder die alltägliche Spontaneität, der Erfindungsreichtum im Management des Lebens kann im Kontrast zu den bereinigten und sterilen Rationalitäten der Rechtsstimmigkeit und der Rentabilität gehalten werden. Alltägliche Wirklichkeit kann aber auch die fremde Art zu leben sein, die unerwarteterweise nebenan praktiziert wird, in jener nahen Fremde, die die Selbstgewißheit meines *way of life* erschüttert. Schließlich kann in gleichsam umgekehrter Richtung die alltägliche Wirklichkeit nun auch die großen Ausnahmen, seien es nun heilige Personen oder technische Katastrophen, absorbieren. Das Auftreten von Propheten, die Unerhörtes zu sagen haben, kann ebenso alltäglich werden, wie die Gewöhnung an Großunfälle, deren Wirklichkeit in Zukunft wahrscheinlich stets so sein wird, daß uns der Nachrichtensprecher versichert: „Für die Bevölkerung besteht keine Gefahr."

Der Vorteil des alltagssoziologischen Wirklichkeitsbegriffs liegt darin, daß deutlich gemacht werden kann, wie die alltäglichen Akteure selbst der Form nach so verfahren wie Sonntags-Soziologen. Sie gründen ihre Wirklichkeit und probieren aus, wie weit sie damit kommen. Soziologinnen und Soziologen leben aber davon, daß sie sich einen Vorsprung vor den Privatsoziologien der Gesellschaftsmitglieder erarbeiten. Ohne die Ausbildung eines reichen und vieldimensionalen Begriffs der *Erfahrung* wird dies nicht gelingen.

Soziologie als Wirklichkeitswissenschaft hat es also mit all dem zu tun, was Menschen als Wirklichkeit auszeichnen, was sie als interessante, langweilige, bedrohliche oder ersehnte Wirklichkeit ins Spiel bringen. Dazu gehören auch die **verfemten Wirklichkeiten** extremer Erfahrungen des Todes, der Erotik, des Wahnsinns und der Mystik. Denn es sind gerade die Momente der Erfahrung von Vergänglichkeit, Intimität, Zerrissenheit und Exstase, die uns herausfordern und motivieren, unsere Vorstellung von Wirklichkeit offenzuhalten. In den Gefängnissen theoretisch gegründeter Wirklichkeiten wird sich kaum der Traum einer *gaya scienza* verwirklichen lassen.

Literatur – Alfred Schütz, *Mannigfaltige Wirklichkeiten*, in: Ders., *Gesammelte Aufsätze*, Den Haag, Nijhoff 1971–1972; Richard Grathoff, *Milieu und Lebenswelt*, Frankfurt a. M. 1995.´

2. Warum, wie, was?

Zu den schlichten Fragen, mit denen kleine Kinder, kurz nachdem sie Sätze bilden können, ihre Mitmenschen mitunter zur Verzweiflung bringen, gehört die Frage: Warum? Warum sind Blätter an den Bäumen? Warum kommt Dampf aus dem Topf? Warum hält das Auto bei Rot? Warum lacht die Oma? usw. Entnervte Eltern, deren Erklärungskraft lahm geworden ist, antworten schließlich: „Weil das so ist; das ist eben so." Später – spätestens wenn die großen weltstürzenden Warum-Fragen der Pubertät provisorisch beantwortet sind – wächst der Sinn für die Wie-Fragen. Wie gestalten sich Prozesse? Wie regulieren sich Funktionszusammenhänge? Wie gewinnen Lebensstile ihre Form? Die schöne Naivität der Warum-Frage wird zum Gestaltungsmittel für Arten des Beschreibens und Erzählens, bis sich langsam ein drittes Fragewort nach vorne schiebt: Um was handelt es sich bei diesem oder jenem Vorgang? Was ist wichtig, wesentlich daran? Was war, was ist, was wird kommen?

Der Streit um die Reihenfolge der Fragen ist nicht beigelegt. Eine ganze Reihe von Fachkollegen würde die Reihe umdrehen und die Was-Frage als primitives Benennungsproblem an den Anfang stellen und die Klärung von Warum-Fragen als letztes und höchstes Ziel aller Wissenschaft darstellen. Andere verleihen dem beschreibenden Wie oder seinem Doppelgänger, dem Wie des Wie die Goldmedaille. Für die verschiedenen Reihenfolgen, mit denen man recht oft experimentieren sollte, gibt es je noch einmal unterschiedliche *Erklärungen*, warum man so reihen muß, *Beschreibungen*, wie man vorgehen könnte und *Deutungen*, was man dabei tut.´

a) Erklären

Die Warum-Frage ist ewig jung. Sie steht nicht nur am Anfang aller Wissenschaft, sie kann auch in jeder Etappe des Forschungsprozesses ungebeten hereinschneien. Warum-Fragen werden mit Erklärungen beantwortet. Zur Frage, was eine Erklärung ist und was diesen Namen nicht verdient, existieren ganze Bibliotheken.

Ein sehr verbreitetes Modell für Erklärungen beginnt mit Aussagen über Dinge oder Vorgänge, wie z. B. „Im letzten Semester ist die Zahl der Studienanfänger in naturwissenschaftlichen Fächern an der Universität von Atlantis im Vergleich zum Vorjahr merklich zurückgegangen." Die Warum-Frage hebt aus dieser Aussage das „zu Erklärende" (Explanandum) hervor: „Warum ist die Zahl der Studienanfänger in naturwissenschaftlichen ...?" Die Erklärung (das Explanans des Explanandums) ist erreicht, wenn das „zu Erklärende" als *Folge* bestimmter *Ursachen* erkannt ist. Genaugenommen machen Erklärungen nur Sinn als *Kausalerklärungen*.

Erklärungen bestehen aus zwei Elementen: einer Gesetzesaussage und einer Aussage über Randbedingungen. Die *Gesetzesaussage* ist von erhabener Schlichtheit. Man kann ein Diagramm des Zusammenhangs der beiden Größen ‚Ursache' und ‚Folge' zeichnen, eine mathematische Funktion mit y als ‚Folge' der ‚Ursache' x notieren oder die Wörtchen „wenn ..., dann ..." bzw. „je ..., desto ..." gebrauchen. Vertrackter sind die Aussagen über *Randbedingungen*. Erklärungen müssen nämlich auch Aussagen darüber enthalten, daß die gesetzlich unter „wenn" oder „je" genannten Bedingungen auch wirklich vorliegen. Erklärt ist ein „zu Erklärendes" immer dann, wenn 1. ein Gesetz gefunden ist, das die mit „warum" befragte Sache allgemein als Folge der Randbedingungen für jedermann sichtbar aufzeigt, und wenn 2. ebenso so sichtbar aufgezeigt werden kann, daß im konkreten Fall, um den es geht, die im Gesetz geforderten „wenns" auch wirklich vorliegen. Der Rückgang der Studienanfänger in naturwissenschaftlichen Fächern an der Universität von Atlantis im letzten Semester könnte erklärt werden, wenn wir ein Gesetz finden, in dem bestimmte Ursachen mit der Folge so verbunden sind, daß z. B. gesagt werden kann: „Immer dann, wenn eine Chemiefabrik explodiert ist, nimmt die Neigung, Chemie zu studieren, merklich ab, und im letzten Jahr ist tatsächlich eine Chemiefabrik explodiert."

Erklärungen beruhigen. Das macht sie unentbehrlich für eine Spezies, die Überraschungen und Wunder nur im begrenzten Umfang verträgt. Erklärungen sollen auch einfach sein. Das Ideal heißt *simplicitas*. So ist noch nicht viel erklärt, wenn die Zahl der Gesetze fast so groß ist wie die Zahl der Fälle. In dem Maße, in dem sich Gesetze für Spezialfälle zu immer allgemeineren Gesetzen zusammenfügen lassen, das heißt ihre Zahl reduziert werden kann, und die verbleibenden Gesetze untereinander in einen systematischen Zusammenhang gebracht sind, wächst das Erklärungspotential einer Wissenschaft.

Wer den hier entwickelten Ansprüchen an Erklärungen gerecht werden will, wird den Begriff „Theorie" in bestimmter Weise verwenden. Theorien sind für ihn dann nicht jede gedankliche Anstrengung oder jeder begriffliche Zusammenhang, sondern nur solche Aussagen, die aus Systemen von aufeinander bezogenen Erklärungen bestehen, die für einzelne Problembereiche gelten. Solche Theorien gelten nur dann als wahr, wenn das „zu Erklärende" in der Erklärung auch vorkommt, wenn ein Gesetz angegeben wird, wenn die Randbedingungen, die in den „Wenns" stecken, auch überprüft werden können und wahr sind, und wenn die Anfangsaussagen über die zu erklärenden Phänomene stimmen. Theorien in diesem Sinne einer **analytisch-nomothetischen Sozialwissenschaft** sind nur deshalb gültig, weil sie noch nicht widerlegt werden konnten. Ihre Gültigkeit beruht auf der aussagenlogischen Stimmigkeit und der praktischen Bewährung bei der Erklärung vieler Fälle.

Literatur – Wolfgang Stegmüller, *Das ABC der modernen Logik und Se-*

mantik. Der Begriff der Erklärung und seine Spielarten, in: Ders., *Probleme und Resultate der Wissenschaftstheorie und Analytischen Philosophie,* Band 1: *Wissenschaftliche Erklärung und Begründung,* Berlin u. a. 1974; Hartmut Esser, Klaus Klenovits, Helmut Zehnpfennig, *Wissenschaftstheorie,* 2 Bde., Stuttgart 1977.

b) Beschreiben

Wenn ein Spiegel zu Boden fällt und sein Glas zersplittert, so kann – wer will – sich ein einzelnes Bruchstück vornehmen, um sich zu fragen: „Warum ist dies Stück gerade so gebrochen? Warum liegt es hier und nicht dort? Welche Ursache hat zu dieser Folge geführt?" Der begeisterte Warum-Frager wird aber auch nach einer teuren experimentellen Serie von hundert Spiegelabwürfen noch nicht in der Lage sein, das Gesetz zu präsentieren, das es ihm ermöglicht, vorherzusagen, daß beim 101. Abwurf an der Stelle p ein Stück q von der Größe r liegen wird, obwohl die Fallgesetze zu den gültigsten und erfolgreichsten Theorien von mythischem Rang gehören und die Technik ballistischer Berechnungen im kriegerischen Europa zu einer der höchst entwickelten Künste gehört.

So sehr man nun darauf insistieren muß, daß es soziale Phänomene gibt, die mit Hilfe einer analytisch-nomothetischen Soziologie erklärt werden können, gilt es gleichwohl, bescheiden einzugestehen, daß über weite Strecken des Gebiets der Soziologie die Antwort auf Warum-Fragen dürftig ausfällt oder gar nicht möglich ist. Die Liste der „Wenns" für das Gesetz, nach dem z. B. Revolutionen stattfinden, wäre allein in ihrem Umfang so lang, daß Revolutionäre über ihrer Lektüre alt und grau würden. Der Bereich, in dem in der Soziologie nach der Logik der Erklärung verfahren werden kann, ist auch deshalb begrenzt, weil unsere Nichtsoziologen-Mitmenschen zögern, sich auf die erforderlichen gesetzeserhärtenden Experimente mit sich oder anderen einzulassen. Sie sind vielleicht noch bereit, im wöchentlichen Experiment zu sagen, was sie nächsten Sonntag wählen würden, wenn Wahltag wäre; aber wer läßt schon um der Erhärtung eines Gesetzes der analytisch-nomothetischen Soziologie willen seine Liebesverhältnisse auch nur ein einziges Mal scheitern?

Im Unterschied zu den Psychologen, die das Orientierungsverhalten von Ratten in Labyrinthen mit Passion und Ausdauer ergründen können, sind Soziologinnen und Soziologen eher selbst in der Lage von Ratten, die dasselbe Labyrinth mit ihren Mitratten bewohnen. In dieser Situation ist die Wie-Frage weitaus wichtiger und interessanter als die

Warum-Frage. Statt die zeitgenössischen menschlichen „Untersuchungsobjekte" hart am Rande der Unhöflichkeit mit Warum-Fragen zu verfolgen oder ihnen experimentell Fallen zu stellen, können Soziologinnen und Soziologen die Zeit nutzen, um möglichst genau zu beobachten und das Beobachtete möglichst genau zu beschreiben. Wenn sie dann noch daran gehen, sich selbst genau zu beobachten, wie sie Vorgänge beschreiben und dies wiederum möglichst präzis beschreiben, – wenn sie also auf *erste Beobachtungen und Beschreibungen* solche *zweiter* und *dritter* Art folgen lassen, so kann mit diesen Beschreibungen und Selbstbeschreibungen eine Objektivität erreicht werden, die nicht minder beeindruckt als diejenige, die durch Erklärung zustande gekommen ist. Mit analytischen Verfahren werden Ursachen und Nicht-Ursachen für die gefragten Folgen auseinandergenommen; Kompliziertes wird auf möglichst einfache Modelle reduziert. Bei Wie-Fragen möchte man alles, was man beobachten kann, in den Blick nehmen, wohl wissend, daß man ohnehin nur das sieht, was im Blickwinkel liegt.

Beobachtungen erfolgen immer aus *Perspektiven*, und die werden komplizierter, wenn nicht nur der Blick auf etwas fällt, sondern wenn jemand einem anderen zuschaut, wie der etwas beobachtet. Soziale Tatbestände sind oftmals nicht eindeutig kausalanalytisch zu erforschen, weil mehrere Personen oder Standpunkte in sie verwickelt sind und man die Sache auch „von einer anderen Seite" sehen kann. Bei Untersuchungen des Studierverhaltens z. B. interessiert dann nicht so sehr, warum jetzt weniger naturwissenschaftliche Fächer gewählt werden, als vielmehr, wie die genauen Unterscheidungen aussehen, die die Entscheidung der Personen „anleiten". Wie sehen die einzelnen Filter aus, durch die die Wahlentscheidung gefiltert wird? Wie sind die Filter hierarchisiert? Wie lautet der *Code*, nach dem die Wichtigkeiten aufgebaut werden?

Die gedanklichen Investitionen in die Beobachterperspektive, die bei kausalanalytischen Vorgehensweisen in der Regel nicht sehr weit reichen, sind insbesondere bei der **Systemtheorie** verpflichteten Autoren zur Konstruktion schwindelerregender Beobachtungstürme verwandt worden (vgl. S. 146). Darunter haben bisweilen die Beschreibungen der Beobachtungen gelitten. In der Welt des Perspektivismus kommt es aber gerade auf die Güte der Beschreibung an. Hier ist eine Präzision erforderlich, wie man sie bei den **Phänomenologen** lernen kann (vgl. S. 135). Gesellschaftliche Gegebenheiten und Prozesse zu beschreiben ist eine wissenschaftliche Verfahren übersteigende veritable Kunst. Wer nicht über ein Minimum künstlerischer Ambitionen verfügt, sollte die Finger von der Soziologie lassen. Im Idealfall sollten Soziologinnen und Soziologen in der Lage sein, soziale Situationen phänomenologisch so exakt zu beschreiben, daß jemand, der nicht dabei war, nach der Beschreibung ein möglichst präzises Bild von der Sache in sich erzeugen kann. In die Beschreibung eines Zusammenhangs gehen trotz aller Anstrengungen, „Objektivität" zu erreichen, immer auch starke Anteile von **Selbstbeschreibungen** ein. Diese subjektive Sicht auf die Dinge ist im Prinzip unvermeidbar und dann nicht nur erträglich, sondern auch als Erkenntnismittel zu nutzen, wenn die Beschreibung in dieser Hinsicht transparent ist und der Forscher sein eigenes Verhältnis zum Gegenstand selbst erforscht hat.

Daß uns die Romane Balzacs, obwohl sie randvoll mit erfundenen Geschichten sind, ein präziseres Bild der damaligen französischen Gesellschaft geben als manch wissenschaftliches Werk, liegt an der außerordentlichen Qualität der Beschreibungen von Situationen und der Verlebendigung der Charaktere. Die Kunst der Beschreibung ist erlernbar. Sie basiert auf intensiven und umfassenden Recherchen verschiedenster Art, auf einer Ordnung äußerer Eindrücke und innerer Reflexionen und nicht zuletzt auf Überlegungen, die die Art der Darstellung und der Erzählung betreffen. Perspektiven werden ja gerade durch die Reihenfolge, den Aufbau und den Stil des Textes kenntlich gemacht. Das Wie der Beschreibung ist zugleich die Architektur des Ganzen. Sie erklärt nichts und könnte ohne weiteres durch eine einzige kindlich-naive Warum-Frage erheblich erschüttert werden. Aber dies würde nur die superstarke Theorie beweisen, daß ein hinreichend hartnäckiges Warum alles zu Fall bringen kann.

Literatur – Clifford Geertz, *Dichte Beschreibung: Beiträge zum Verstehen kultureller Systeme*, Frankfurt a. M. 1987; Jacques Rancière und Alain Bodiou, *Die Namen der Geschichte. Versuch einer Poetik des Wissens*, Frankfurt a. M. 1994; Bernhard Giesen, *Die Entdinglichung des Sozialen. Eine evolutionstheoretische Perspektive auf die Postmoderne*, Frankfurt a. M. 1991.

c) Deuten

Es gibt Beschreibungen, die Kopfzerbrechen machen:

> Dies Subjekt nähert sich mir und überschwemmt mich mit seinem Geschwätz. Gleich darauf macht es dasselbe mit einem anderen ebenso. Kommt dies Individuum in ein Zimmer, so kehrt es darin alles um,

schüttelt und versetzt Stühle und Tische, ohne dabei eine besondere Absicht zu verraten. Kaum hat man das Auge weggewandt, so ist dies Subjekt schon auf der benachbarten Promenade und daselbst ebenso zwecklos beschäftigt wie im Zimmer, plaudert, wirft Steine weg, rupft Kräuter aus, geht weiter und kehrt um, ohne zu wissen weshalb.

Es gibt Theoriearchitekturen und Codes, die auf der Grenze unserer Denkmöglichkeit liegen:

a) Tiere, die dem Kaiser gehören, b) einbalsamierte Tiere, c) gezähmte, d) Spanferkel, e) Sirenen, f) Fabeltiere, e) herrenlose Hunde, h) in diese Gruppierung gehörige, i) die sich wie tolle gebärden, k) die mit einem ganz feinen Pinsel aus Kamelhaar gezeichnet sind, l) usw., m) die den Wasserkrug zerbrochen haben, n) die von weitem wie Fliegen aussehen.

Angesichts solch verkehrter Welten reagieren wir mit Fragen wie: „Was ist hier los? Was soll das bedeuten?" Unsere Erwartung, stets irgendwie vertrauten Dingen zu begegnen, ist erschüttert, und wir geraten in die Unruhe eines *Nichtverstehens*. Die Elemente mögen einzeln zwar einen verstehbaren Sinn haben, aber der ganze Zusammenhang ist unverständlich. Manchmal haben wir mehr Glück, wir verstehen den Zusammenhang, aber dann sind darin einige Momente, die rätselhaft bleiben. Mit der Logik der Erklärung und den Arten der Beschreibung können immer nur Sachverhalte traktiert werden, die wir verstanden haben. Bei Dingen und Vorgängen, zu denen uns die Worte fehlen, muß die Frage geklärt werden, was das ist. Mit dieser Frage verhält es sich ebenso wie mit der Warum- und der Wie-Frage, sie kann ungebeten und unerwartet zu jedem Zeitpunkt hereinschneien. Nach der Begehung umfänglicher Beschreibungen und dem kurvenreichen Abfahren von Leitdifferenzen oder nach der Überprüfung aller Ober- und Untergesetze können die Fragen: „Was soll das Ganze bedeuten? Was ist der Sinn des Unternehmens? So what?" erhebliche Unruhe verbreiten.

Was-Fragen sind die ewigen Störenfriede wissenschaftlicher Arbeit. Sie haben nicht den kindlichen Charme der Warum-Fragen und nicht die Verführungskraft von Wie-Fragen. Daher werden sie oft als „dumme" Fragen abgetan. Wer auf der großen Party einen klugen Eindruck machen will, hält sich mit der Frage „Was ist das?" bekanntlich besser zurück und tut stets so, als ob solche Fragen unter seinem Niveau sind. Leider verwechseln etliche Mitglieder der *scientific community* und Studierende ausgerechnet in dieser Hinsicht Seminare mit Parties.

Was-Fragen berühren das in der Soziologie besonders schwierige Problem des Verhältnisses von **Alltagssprache** und **Fachsprache**. Es mag Standpunkte geben, von denen aus es gleichgültig ist, ob man von „Anorexie" oder von „Übelkeit" spricht oder sich selber sagt: „Ich muß kotzen." In der Soziologie sind *Benennungsfragen* zentral, weil hier das Gesellschaftliche nicht nur Gegenstand ist, sondern zugleich auch Teil der Erklärung, Beschreibung und Deutung. Daher wird in der Soziologie viel um Benennungen gerungen. Man sieht den Vorgang und fragt: „Handelt es sich hier um einen Streit, einen Kampf, einen Krieg, einen Konflikt, eine Auseinandersetzung, einen Dissens, eine Differenz? Und was ist jeweils damit gemeint?" In vielen Wissenschaften wird zwischen Alltagssprache und Fachsprache eine stark befestigte Demarkationslinie gezogen. Der ärztliche Bericht über eine gescheiterte Nierentransplantation ist von einem Nichtfachmann kaum als solcher zu identifizieren. Bei den unverständlichen Worten, die darin auftauchen, handelt es sich um **Termini**, die mehr oder weniger genau definiert sind.

Definitionen erraten zu wollen ist zwecklos. Man muß in einem Fachwörterbuch nachschlagen. Termini sind aber nicht sakrosankt. Sie können umdefiniert werden, und jeder ist frei, selbst Termini vorzuschlagen. Zum Definieren braucht man ein hierarchisches System von Ober- und Unterbegriffen, und dann gilt: *Definito fit per genus proximum et differentia specificas.* Man nennt den nächsthöheren Ordnungsbegriff *genus proximum*, z. B.: „x ist ein Studierender" und zeigt den Unterschied *(differentia specificas)* zu den auf gleicher Ebene liegenden Begriffen auf. „x ist ein Studierender, der im Fach Buribunkologie ordnungsgemäß eingeschrieben ist." Je eindeutiger ein Terminus ist, um so besser. Termini sollen gerade nicht möglichst viel bedeuten, sondern etwas genau Bestimmtes. Sie sollen nämlich die ärgerlichen Was-Fragen begrenzen helfen.

Termini sind immer dann zu gebrauchen, wenn es gilt, in einer Gruppe einen Konsens zu fixieren. Es wird dann gleichsam vertraglich vereinbart, daß z. B. „Gesinnungsethik" eine ethische Haltung ist, die die Richtigkeit eines Handelns in erster Linie auf Grund von Überzeugungen und nicht im Hinblick auf die zu erwartenden Folgen beurteilt. Wer „Gesinnungsethik" nach Vertragsabschluß in der Gruppe noch in einem anderen Sinn gebraucht, wird ermahnt, sich an die Vereinbarungen zu halten. Wer dann noch fragt: „Was ist Gesinnungsethik?", fliegt aus der Gruppe und wird ins Land der ewigen Dummheit verstoßen.

Wenn Gruppen sich einigen können oder müssen und es gelingt, den Laden zusammenzuhalten, entstehen Fachsprachen von beeindrucken-

der Leistungsfähigkeit. Es gibt auch in der Soziologie eine gerade Stu-
dienanfänger irritierende große Anzahl von Termini, die von vielen
Fachvertretern mit fast gleichen Definitionen verwandt werden.
Manchmal handelt es sich um leicht erkennbare, wie z. B. „Allelono-
mie". Oft sind Fachtermini schwer zu erkennen, weil sie einem wie z.
B. der Terminus „Familie" allzu familiär sind. Hinzu kommt, daß die
Wirksamkeit der Soziologie und ihre Aufgabe, soziale Rationalität zu
befördern, die Entstehung einer von der Alltagssprache abgegrenzten
Fachsprache behindert, weil zum einen gelungene und brauchbare soziologische Termini relativ schnell in allgemeinen Umlauf geraten und
weil zum anderen sich Kriterien sozialer Rationalität nur in gesellschaftliche Wirklichkeit umsetzen können, wenn sie in einer Sprache
entwickelt werden, die den „Untersuchungsobjekten" zugänglich ist.
Die Soziologie verlöre ihren Sinn, wenn um eines szientifischen
Fundamentalismus willen die Demarkationslinie zwischen Alltagssprache und soziologischer Fachsprache so befestigt würde, daß Soziologinnen und Soziologen sie nur mit Identitätsängsten überschreiten
könnten. Ohnehin sind alle Fachvertreter – gleich welcher Disziplin –
für die Basis-Annahmen, die sie machen, auf die Kommunikation in der
Alltagssprache angewiesen, wenn sie sich um Definitionen bemühen.
Alles wissenschaftliche Sprechen basiert in letzter Instanz auf der Alltagssprache.

Die Sorgfalt, die auf den rechten Gebrauch der Alltagssprache verwandt wird, ist durch keine noch so angestrengte Verwendung von Fachtermini zu ersetzen. Die Beobachtung der Alltagssprache ist für Soziologinnen und Soziologen auch darüber hinaus sehr hilfreich. Denn neue
soziale Phänomene erhalten meist zuerst in der Alltagssprache einen Namen, der das Neuartige in unvergleichbarer Weise besonders pointiert.
Insbesondere die Cliquen-Sprache von Jugendlichen ist von Generation
zu Generation ein Jungbrunnen der Spracherneuerung gewesen. Man
kann nun diese Leistungsfähigkeit der Alltagssprache auch als Wissenschaftlerin nützen, indem man für wichtige Sachverhalte Worte wählt,
die deshalb besonders treffend sind, weil sie beim Hörer oder Leser eine
ganz bestimmte Kombination von Erinnerungen und Assoziationen hervorrufen. Im Unterschied zu Termini handelt es sich dann um **Wort-Bilder**, die verstanden werden können, wenn man den Hinweisen für ihre
Bedeutung nachgeht. Wort-Bilder zeichnen sich dadurch aus, daß sie den
Reichtum einer historischen Fracht von Bedeutungen mit sich führen.
Mit ihrer Nennung beteiligt sich der Sprecher nicht nur an einem abge-
hobenen, separaten wissenschaftlichen Diskurs, sondern spricht etwas

weiter, was vor längerer Zeit angefangen hat und an dem sich viele, ihm als einzelnen gar nicht bekannte Sprecher beteiligt haben. Aufschluß über die Fülle von Bedeutungen erhält man, wenn man in die **Begriffsgeschichte** einsteigt. Nicht für jedes Wort, wohl aber für die, auf die sich ein Gedankengang stützt, ist dies unerläßlich.

Jeder relevante Begriff kann als Terminus für einen speziellen Zweck definiert werden. Dann schert man sich nicht um alles das, was es vorher einmal mit diesem Begriff auf sich hatte. Man macht aus dem Terminus einen „analytischen Begriff", der möglichst frei von allen historischen und aktuellen Affekten ist. Oder man nimmt den relevanten Begriff als ein Wort-Bild und macht sich an die Arbeit, einen sogenannten **Idealtypus** zu komponieren.

Die Ausgangsfrage lautet hier, nach welchen Prinzipien wird etwas als wissenswert aus der unendlichen Wirklichkeit herausgehoben. Kausalanalytisch gedacht, kann auch ein unbedeutender Faktor, z. B. der Schnupfen des Präsidenten, bedeutende – furchtbare oder segensreiche – Folgen haben. Wer möchte, ist auch frei, nach umfänglichen epidemologischen Recherchen von Präsidentenschnupfen, „Wenn ..., dann ..."-Aussagen zu verteidigen oder zu Fall zu bringen. Auch läßt sich ein Durchschnittstypus von Präsidentenschnupfen, was seine Dauer und den Taschentuchverbrauch angeht, errechnen. Aber damit ist die spezifische Bedeutung, die dies Geschehen für uns hat, nicht gefunden. Aus der Analyse der Wirklichkeit, die nach Gesetzen und ihrer Ordnung in analytischen Begriffen fragt, können durchaus richtige „Realtypen", „Durchschnittstypen" oder auch „Modelle" gewonnen werden, die aber als Resultate so bedeutungslos sein können wie die Ergebnisse von Rechenaufgaben, die ein zufallsgenerierender PC ausspuckt. Wer nicht gelernt hat, Bedeutungen zu finden und Phänomene zu deuten, dem bleibt nur, seine analytische Gedankenmaschine unvermittelt an ein beliebiges Werturteil anzuschließen.

Wer sich an die Arbeit macht, Idealtypen zu komponieren, wird, ausgehend vom Wissenswerten, die Elemente der Wirklichkeit auswählen, die sich zu einem *Gedankenbild* zusammenfügen lassen, das heißt zu einem gleichsam utopischen, in sich widerspruchslosen gedachten Zusammenhang. Die Wertbesetzung von Elementen der Wirklichkeit wird bei diesem Verfahren gerade nicht neutralisiert, sondern bewußt gesteigert. Der Idealtypus soll keine Deckungsgleichheit mit der Wirklichkeit suggerieren. Er ist keine Hypothese für etwas, was zutrifft, und auch keine Beschreibung, die stimmen soll. Vielmehr soll mit dem Idealtypus nur das Wichtige in seinem **Relevanzzusammenhang** zum

Ausdruck gebracht werden. Der Idealtypus soll das *Charakteristische* einer Sache treffen. Wie bei der Porträtmalerei oder bei Fotografien kommt das Charakteristische zum Vorschein, wenn wichtige Wirklichkeitselemente markant gemacht werden. Idealtypen arbeiten wie die Satire mit der Steigerung bzw. der Übertreibung von Charakteristika.

Der so *komponierte* Idealtypus ist nirgends in der Wirklichkeit empirisch vorfindbar, obwohl die einzelnen charakteristischen Elemente aus Recherchen stammen. Für die Komposition des Idealtypus „Studierende an Massenuniversitäten" kann eine Soziologin vom Studenten Maier die Verhaltensweise x, von der Studentin Müller die Gewohnheit y usw. als wissenswerte Elemente aufgreifen und in einen sinnvollen, widerspruchsfreien gedachten Zusammenhang bringen. Sie kann dann die charakteristischen Züge dieser Kunstgestalt steigern. Diesen so typisch gemachten Studierenden gibt es nur auf dem Papier der Forscherin. Er ist auch nur ein *Instrument*, mit dessen Hilfe im nächsten Schritt weitergearbeitet wird. Es geht nun darum, im jeweiligen konkreten Fall festzustellen, wie nah oder wie fern diese oder jene tatsächlich existierenden Studierenden dem Idealtypus stehen. Dies geschieht nun nicht etwa, um sie zu maßregeln oder das Verfehlen der Utopie zu beklagen, sondern um *Deutungen* zu ermöglichen, in denen *Wertgesichtspunkte gesammelt* und rational verarbeitet sind. Idealtypen sind buchstäblich „wertvolle" Instrumente. Sie sollten empirisch gehaltvoll und logisch konsequent sein. Die Deutung sozialer Gegebenheiten, die sie ermöglichen, ist voraussetzungsvoll und weitreichend, weil empirische Elemente, gedankliche Konstruktion, Wertgesichtspunkte und instrumentelle Neutralisierung mehrfach ineinander gefaltet sind.

Literatur – Der Stand der soziologischen Fachsprache ist am besten dokumentiert im *Lexikon zur Soziologie*, hrsg. von Werner Fuchs-Heinritz, Rüdiger Lautmann, Otthein Rammstedt, Hans Wienold, Opladen, 3. Aufl. 1994. Für umfänglichere begriffsgeschichtliche Recherchen unverzichtbar: Otto Brunner, Werner Conze, Rainhart Koselleck, *Geschichtliche Grundbegriffe*, 12 Bde., Stuttgart 1972–1992. Zum Idealtyp: Max Weber, *Die Objektivität sozialwissenschaftlicher und sozialpolitischer Erkenntnis sowie Über einige Kategorien der verstehenden Soziologie*, in: Ders.: *Gesammelte Aufsätze zur Wissenschaftslehre*, Tübingen 1968; zur Deutung: Nicolai Hartmann, *Das Problem des geistigen Seins. Untersuchungen zur Grundlegung der Geschichtsphilosophie und der Geisteswissenschaften*, Berlin, 2. Aufl. 1949.

Was-Fragen zu beantworten braucht mehr Zeit, als man gewöhnlich annimmt. Sie erfordern nämlich etwas Zeitaufwendiges: Bildung und die Pflege des Vermögens zur Intuition und zur Kontemplation. Intuition ist ein hochempfindliches Sensorium für Relevanzen, ein inneres Anschauungsvermögen. Kontemplation, die zeitweise „Ausschaltung" der Anforderungen des Tages, schafft dafür den Binnenraum. **Wie-Fragen** zu beantworten braucht mehr Übung, als man gewöhnlich annimmt. Sie erfordern Geduld. Man braucht einen Radiergummi, bis die perspektivische Zeichnung gelungen ist. Was zählt, ist die Oberfläche. Mit Intuition und Kontemplation kommt man hier nicht weiter. **Warum-Fragen** zu beantworten braucht mehr Geschick, als man gewöhnlich denkt. Ursachen zu finden ist nämlich zu einem erheblichen Teil Glückssache. Man muß mit Fehlschlägen rechnen und Fehlbohrungen einkalkulieren. Erklären, Beschreiben und Deuten sind hier getrennt dargestellt. In der Praxis ist der Wechsel von einer Ebene zur anderen die Regel.

3. Empirische Sozialforschung

Wer soziale Phänomene erklären, beschreiben und deuten will, ist auf Ergebnisse der empirischen Sozialforschung angewiesen. Sie ist ein integraler Teil der Soziologie, wird aber auch in anderen Fächern betrieben, wenn diese sich in einem weiteren Sinne als **sozialwissenschaftliche Fächer** verstehen. Manche sehen in der empirischen Sozialforschung eine Hilfswissenschaft, wie sie die Quellenkunde für die Historiker oder die Anatomie für die Mediziner darstellt. Andere sehen in ihr das eigentliche Herzstück der Soziologie. Solche Spannungen hängen nicht unwesentlich mit der Geschichte der politischen Räume zusammen, in denen sich die Soziologie entwickelt hat (vgl. S. 40).

Die empirische Sozialforschung hat eine große Popularität gewonnen. Obwohl sie in schulischen Lehrplänen nur selten vorkommt, ist sie jedem aus den Massenmedien bekannt. Wenn in Nachrichten, in Extrasendungen oder auch in unterhaltsamen Quizsendungen Informationen verbreitet werden, wie z. B., daß auf den Kopf der Bevölkerung alle vier Monate ein Autoreifen fällt, daß die Deutschen in Sachsen genauso lang duschen wie in Bayern, während es die Hamburger anders machen, daß im letzten Monat die Popularität des Oppositionsführers um 0,2 gesunken ist, daß in Freiburg mehr Energiesparlampen verkauft wurden als in Straßburg oder daß die Beliebtheit des Zungenkusses bei über Vierzigjährigen zunimmt, dann stecken empirische Sozialforscher dahinter. Selbst wenn man nichts von der

Soziologie weiß, weiß man immer noch, daß Soziologen Interviews machen oder machen lassen.

Moderne urbanisierte Gesellschaften haben einen massiven Bedarf an Informationen aller Art, nicht nur an ernsten, seriösen, sondern auch an unterhaltsamen und trivialen. Manchen Sozialforscher alten Schlages überkommt ein Grauen, wenn er an die Vernützungswahrscheinlichkeit von empirischer Sozialforschung im wachsenden „Infotainment" denkt. Die Steigerung der Leistungsfähigkeit von Rechnern, die Verbreitung von PCs und die Entwicklung von Softwareprogrammen zur Unterstützung der Verarbeitung von Daten der empirischen Sozialforschung ermöglichen auch eine drastische Verbilligung von Untersuchungen, in denen viel gerechnet wird.

Literatur – Zur Einführung: Morton Hunt, *Die Praxis der Sozialforschung. Reportagen aus dem Alltag einer Wissenschaft*, Frankfurt a. M., New York 1991; zur Übersicht über alle Gebiete der empirischen Sozialforschung: René König (Hrsg.), *Handbuch der empirischen Sozialforschung*, 12 Bde., Stuttgart 2. und 3. Auflage 1973–1978; zu den folgenden Abschnitten empfiehlt es sich, mit dem Methodenbuch weiterzuarbeiten, das am jeweiligen Studienort benutzt wird.

a) Zählen und Messen

Ohne das Urvertrauen, das Individuen in modernen Gesellschaften wissenschaftlich anmutenden Ziffern und Zeichnungen entgegenbringen, ließe sich die Popularität der empirischen Sozialforschung wohl kaum verständlich machen. Es basiert auf der unmittelbaren Erfahrung der Wichtigkeit des Zählvorgangs und der Größendarstellung. Es macht relevante Unterschiede, ob am Abend 2 oder 20 zu Besuch kommen, ob die Körpertemperatur bei 36,5 Grad oder 39,5 Grad liegt, ob das Methodenbuch 19,80 DM oder 48,50 DM kostet, ob man 9 oder 19 Semester studiert. Durch die Verwendung von Ziffern kann ich meinen Mitmenschen zunächst einmal glaubwürdig versichern, daß ich auch zählen kann. Darüber hinaus gibt es in der Wahrnehmung so etwas wie den *Mehrwert des Gezählten* gegenüber dem Ungezählten. Man zählt die Sekunden, aber nicht die Staubkörner.

Alltägliches Zählen orientiert sich an Dimensionen, die im praktischen Umgang mit Größen entstanden sind. Zu den hartnäckigsten Erkenntnishindernissen gehört die Gewohnheit, an erworbenen Vorstellungen von Proportionalität auch dann festzuhalten, wenn es um Größenordnungen geht, die über ein unüberschaubares und undurchsichtiges Geflecht von Strukturen und Ereignissen gelegt wurden. Ziffern von Größen wie z. B. das Bruttosozialprodukt, die Wohndichte, die Arbeitslosenzahlen, die Scheidungsrate, der DAX-Index etc. „sagen" nur dem etwas Richtiges, der Annahmen über die komplexen Zusammenhänge machen kann, die unter dem Ziffernmantel verborgen sind. Alltägliches Messen, etwa der Körpergröße, erfolgt stets vor dem Hintergrund eines unbezweifelten Wissens von menschlichen Proportionen, aber schon die Fähigkeit, die Zahl der Sitzplätze in Hörsälen nach Augenschein abzuschätzen, bedarf des Trainings und gelingt selbst in höheren Semestern nicht allen. Die Zahlen, mit denen empirische Sozialforscher jonglieren, können erst angemessen interpretiert werden, wenn man das Grundprinzip verinnerlicht hat, daß die Mathematisierung aller Phänomene nur vermöge eines bodenlosen *Pluralismus von Größen* funktioniert.

Die Zahl gehört zu dem abstraktesten Etwas, das wir benützen. Sie ermöglicht daher ein munteres Drauflosrechnen. Es besteht die Gefahr, daß engagierte Rechner dabei so wild rechnen, als ob es sich um ihr persönliches Girokonto handelt. Sie werden manchmal auch sehr kleinlich und rechnen den politisch Verantwortlichen ihre Schulden bis zur achten Stelle hinter dem Komma aus.

Im Gegenzug zu solcher unsinnigen Übergenauigkeit haben **graphische Darstellungsformen**, mit denen man die Abstraktheit der Zahl sinnlich verzaubern kann, heute eine große Popularität gewonnen. Ziffern, die Häufigkeitsverteilungen bezeichnen, lassen sich als markante Würfel, als beeindruckende hoch- oder flachgestellte Rechtecke oder als nette Talertürmchen zeichnen (Histogramm), oder man malt hübsche Linien wie Bergketten am Horizont (Polygon), oder präsentiert eine begehrte Torte mit dicken und schmalen Teilstücken (Kreisdiagramm). Wer meint, den Trend gegen das Abstrakte noch verstärken zu müssen, kann seine Zeichnungen auch mit Farben ausmalen. Mit Hilfe von einschlägiger Software ist es auch möglich, mehrdimensionale Darstellungen zu erzeugen, die vielleicht in einiger Zukunft auch vollsinnlich als begehbare Plastik im *Cyberspace* präsentiert werden können.

Solche Art anschaulich gemachte Zahlenwerke lassen sich dann nach Art von Bildbetrachtungen mit lyrischen Mitteln wiederum versprachlichen. Man spricht vom „sanften Abschwung", „steilen Anstieg", „dramatischen Einbruch", „verräterischen Buckeln" usw. Für das Verständnis der sozialen Wirklichkeit haben solch sprachliche Bilder dann eine verheerende Wirkung, wenn sie mit dem gezählten Phänomen wiederum rückgekoppelt werden und man dann glaubt, „Studentenberge" und „Sockelarbeitslose" wirklich zu sehen. Isolierte Zahlen, so schön sie auch aufgemacht sind, haben jedoch für empirische Sozialforscher grundsätzlich keinen Wert. Erst wenn Informationen vorliegen, woher die Zahlen stammen und wie sie zustande gekommen sind, lohnt es sich, sich überhaupt damit zu befassen. Wer davon ausgeht, daß seine Wahrnehmungsfähigkeit für bestimmte soziale Tatsachen nicht ausreicht, muß sich Instrumente basteln, mit denen er Dinge messen und beobachten kann, die er nicht sieht. Man kann **Statistiken** auch als Beobachtungsinstrumente auffassen, die etwas anzeigen. Die Zahl der Diebstähle nimmt ab, die Ehescheidungen nehmen zu, die Selbstmordrate stagniert, die Geburten gehen zurück, die Pleiten auch – was ist in der Gesellschaft los? Daten werden wie die Ziffern auf einem Fieberthermometer abgelesen, das Leitsymptome für den Gesundheitszustand des Patienten ‚Gesellschaft' anzeigt.

Damit Messungen funktionieren, muß begründet werden, daß das Instrument auch tauglich ist. Die Fieberthermometer der empirischen Sozialforschung messen ebenfalls mit **Skalen**. Ob eine Skalierung gültig in dem Sinne ist, daß sie auch mißt, was gemessen werden soll (Validität), und ob das Instrument verläßlich in dem Sinne ist, daß es bei wiederholter Anwendung stabile Meßwerte liefert (Reliabilität), ist nicht einfach zu begründen und bedarf bisweilen vieler Versuche, die zur Folge haben, daß die Skalierung verändert wird. Dann wird neu getestet an einer anderen Stelle, wo aber die Wirklichkeit noch die von gestern ist.

Wer sich eine Skala basteln will, muß zunächst klären, was er messen will und wie er es in eine meßbare Form bringt. Unerläßlich ist es, sich dabei stets bewußt zu sein, welche verschiedenen Möglichkeiten die Wahl des Symbolsystems mit sich bringt. Wir können sinnliche Eindrücke, Aussagen und innere Empfindungen in den Symbolsystemen **Sprache**, **Zahl** und **Zeichnung** ausdrücken. Aber die Symbolsysteme sind in unterschiedlicher Weise voneinander abhängig. Wir können einen Menschen, den wir sehen, gleich wortlos porträtieren bzw. fotografieren oder ihn mit Worten beschreiben. Zählen können wir nur bereits versprachlichte Phänomene. Die ursprüngliche Zählung ist sinnlos. Unterschiedlich sind auch die Probleme des Übergangs von einem Symbolsystem ins andere.

Für das Messen ist die Übersetzung von sprachlich erfaßten qualitativen Dimensionen wie z. B. mitgeteilte Beobachtungen, bestimmte Haltungen, Urteile, Praktiken, Empfindungen von Personen in verrechenbare Werte von grundsätzlicher Bedeutung. Wer z. B. das studentische Liebesleben messen will, muß, wenn ordentlich definiert ist, was das ist, und man sich in der Gruppe auf den Begriff geeinigt hat, angeben, welche verschiedenen Ausprägungen (Variablen) studentisches Liebesleben kennt. Das Viele, was es hier zu sagen gäbe, muß man sich freilich verkneifen, wenn der Zug zur Messung weiterfahren soll. Begriff und Variablen, Eigenschaft und Ausprägungen müssen sprachlich so gesagt werden, daß die Worte als Ausdruck einer gedanklichen Ordnung von Typen bzw. einer **Klassifikation** aufgefaßt werden können. Die Logik der Konstruktion von Klassifikationen und Typologien nennt man **Taxonomie**. Taxonomisch korrekte Klassifikationen sind *eindeutig, vollständig* und *ausschließlich*, wie die Beschriftung von Schubladenkästen. Kategorien, die zur Quantifizierung führen sollen, müssen so definiert werden, daß alles das, was darunterfallen soll, auch möglichst restlos unter die Kategorie subsumiert werden kann.

Nun können Liebesforscher z. B. den Satz bilden: „Es gibt drei Arten (Variablen) studentischen Liebeslebens: 1. die ätherische, 2. die kubische und 3. die zylindrische Art." Im nächsten Schritt werden den Variablen **Indikatoren** zugeordnet. Spätestens an dieser Stelle zeigt sich, ob die bisherige Gedankenarbeit zu etwas Machbarem geführt hat, ob die Begriffe operational sind. Als Indikatoren kommen nämlich nur Phänomene in Frage, die beobachtbar, erfragbar oder sonst erfaßbar sind. Indikatoren können in unserem Beispiel sein: die Häufigkeit der Kontakte, die Zärtlichkeit der Blicke, der Partnerlook, das Bekennen der Liebesbeziehung oder das verdächtige Abstreiten der Liebesbeziehung usw.

Hat die Gruppe die Liste der Indikatoren und ihre Zuordnung zu den Variablen zusammen, können nun **Skalierungsverfahren** ausgewählt werden. Der Eintrag in Skalen kann von der Forscherin selbst auf Grund von Beobachtungen oder Angaben gemacht werden, oder das „Untersuchungsobjekt" kann aufgefordert werden, selbst den Skaleneintrag vorzunehmen. Die Skalierungsverfahren sind zahlreich. Es gibt Rangordnungen („Ordnen Sie die sieben genannten Umstände des Liebeslebens nach ihrer Wichtigkeit für Sie 1–7!") oder Paarvergleiche („Haben Sie es lieber so oder so?") u. a. m.

Ist man einmal auf dem Wege solcher Art Operationalisierung zur vereinheitlichenden Wirkung der Zahl gekommen und liegen dann auch quantitative Daten vor, so kann mit ihrer Analyse begonnen werden. Die Anwendung mathematisch-statistischer Verfahren ist im Bereich der empirischen Sozialforschung weit fortgeschritten. Sie reicht von der schlichten Berechnung von Prozenten bis zu verschiedenen

multivariaten statistischen Verfahren. Dazu gehören die Wahrschein-
lichkeitsrechnung und der Umgang mit Funktionen, die zu kennen
wichtig ist, wenn man von der **beschreibenden Statistik** zur schließen-
den oder **induktiven Statistik** übergehen will. Mit der Einführung von
Computern in die empirische Sozialforschung sind arbeitsaufwendige
quantitative Auswertungsverfahren einfacher geworden. Heute gehört
der Erwerb von Kenntnissen zur Beherrschung eines PC und der Arbeit
am Großrechner ebenso zum Ausbildungsangebot in den Methoden der
empirischen Sozialforschung wie die Fähigkeit, eine rechnergestützte
Auswertung von quantitativen Daten z. B. mit Hilfe der Statistikpro-
gramme SPSS, SAS und BMDP vorzunehmen.

Es gibt Soziologinnen und Soziologen, die so begeistert rechnen, daß
sie eine Kreuztabelle nach der anderen erstellen und alle möglichen
Rechnungen durchführen. So beeindruckend aber die Zahlenwerke
auch geraten sind, Ziffern und Zeichnungen „sagen" nichts, wenn sie
nicht interpretiert werden. Dabei legt die Auswahl der Tabellen schon
eine bestimmte Interpretation nahe. Es ist dann wieder die Sprache, die
die Rechnungen zu etwas Relevantem oder Trivialen macht. Die Symbolebene von Zahlen muß wieder verlassen werden, wenn das ganze
Unternehmen einen Sinn gehabt haben soll.

Die Methoden der quantitativen Messung folgen dem in der Neuzeit entstandenen Ideal der Mathematisierung der Natur, demzufolge
erst dort ein exaktes Verständnis erreicht ist, wo Naturphänomene einen Zusammenhang universaler Kausalität darstellen. Im Unterschied
zur direkten Mathematisierung in den Naturwissenschaften kann in den
Sozialwissenschaften nur eine *indirekte Mathematisierung* vorgenommen werden, wenn soziale Phänomene, die sich an und für sich betrachtet der Meßbarkeit entziehen, auf dem Umweg der Sprachdiszi-
plinierung mit Etiketten versehen werden. Dafür müssen aber alle Am-
bivalenzen getilgt und Veränderlichkeiten fixiert werden. Ohne eine
Stillstellung der Varianzen und ohne die Sprachpolizei ist keine Mathematisierung möglich. Die in der empirischen Sozialforschung seit
längerem intensiv diskutierte Frage lautet, ob das Bild von sozialen
Zusammenhängen als einer Ordnung von stillgestellten und etikettier-
ten Varianzen, das uns die indirekte Mathematisierung gibt, nicht
durch andere Verfahren der Untersuchung relativiert werden muß.

Literatur – Zur Einführung: Wolfgang Zapf, *Sozialberichterstattung: Möglichkeiten und Probleme*, Göttingen 1976; gearbeitet wird nicht nur mit

dem Jahrbuch des Statistischen Bundesamtes, sondern auch mit Daten-
sammlungen, die die Vereinten Nationen und die Europäische Gemeinschaft herausgeben, wie *Sozialporträt Europas*, Luxembourg 1991. Maßgeblich für die Bundesrepublik ist der sogenannte *Datenreport*, z. B. *Datenreport 1992. Zahlen und Fakten über die Bundesrepublik Deutschland*,
hrsg. vom Statistischen Bundesamt in Zusammenarbeit mit dem Wissen-
schaftszentrum Berlin für Sozialforschung und dem Zentrum für Umfra-
gen, Methoden und Analysen, Bonn 1992. Vgl. darüber hinaus die Buch-
reihe *Soziale Indikatoren*, Bd. I–XV, Frankfurt a. M., New York. Allgemein: Hans Zeisel, *Die Sprache der Zahlen*, Köln, Berlin 1970; Walter
Krämer, *So lügt man mit Statistik*, Frankfurt a. M., New York 1991.

b) Komplexe Theorien und qualitative Forschung

Wo der indirekten Mathematisierung in der Sozialforschung freier Lauf
gelassen wird, kommt es zur Verarmung der theoretischen Reflexion
und zur Verkürzung der qualitativen Dimensionen der sozialen Wirklichkeit. Die Mathematisierung funktioniert ja nur, wenn Theoriearbeit
in die Lieferung von Etiketten ausläuft und Erfahrung der Wirklichkeit so weit verregelt wird, bis sie auf distinkte Indikatoren paßt. Wer
quantitative Sozialforschung treiben will, wäre verloren, würde er nicht
das Recht auf Vereinfachung von Theorie und Erfahrungseinschrän-
kungen verteidigen.

Dagegen steht die weitgehend unstrittige Einsicht, daß Quantifizie-
rungen immer nur für Teilzusammenhänge möglich sind, die ohne Ein-
bettung in einen vorgängigen qualitativen Handlungszusammenhang,
zu dem die soziale Dimension der Forscher selbst, ihre Zeitgenossen
und vieles andere mehr gehören, keinen Sinn macht. Unstrittig ist auch,
daß die Mathematisierung nur in den Bereichen brauchbare Ergebnisse
liefern kann, in denen über Jahrzehnte eine Routine gewachsen und eine Erfahrung akkumuliert ist, die immer höchst sensibel mehr gesehen
hat, als sich quantifizieren läßt.

Wer empirische Forschung treibt, hegt irgendwo die Hoffnung, etwas Neues zu entdecken. Dies ist im Bereich *quantitativ-repräsentativer
Forschung* seltener der Fall, als im Bereich *qualitativ-explorativer Forschung*. Früher galt letztere als bloße Vorstufe, der die mathematische
Krönung fehlte. Heute ist qualitative Sozialforschung ein eigenstän-
diges Verfahren, dessen Bedeutung in dem Maße wächst, in dem der
Mißbrauch und die Trivialisierung quantitativer Forschung voranschreitet. Wenn in vielen Fällen vorgefaßte Meinungen nur durch selektiv
ausgewählte Ziffern belegt werden und Empirie zur tabellarischen Illu-

stration von Thesen verkommt, die sich auch ohne die quantitative
Garnitüre sehen lassen können, dann wächst die Einsicht in die Notwendigkeit qualitativer Sozialforschung. Betrachtet man Forschungs-
prozesse genauer, so ist zu bemerken, daß Verifikationen und Falsi-
fikationen zwischen Tatsachen und Theorie in beiden Richtungen laufen. Es kann sein, daß Tatsachen eine Theorie bestätigen oder sie widerlegen. Es kann aber auch sein, daß Theorien Tatsachen bestätigen oder widerlegen. Letzteres geschieht immer dann, wenn die praktisch fälligen Entscheidungen im Forschungsprozeß zur Rettung der
Theorie gefällt werden. Zudem sind „Theorie" und „Erfahrung" keine
gleichstarken Kämpfer. Meist hat die „Erfahrung" immer nur eine
Chance zu siegen, wenn sie sich als andere Theorie verkleidet.

Schließlich wird allseits anerkannt, daß weite Bereiche der soziologischen Theorie sich einer quantifizierenden Überprüfung ohnehin entziehen. Nur scientifische Fundamentalisten behaupten noch, daß komplexe, nicht quantitativ überprüfbare Theorien aus der Soziologie vertrieben werden müssen.

Qualitative Sozialforschung setzt auf die Entwicklung eines reichen
Erfahrungsbegriffs. Die unreglementierte Erfahrung hat dieselbe Würde wie die reglementierte. Zusätzlich zu den Augen für die Größen-
messung und den Ohren für die Ja/Neins beim Interview spielt die
Schulung der Nase für das *nosing around* eine besondere Rolle. Auch
die Erfahrungen, die Forscher mitbringen und die während des Forschungsprozesses anfallen, werden als konstitutives Moment der Forschung geachtet und analysiert. Subjektive „Faktoren" werden nicht
einfach „ausgeschaltet", sondern bearbeitet, wie überhaupt die ganze
Sozialpsychologie des Forschungsprozesses durch die qualitative Sozialforschung ins Bewußtsein gehoben wurde. Ob Wahrnehmungen der
Wirklichkeit in die Analyse eingehen oder nicht, ist abhängig davon,
ob sich der einzelne Forscher vor sich selber, vor den Teammitgliedern
oder vor der Leiterin traut, sie zu notieren oder darüber zu berichten.
Den tatsächlichen Vorgang der Sozialforschung mit all seinen Einma-
ligkeiten von persönlichen Dispositionen und zufälligen Gegebenheiten
sowie der Verarbeitung von Forscherglück und Forscherpech bewußt-
zumachen ist ebenso Teil der Arbeit wie die Analyse der Gruppendynamik im Team.

In der qualitativen Sozialforschung wird die Differenz von theoreti-
scher Praxis und empirischer Praxis nicht dramatisiert. Vielmehr ist die
Wahrnehmung von sozialen Situationen nicht minder komplex als die
Konstruktion einer theoretischen Aussage. Zum einen haben Theorien

als literarisches Wissen ihren Sitz im empirischen Kopf der Soziologin und beeinflussen so ihre Aufmerksamkeit und ihre Art zu fragen. Zum andern entstehen neue Theorien gerade an Details der Wahrnehmung, und es stellt sich die Frage nach den Chancen, die das Neue gegenüber den eingeübten und theoretisch geadelten Stilen der Erfahrung hat. Weil die neue Theorie die ist, die am leichtesten übergangen wird, bedarf es der Schaffung von Binnenräumen, um das Werden neuer Theorien zu tolerieren.

Komplexere Theorien unterscheiden sich von einfachen Theorien dadurch, daß sie sich mit aggressiven Zuspitzungen zurückhalten. Sie sind weniger geistige Waffen als vielmehr geistige Landschaften, deren Erkundung zur Erkundung der sozialen Wirklichkeit parallel läuft. Komplexe Theorien legen sich aber auch wie ein Schutzmantel um jene Binnenräume, in denen die Entdeckung des Neuen geschieht.

Empirische Sozialforschung qualitativer Art setzt dem Streben nach *quantitativer Repräsentativität* das Ideal der *exemplarischen Untersuchung* entgegen. Die Forschungsmaxime lautet nicht: möglichst viele Fälle untersuchen, sondern nur wenige, die aber um so gründlicher. Qualitative Fallstudien können von einem Stadtbezirk, einer Fabrik, einer Familie oder einem einzigen Lebensschicksal handeln. Die Miniaturisierung kann so weit gehen, daß nur die ersten sechzig Sekunden der Kommunikation bei eiligen Notrufen untersucht werden.

Die Auseinandersetzung zwischen Vertretern quantitativer und qualitativer Richtung bestimmt seit Jahren die Debatte um die empirische Sozialforschung. Dabei herrscht im Grundsatz Einigkeit, daß zuerst etwas qualitativ bestimmt werden muß, bevor es gezählt und verrechnet werden kann. Qualitative Forschung ist immer Voraussetzung für die indirekte Mathematisierung, die auch immer nur in Teilbereichen mit qualitativen Grenzen möglich ist.

Literatur – Anselm L. Strauss, *Grundlagen qualitativer Sozialforschung. Datenanalyse und Theoriebildung in der empirischen soziologischen Forschung*, München 1991; über verschiedene Verfahren informiert das *Handbuch für qualitative Sozialforschung. Grundlagen, Konzepte, Methoden und Anwendungen*, hrsg. von Uwe Flick, München, 1995.

c) Methoden der Recherche

Ob man nun im glatten Stil quantitativer Forschung oder im gefalteten Stil qualitativer Forschung vorgeht, alle Wahrnehmungen von Wirklichkeit wollen gemacht sein. Die soziologische Wahrnehmung beginnt

sich von der alltäglichen durch den willentlichen Entschluß zu unterscheiden, dieses oder jenes bewußt „mit den Augen einer Soziologin"
oder „mit den Augen eines Soziologen" zu sehen. Die Stilisierung einer professionellen Haltung hilft beim Übergang von der Alltagswahr-
nehmung zur soziologischen. Wer sich diese Brille aufsetzt oder sich
den Button „Azubi Soziologie" anheftet, übernimmt damit zugleich
die Verpflichtung, seinen Weg, das heißt seine Methode, zu reflektieren und zu begründen.

Informationsmanagement. Der erste Schritt besteht darin, sich als Teilnehmer einer zunächst imaginierten Gemeinschaft von Soziologinnen
und Soziologen zu informieren, ob das, was erforscht werden soll, nicht
schon gemacht wurde. Gibt es schon Daten zu meinem Thema? Die
Techniken der Suche nach bereits erhobenen Daten beginnt sich zu
einem eigenen methodischen Zweig, dem Informationsmanagement, zu
entwickeln, seit Daten nicht mehr nur in der Form von Büchern und
Zeitschriften in den Bibliotheken vorliegen, sondern auch in elektroni-
schen Speichern, die über den ganzen Globus verteilt und miteinander
vernetzt sind. In dem Maße, in dem die Ergebnisse der empirischen
Sozialforschung ein fester Bestandteil unserer Orientierung geworden
sind, entstanden Folgeprobleme, an die die Pioniere der empirischen
Sozialforschung nicht gedacht haben. Es kommt heute nicht mehr nur
darauf an, die Informationsmenge zu vermehren, es müssen zusätzlich
rationale Umgangsweisen mit Informationsmengen und Informations-
strukturen unterschiedlicher Art entwickelt und erprobt werden. Dies
betrifft nicht zuletzt die Erforschung des Verhältnisses von Wissen und
Nicht-Wissen samt seinen Zwischenstufen.

Im Informationsmanagement werden Techniken entwickelt und erprobt, wie mit der Situation umgegangen wird, daß die Informationsmenge in modernen Gesellschaften unaufhaltsam wächst, die Qualität
der Informationen sich ausdifferenziert und ihre Zugänglichkeit über
ein Geflecht von Institutionen und technischen Anlagen läuft. Reich-
ten früher einige Gänge in die Bibliothek aus, um sich die vorhandenen
Informationen zu verschaffen, so bedarf es heute sorgfältiger Überlegungen, um sich einen Plan zu machen, welche Datenbanken in welcher Reihenfolge mit welchen Suchbegriffen angezapft werden sollen.
Informationsbeschaffung ist mehr denn je eine ökonomische Frage geworden.

Literatur – Heinrich Best, Brigitte Endres-Niggemeyer, Matthias Herfurth,
H. Peter Ohly, *Informations- und Wissensverarbeitung in den Sozialwis-*

senschaften. Beiträge zur Umsetzung neuer Informationstechnologien, Opladen 1994; wichtige Datenbanken sind: *Psychological Abstracts* mit bibliographischen Angaben und Abstracts zu internationaler Literatur seit 1963; *Social SCISEARCH* mit sozialwissenschaftlichen Zeitschriftenbeiträgen aus aller Welt seit 1973 (weist auch die in den Beiträgen zitierten Literaturstellen nach); *FRANCIS* mit sozial- und geisteswissenschaftlicher Literatur in französischer Sprache; *BIBLIODATA* mit bibliographischen Angaben aller deutschen Neuerscheinungen seit 1972 zu allen Wissensgebieten. Die wichtigsten deutschen Datenbanken zur Soziologie sind *FORIS* und *SOLIS*. Weitere Informationen beim *Informationszentrum Sozialwissenschaften der Arbeitsgemeinschaft Sozialwissenschaftlicher Institute e. V. (ASI)*, Lennéstr. 30, 53113 Bonn, Hotline (0228) 2281-100. Bevor man mit den Retrievalsystem *Messenger* über das System *STN International* (The Scientific and Technical Information Network) in Karlsruhe auf die Online-Datenbanken direkt zugreift, sollte man vor Ort mit der CD-ROM „WISO" trainieren.

Inhaltsanalyse. Das Wachstum der Informationsmenge im zwanzigsten Jahrhundert hat zu zahlreichen Bemühungen geführt, Methoden zur Analyse der als Texte vorliegenden Monumente zu entwickeln. Zunächst ging es zu Beginn des zwanzigsten Jahrhunderts um eine Analyse von Erzeugnissen der Massenpresse und der an ihnen ablesbaren kollektiven Stimmungen und Ideologien. Mit der Verfeinerung des Instrumentariums kamen *hermeneutische Verfahren* der Interpretation von Texten, Verfahren der *Diskursanalyse, Symbolanalyse* und *Metaphorologien* hinzu.

Gegenstand einer erweiterten Inhaltsanalyse (Monumentenanalyse) sind Abdrücke im weitesten Sinn, z. B. Gedrucktes, aber auch hinterlassene Gegenstände, Kleider, Filme oder Fotos können als Monumente aufgefaßt werden. Bei dieser Welt der Hinterlassenschaften handelt es sich um *Sekundäres,* von dem aus man entweder einen primären Vorgang rekonstruieren will oder das man auch in seinen autonomen Bewegungsformen der Transformation von Themen und Schlagworten oder der Konjunktur der Moden untersuchen kann. Verfahren der Monumentenanalyse ruhen einer sehr komplexen Vorgeschichte des Umgangs mit Texten auf, wie er in der europäischen Tradition entwickelt wurde. Hierzu gehören Vorstellungen über das Lesen, über das Verstehen und über das Interpretieren von Texten. Über Jahrhunderte hinweg ist die Bibel der heilige Text gewesen, den auf seinen Inhalt hin zu analysieren sich überhaupt verlohnte. Mit der Säkularisierung ist die Zahl heiliger Texte, um die sich Gruppen, Gemeinden und Strömungen bilden, enorm angewachsen.

Ziel von *Diskursanalysen* ist es, Beschreibungen für das Auftauchen von Aussagen zu entwickeln, die die gegenseitige Abhängigkeit bzw. Abgrenzung, das heißt die Relation von Aussagen untereinander, in den Blick nehmen. Dabei gelten die Zuordnungen einer Aussage zu einem Autor, einer Sache oder einer Institution als virtuell verschiebbare Ordnungen des Diskurses, die je nach Fragestellungen auch anders angelegt werden können. Mit Diskursanalysen besteht eine Chance, zusätzlich zu den älteren Verfahren *hermeneutischer Textexegese* („Was hat die Autorin gemeint?") Fragen nach den Wanderungen von Metaphern oder Argumenten, nach der Möglichkeit ihres Auftauchens und ihrer Verkettung mit anderen Aussagen zu beantworten. Diskursanalysen eignen sich im besonderen Maße für die Erforschung von „Vielstimmigkeiten", wie sie infolge der Konkurrenzen um die richtige Benennung einer Sache, um die Auslegung eines Wortes und um die Begrenzung des Sagbaren im öffentlichen Raum hörbar sind.

Die verschiedenen Verfahren der Textanalyse sind für die empirische Sozialforschung von herausragender Bedeutung, da alle Informationen über die Welt – gleich wie sie zustande gekommen sind, und auch gleich, ob es sich dabei um richtige oder falsche Informationen handelt – an irgendeiner Stelle ihrer Metamorphosen die Form eines Textes annehmen, der – wenn er nicht vernichtet wird – in einem *Speicher* landet. Der Textanalyse können Texte der Trivialliteratur ebenso unterzogen werden wie gedruckte päpstliche Verlautbarungen, aber auch Seminarprotokollnotizen von Soziologen und aufgetippte Interviews.

Literatur – Hans-Georg Soeffner (Hrsg.), *Interpretative Verfahren in den Sozial- und Textwissenschaften*, Stuttgart 1979; Siegfried Jäger, *Kritische Diskursanalyse. Eine Einführung*. Duisburger Institut für Sprach- und Sozialforschung, Duisburg 1993; Francesca Rigotti, *Die Macht und ihre Metaphern. Über die sprachlichen Bilder der Politik*, Frankfurt a. M. 1994.

Befragung. Sie gehört zu den bekanntesten Methoden von Datenerhebung. Meinungsumfragen bedienen sich dieses Mittels. Die Typen der Befragung reichen von Tage füllenden intensiven Interviews, bei denen mehrfach die Tonkassette gewechselt werden muß, bis zu den schweigsam und fix gemachten Kreuzchen auf einem per Post zugesandten Fragebogen. Ob die Interviewerin anwesend oder abwesend ist oder sich am Telefon hörbar macht, wird ebenso einen Einfluß auf das Geäußerte haben wie ihr Auftreten als jemand, der eine Atmosphäre verbreitet, in der man alles sagen kann, oder als jemand, der hart und knapp im zügigen Tempo eine Antwort nach der anderen verlangt, so daß gerade sehr wenig Zeit zum Nachdenken bleibt, oder als jemand, der möglichst neutral auftritt und nur anonyme Instanz zur Übermittlung von Informationen sein will.

Das Interview ist nämlich nicht nur ein Mittel zur Erhebung von Daten, sondern auch eine soziale Situation für sich, in der ein „Ja" oder ein „Nein" auch situationsbezogen gegeben werden kann, weil einen die Nase des Interviewers stört, oder man ihr helfen will, und das sagt, von dem man glaubt, sie hört es gern. Aber auch bei denjenigen, die selbstbewußt und überzeugt ihre Meinung zu Protokoll geben, kann man nicht automatisch davon ausgehen, daß es sich um verbindliche Meinungen handelt. Das Dauerlaufen am Morgen kann auch der zu einer hochwichtigen Angelegenheit erklären, der zu träge ist, es zu tun.

Schließlich unterscheiden sich Befragungen nach der Strukturiertheit der Interview-Situation danach, ob der Interviewer mit einem *Leitfaden* oder mit einem *Fragebogen* ankommt, ob der Fragebogen standardisiert ist oder nicht, ob die Frage so offen ist, daß alle möglichen Antworten gegeben werden können, oder die Frage so gestellt ist, daß in ihr bereits alle wichtigen Alternativen für die Antwort enthalten sind. Werden Personen einzeln interviewt oder als Gruppe befragt? Wird eine Gruppendiskussion stimuliert? Handelt es sich um ein Interview der Hauptuntersuchung oder um ein informelles Gespräch? Hat der Interviewer vielleicht einen Experten vor sich, auf dessen Kundigkeit er im besonderen Maße angewiesen ist? – Das Interview ist wohl die populärste Form der empirischen Sozialforschung geworden, weil mit ihm die ganze Reichhaltigkeit alltäglicher Kommunikation in verschiedenen Bündelungen und Variationen zur Datenerhebung genutzt werden kann.

Literatur – H. H. Hyman, *Interviewing in Social Research*, The University of Chicago Press. Chicago, London 1954.

Beobachtung. Zu den schwierigsten Methoden der Recherche in der Soziologie gehört die Beobachtung. Weder das Fernrohr des Astronomen noch das Mikroskop des Bakteriologen hilft dem Sozialforscher, seinen Ort zwischen Nähe und Distanz zu dem auszubalancieren, was er untersuchen will. In einem *Labor* könnte er sich hinter einem Einwegspiegel verstecken, aber in der *Feldforschung* können Beobachtungen nur gemacht werden, indem man am Geschehen selbst teilnimmt und damit auch von anderen beobachtet wird.

Das Sehen und Gesehenwerden gehört zwar zu den beliebtesten Gesellschaftsspielen, die Menschen erfunden haben. Es gibt aber wenig, was die Emotionen des Stolzes und der Scham so sehr berührt, wie der *Blick des anderen* (vgl. S. 140). Geschützt sind Sozialforscherinnen bei ihren Beobachtungen dort, wo andere dabei sind, die auch beobachten, wie z. B. im Straßencafé oder bei der Gerichtsverhandlung. Heikel wird die Situation in Gruppen, in denen Bindungen entstehen, und jeder, der teilnimmt, loyal sein muß. Soziologen, die wie Stasi-Mitarbeiter verdeckt beobachten, laufen Gefahr, bei der Ethikkommission der ‚Deutschen Gesellschaft für Soziologie‘ angezeigt zu werden. Wenn nicht gesichert werden kann, daß die Würde der beobachteten Person unangetastet bleibt, sollte sowieso auf die Methode der teilnehmenden Beobachtung verzichtet werden. Inzwischen ist auch die Sensibilität gegenüber methodisch angelegten *Experimenten* gewachsen, bei denen Personen, ohne daß sie es wissen, mit Ereignissen oder Arrangements konfrontiert werden, um ihre Reaktionen beobachten zu können.

Mehr als bei anderen Methoden erfordern teilnehmende Beobachtung die *Selbstreflexion* und *Selbstkontrolle* des Forschers. Denn hier ist eine gesamte Persönlichkeit mit all ihren Stärken und Schwächen unmittelbar in den Forschungsprozeß involviert. Der Grad von Aktivität und Passivität bedarf ebenso sorgfältiger Kontrollen wie die schrittweise Konkretisierung der Bereiche, die beobachtet werden sollen. Das Abenteuer der teilnehmenden Beobachtung kann trotz bester Vorbereitung scheitern, weil es von den Akteuren im Feld nicht akzeptiert wird, oder umgekehrt, weil der Forscher sich so mit den Akteuren im Feld identifiziert, daß seine Forschungsenergie schwindet und er blind das Leben der Gruppe nachvollzieht. Den Übergang von der Teilnahme zur Anteilnahme und weiter zur Konversion, das *going native*, kennt man von Ethnologen, die nicht mehr heimgekehrt sind, und von Sozialforschern, die auszogen, um das Leiden von Randgruppen zu untersuchen, und die als militante Sprecher der Entrechteten zurückkehrten. In der Regel ist der einzelne Forscher mit den Problemen der teilnehmenden Beobachtung hoffnungslos überfordert. Er braucht den Rückhalt eines Forscher-Kollektivs (Supervisions-Gruppe), mit dem er sich über alle Dimensionen seines Abenteuers veständigen kann.

Teilnehmende Beobachtungen kosten viel Zeit und Energie. Sie beanspruchen eine beachtliche Partie des eigenen Lebens. Um so wichtiger ist es, sich auf das Projekt gut vorzubereiten. Dazu gehört nicht nur das Lesen von Büchern zur Sache, sondern vor allem auch das Training in der *Verschriftlichung von Beobachtungen*. Wer eine Kurzschrift beherrscht, kann in der kostbaren Zeit mehr fixieren als andere; wer über einen breiten und ausdifferenzierten Wortschatz und stilistisches Feingefühl verfügt, kann Beobachtetes genauer benennen. Beides ist erlernbar, indem viele gute Bücher gelesen und bei möglichst vielen Gelegenheiten Beobachtungsskizzen verfaßt werden.

Literatur – Roland Girtler, *Methoden der qualitativen Sozialforschung. Anleitung zur Feldarbeit*, Wien, Köln, Weimar, 3. Aufl. 1992.

III. Drei Soziologien

Ob es um den Zusammenbruch des Ostblocks, die Wandlungen der Familie in den letzten hundert Jahren oder die Akzeptanz gentechnisch veränderter Tomaten morgen geht – wenn die Lokalisierung des Problems im Gebiet der Soziologie vorgenommen ist und wenn die Wissenschaftlichkeit des Unternehmens mit seinen grundsätzlichen philosophischen und sozialforscherisch-praktischen Dimensionen geklärt ist, so bedarf es noch einer weiteren Anstrengung. Soziologinnen und Soziologen stehen vor der Aufgabe, die Vor- und Nachteile der verschiedenen Soziologien abzuwägen. Gerade in den ersten Semestern machen die meisten die erschütternde Erfahrung, daß es auf den ersten Blick weit mehr Soziologien gibt, als man sich vorgestellt hatte. Man könnte, statt im Plural von Soziologien zu sprechen, auch sagen, daß verschiedene soziologische Richtungen, Traditionen oder mehr oder weniger organisierte Schulbildungen, Sekten oder Clubs im Fach miteinander um Anerkennung konkurrieren und um Anhänger werben. Oft wird von Paradigmen oder von Theorien in dem Sinne gesprochen, daß es sich nicht um kleinräumige Hypothesen zu Sachverhalten handelt, sondern um *Großtheorien*, mit denen jeweils das Gesamtfeld der Soziologie erschöpfend bearbeitet werden kann. Insbesondere in den achtziger Jahren wurde an etlichen Universitäten ein sportsmäßiger *Theorievergleich* betrieben. Auch wenn eine unangefochtene Siegerin bei diesem Theoriencup nicht ermittelt werden konnte, haben die Theorievergleiche doch den nicht zu unterschätzenden Fortschritt in der Einsicht gebracht, daß die gegenseitigen Überlegenheiten im allgemeinen nur sehr geringfügig sind, die produktiven Chancen der jeweiligen Theorie dagegen um so deutlicher werden, wenn man ihren Eigenarten nachgeht.

Es erleichtert die Übersicht, wenn man von drei Soziologien spricht, für die jeweils ein Schlüsselbegriff tragend wird. Wenn man davon ausgeht, daß das Wichtige an gesellschaftlichen Phänomenen darin besteht, daß sie aus menschlichen Handlungen bestehen, so kann man eine Soziologie entwerfen, für die *soziales Handeln* zum Grundbegriff wird. Für wen dagegen das Wichtige an der Gesellschaft in ihren Zusammenhängen liegt, der wird eine Soziologie entwerfen, in der *soziale Systeme* bzw. *soziale Strukturen* die Grundlage bilden. Schließlich kann der durch alle sozialen Gegebenheiten durchgehende Zug ihrer wie immer beschaffenen Normativität, das heißt der Schlüsselbegriff *soziale Normen*, zur Grundlage gemacht werden. Ob man vom Handeln auf

Systeme schließt oder von Systemen auf Handlungen, ob man Normen als Systeme oder Strukturen begreift oder etwas, das ihnen vorausliegt, ob man Handeln den Normen folgen läßt oder umgekehrt verfährt – es ist in der Hauptsache die verschiedene Reihenfolge, Schlüsselbegriffe aufeinander folgen zu lassen, die soziologische Handlungstheoretikerinnen von System- bzw. Strukturtheoretikern und Normtheoretikerinnen unterscheidet. Darüber, daß „Handlung", „System/Struktur" und „Norm" zu Hauptbegriffen der Soziologie gehören, herrscht Einigkeit.

1. Soziales Handeln

Welche Gesellschaft auch immer man sich zu untersuchen vornimmt, Individuen handeln irgendwie bezogen auf irgend etwas. Die Frage nach dem sozialen Handeln richtet sich nicht darauf, ob die Taten gute oder schlechte Taten sind, sondern wir fragen, wie soziales Handeln überhaupt aufgefaßt werden kann. Wer seinen gestrigen Tag Revue passieren läßt, könnte zu dem Ergebnis kommen, daß er immer irgendwas gehandelt hat, oder aber er könnte feststellen, daß er sich mehr hat treiben lassen wie ein Holzstück im Bach. Dabei stellen sich von Anfang an knifflige Fragen: Ist Aufwachen ein Handeln? Für manche ist das Aus-dem-Bett-Steigen zweifellos eine große Tat. Aber war das Träumen in der Nacht ein Handeln? Wie sieht es mit dem Husten aus, der sich jetzt lautstark bemerkbar macht? Wer sich einmal die Zeit genommen hat, in dieser Weise seinen Tagesablauf unter der Frage nach der Handlung durchzugehen, wäre gut vorbereitet, sich mit Max Webers (1864–1920) berühmter Definition auseinanderzusetzen:

> § 1. Soziologie (im hier verstandenen Sinn dieses sehr vieldeutig gebrauchten Wortes) soll heißen: eine Wissenschaft, welche soziales Handeln deutend verstehen und dadurch in seinem Ablauf und seinen Wirkungen ursächlich erklären will. ‚Handeln' soll dabei ein menschliches Verhalten (einerlei ob äußeres oder innerliches Tun, Unterlassen oder Dulden) heißen, wenn und insofern als der oder die Handelnden mit ihm einen subjektiven *Sinn* verbinden. ‚Soziales' Handeln soll aber ein solches Handeln heißen, welches seinem von dem oder den Handelnden gemeinten Sinn nach auf das Verhalten *anderer* bezogen wird und darauf in seinem Ablauf orientiert ist.

Zusammen mit dem Definitionsvorschlag für ‚Handeln' und ‚soziales Handeln' wird zugleich eine ganze Soziologie geliefert, die auf dem Handlungsbegriff aufgebaut ist.

Sieht man sich die Definition genauer an, so fällt auf, daß die Unterschiede zwischen sichtbaren und unsichtbaren ebenso wie die Unterschiede zwischen aktiven und passiven Dimensionen nicht so wichtig gemacht werden wie die Differenz von ‚Handeln‘ und ‚Verhalten‘. ‚Verhalten‘ ist ein Oberbegriff: Handeln ist immer ein Verhalten, aber nicht jedes Verhalten ist ein Handeln. Das Differenzkriterium, das die ganze Last der Definition trägt, lautet: *subjektiv gemeinter Sinn.* Mit diesem Kriterium unterscheidet Weber, ob ein Handeln vorliegt oder ein physiologischer Reflex, ein gewohnheitsmäßiger Automatismus oder ein bloßes Geschehen. Über die Frage ‚Was ist Sinn?‘ ist naturgemäß sehr viel Tiefsinn, Nebensinn, Hochsinn und Unsinn produziert worden. Weber entlastet sich von einer ganzen Reihe sich aufdrängender Fragen, indem er sich auf einen bestimmten Sachverhalt beschränkt: Es gibt subjektiv gemeinten Sinn in Handlungen. Eine ganz andere Frage ist, was objektiv sinnvoll oder vernünftig ist. Diese Frage klammert Weber gleichsam ein. Ob die Welt Sinn hat, ob diese Gesellschaft Sinn hat, ist nicht die Frage, sondern Weber geht von der Tatsache aus, daß Menschen mit ihrem Handeln subjektiv einen Sinn verbinden. Dieser Sinn ist die *ratio* ihres Handelns. Menschen setzen sich etwas in den Kopf, und so frei der subjektiv gemeinte Sinn auch immer sein mag, was auch immer sie sich in den Kopf setzen, es hat Konsequenzen. Ist es auch Wahnsinn, so hat es doch Methode, das heißt, die Konsequenzen folgen einer ratio.

Wer einem Menschenbild folgt, demzufolge zuerst daran zu denken ist, daß Menschen in der Lage sind, vernünftige Entscheidungen zu treffen, wird modellhaft von einem allgemeinen menschlichen Handlungsprogramm ausgehen, mit dem Individuen jeweils die Handlungen wählen, die nach den eigenen inneren Bewertungen und nach den Erwartungen, die sich auf die jeweilige äußere Umgebung richten, den größten Erfolg bringen. Soziologen, die dieser *rational choice theory* anhängen, haben mit ihrem Modell der Natur des Menschen den gesunden Menschenverstand auf ihrer Seite, der uns stets berät, anders zu handeln als die Erfolglosen und sich eher von denen belehren zu lassen, die die gleichen Interessen verfolgen wie man selbst. Und ist das erfolgreiche Überleben der Menschengattung auf diesem Planeten nicht der beste Beweis für dies optimistische Menschenbild? Kritiker der *rational choice theory* werden freilich darauf verweisen können, daß es in soziologisch interessanten Ausschnitten, die nicht solch lange Evolutionsaussicht haben, auch anders kommen kann.

In Webers Handlungsdefinition steckt aber noch mehr. Sie ist so

angelegt, daß mit ihr eine bestimmte Unterscheidung zwischen Naturwissenschaften und Kulturwissenschaften deutlich gemacht werden
kann. Die Frage nach der Einheit der Wissenschaften (vgl. S. 101),
z. B. die Frage, ob Vulkanausbrüche und Revolutionen derselben ratio
folgen oder mit demselben Vernunftbegriff zu fassen sind, beantwortet
Weber, indem er Naturphänomene für *erklärungsfähig*, Kulturphäno-
mene zusätzlich für *verstehensbedürftig* auffaßt. Naturphänomene, z. B.
einen Vulkanausbruch, kann man erklären, indem man ein bestimmtes
Verhalten der Erdplatten untersucht. An Kulturphänomenen kann man
zwar auch einiges **erklären***:* z. B. Hungersnöte, die Stämme zu Wanderungen veranlassen, aber diese Erklärungen sind nicht ausreichend.
Hinzu kommt, daß man menschliche Handlungen **verstehen** kann, weil
sie mit einem subjektiv gemeinten Sinn verbunden sind. So sehr De-
monstrantinnen auch geschoben und gestoßen werden wie Geröllsteine,
sie haben sich auch etwas in den Kopf gesetzt, nämlich subjektiv gemeinten Sinn, im Unterschied zum Vulkan, der keinen subjektiv gemeinten Sinn in seinem Inneren trägt. Es sei denn, Menschengruppen
verbinden mit dem Vulkanausbruch einen subjektiven Sinn des Vulkans
und organisieren zu ihm Pilgerfahrten, wo Opfergaben in den Schlund
des Vulkans geworfen werden, um ihn zu besänftigen, das heißt eben
seinen subjektiven Sinn zu ändern und nicht mehr auszubrechen.

,Soziales Handeln' im Sinne Webers liegt vor, wenn ein Handeln auf
das Verhalten anderer bezogen wird und daran in seinem Ablauf orientiert ist. Der Zusammenstoß von zwei Radfahrern – vorausgesetzt unab-
sichtlich – ist kein soziales Handeln, wohl aber der Streit der beiden,
wer besser hätte aufpassen müssen. Bei Weber sind es jeweils bestimmte *Wertgesichtspunkte*, nach denen Menschen ihr Handeln organisieren, was – indem sie sich an anderen orientieren – zu kürzeren oder län-
geren, überschaubaren oder gar nicht zu übersehenden Kettenbildun-
gen von Folgen führt.

Wo kommt der subjektiv gemeinte Sinn her? Diese Frage hat insbesondere Alfred Schütz (1899–1959) beschäftigt. Es geht dabei nicht
um das menschliche Bewußtsein überhaupt, sondern um den Versuch
einer phänomenologischen Beschreibung subjektiv gemeinten Sinns, die
man am besten dort anfängt, wo subjektiv gemeinter Sinn am besten
zugänglich ist, nämlich bei sich selbst. Wenn man wissen will, wie subjektiv gemeinter Sinn zustande kommt, geht die Reise ins extrem Subjektive.

Wenn ich die Welt mit all der Vielfalt ihrer Erscheinungen auf mich
wirken lasse, so ergeben sich mannigfaltige Impressionen, die jedoch

alle mir angehören. Das Erleben ist ein kontinuierlicher Strom bunter undifferenzierter Eindrücke. In die Dauer dieses Erlebens ist aber eine gleichsam skandierende rückwärts gewandte Bewegung verwickelt. Der Strom des Erlebens kann durch die Rückwendung des Bewußtseins unterbrochen werden. Nachträglich können die einzelnen Erinnerungspartikeln: ‚Murmeln‘, ‚dösen‘, ‚Neonlicht‘, ‚Stuhlknarren‘, ‚Seitengespräche‘ zu einem scharf begrenzten Bild zusammengefügt werden, zu dem Erlebnis: „Warten auf den Vorlesungsbeginn".

Dieser Denkfigur zufolge gibt es das **Erleben** als steten Wechsel der Impressionen und dann die unterbrechende Rückwendung des Bewußtseins, die ein **Erlebnis** konturiert: „Ich habe das erlebt." Sinn beginnt nicht bei erkenntnismäßigen Objektivationen oder rationalen Kalkulationen, sondern am anderen Ende, bei Impressionen, flüchtigen Empfindungen und Wahrnehmungen. In der reinen Dauer meines Bewußtseinsstromes schwimmt der Rohstoff, aus dem ich mein Erlebnis forme, das immer ein Nachträgliches zu meinem Erleben ist. Erlebnisse sind gleichsam eine erste Sinnschicht einer Art Proto-Sinn. Es sind Produkte innerer Handlungen. Freilich sind nicht alle Erlebnisse gleich. Vieles wird vergessen, anderes rückt stark in den Vordergrund. In einer Schicht, die sich über die Erlebnisse legt, gibt es so etwas wie *Aufmerksamkeit*. Wir richten unsere Aufmerksamkeit wie einen Lichtstrahl auf bestimmte Erlebnisse. Das eine hat für uns mehr Bedeutung, das andere weniger. In einer weiteren Schicht können sich einzelne Erlebnisse, die unsere Aufmerksamkeit wecken, miteinander verknüpfen, und aus dem Verknüpfen einzelner Erlebnisse entstehen *Erlebnissynthesen* oder ein *Sinnzusammenhang*, auf den wir dann wieder unsere Aufmerksamkeit richten können oder nicht. Sind schließlich solche Zusammenhänge einmal hergestellt, so können sie als *Schemata* der Wahrnehmung und der Interpretation der Wirklichkeit benutzt werden. Wir sagen dann: „Diese Situation kenne ich, das macht diesen oder jenen Sinn, ich verstehe den Sinn." Subjektiv gemeinter Sinn ist also das Resultat einer komplizierten Kette von Bewußtseinsakten.

Man kann die charakteristische Bewegung, die mit der Differenz von Erleben und Erlebnis einsetzt und die sich auf immer komplexeren Stufen erneuert, auch auf den Begriff der Handlung selbst beziehen. Dann tut sich in der Rede von sozialem Handeln ein Spalt auf, der zu einem geöffneten Handlungsbegriff führt. Einmal denken wir an die konstituierte fertige **Handlung** als abgeschlossene Einheit; ein andermal an das **Handeln** in seinem Fluß oder Ablauf. Die Öffnung von Handeln (actio) und Handlung (actum) gibt es aber nicht nur bei mir, sondern auch bei dem, was ich den anderen tun sehe. Mit Blick auf den anderen wird die Sache schwierig. Was ich den andern tun sehe, kann ich näm- lich als fremde actio oder als fremdes actum ansehen, je nachdem, ob ich meinen Blick auf die sich vor meinen Augen vollziehenden Phasen des Ablaufs oder auf die in diesem Ablauf erzeugte fertige und kon- stituierte Handlung lenke. Wie oft sehen wir beim anderen eine voll- zogene Handlung, die dem anderen aus seiner Sicht noch eine unvoll- ständige actio ist. Eine Studentin gibt mir fünfzehn Seiten Schreib- maschinentext ab. Ich korrigiere das durch und vergebe einen Schein mit einer guten Note. Da sagt die Studentin: „Wieso Schein, das war doch erst die Einleitung." Bei mir selbst weiß ich relativ genau, wann ich noch handle und wann die Handlung in dem Sinne abgeschlossen ist, daß sich der von mir mit dem Handeln verbundene subjektive Sinn erfüllt hat. Beim anderen ist mir diese Differenz nicht so leicht zu- gänglich. Diesen Sachverhalt hat das frühe Stummfilm-Kino für endlo- se Ketten komischer Situationen ausgebeutet: A denkt sich, B hat seine Handlung abgeschlossen, aber B handelt in der actio noch weiter, oder A denkt sich, jetzt nach diesen ganzen Vorbereitungen kommt B mit der Hauptsache, dem Sinn des Ganzen, aber es passiert nichts, weil B innerlich die Vorbereitung für die Hauptsache erklärt hatte. Die Ko- mik beruht auf der *Inadäquanz von Sinnsetzung und Sinndeutung*. Wo es um ernste Dinge geht, hat diese Öffnung im Handlungsbegriff auch ihre tragische Seite. In jedem sozialen Handeln liegt mehr oder weni- ger groß ein tragisches Element, darin ist Stoff für das Mißverständnis. So kommen Handlungstheorie und die Dramentheorie zusammen.

Zwischen Menschen gelingt das **Fremdverstehen** nicht selbstver- ständlich. Handeln kann mißverstanden werden, weil meine Selbstaus- legung kontinuierlich und in gewisser Weise mir vollständig möglich ist, während deine Selbstauslegung mir nur diskontinuierlich und in Segmenten unvollständig gegeben ist. Mein Erleben ist mir unzwei- felhaft. Was dein Erleben angeht, so bin ich nicht ganz so sicher. In jedem Fall ist das Fremdverstehen im Unterschied zum Selbstverstehen irgendwie lückenhaft, weil ich beim anderen in erster Linie die Hand- lung als Orientierungsgröße habe, das fremde Handeln im Sinne der actio ist mir kaum zugänglich. Diese Tragik der menschlichen Situati- on wollen viele nicht wahrhaben. Eigene *Sinnsetzung* und *Sinndeutung* beim fremden Menschen, Sprechen und Hören, folgen nicht einem identischen Schema.

Wenn ich spreche, also sinnsetzend handle, so sage ich mir in etwa folgendes: ‚Wenn derjenige, zu dem ich spreche, das Ausgesproche-

ne ebenso auffaßt, wie ich es auffasse, dann werde ich, um meinen
Gedanken klar und eindeutig zum Ausdruck zu bringen, diese und
jene Worte zu wählen haben.'
Wenn ich aber Gesprochenes höre, d. h. innerlich sinndeutend handle, sage ich mir folgendes: ,Wenn der Sinnsetzende mit seinen Worten eben jenen Sinn verbindet, welche ich mit ihnen zu verbinden
pflege, dann muß er, da er diese Worte gebraucht hat, dies und jenes
haben sagen wollen.' (Alfred Schütz).

Diese Inadäquanz ist unaufhebbar und hat gewichtige Folgen für die
Frage, ob so etwas wie eine allgemeine Theorie sozialen Handelns
möglich ist. Es hat auch viele Versuche gegeben, diese Inadäquanz zu
schließen. Man kann versuchen, Handeln durch ein Motiv zu erklären.
Wer handelt, hat ein Motiv, z. B. Hunger. Zur Befriedigung von Hunger ist der häusliche Kühlschrank oder das Restaurant da, und diese
segensreichen Einrichtungen kann ich als Elemente eines *Handlungs-
systems* beschreiben. (Talcott Parsons, vgl. S. 145). Man kann sich
auch auf das Problem konzentrieren, daß wir im Unterschied zu Tieren
über keine sicheren Verhaltensinstinkte verfügen und uns daher der
Sinn fürs Handeln durch irgendwelche *Institutionen* gegeben wird, die
uns leiten oder entlasten (Arnold Gehlen).

Theorien sozialen Handelns leiten ihren Schlüsselbegriff meist vom
Tun des einzelnen her. Aber muß man nicht von vornherein von einer
sozialen Situation ausgehen, in der es gar kein einzelnes Handeln am
Anfang gibt, sondern immer nur ein **Interagieren**? Ist nicht jede actio
interactio? Aus der Perspektive einer stets vorgelagerten Interaktion ist
die sogenannte Einzelhandlung immer ein unvollständiger Akt, den A
tut und den B vervollständigt. Interagieren heißt: Ich vervollständige
deine Aktion, und du vervollständigst mit deiner Aktion meine Aktion
und gibst mir Gelegenheit, weiterzumachen. Handlungen als Interaktionen greifen wie Kettenglieder ineinander. Dies funktioniert aber
nicht so wie eine Maschine, sondern das Ineinandergreifen kennt Spiel-
räume der Umdeutung, der Akzentuierung, des Herausgreifens, der
Schwerpunktsetzungen. Der Sinn ist hierbei ein *ausgehandelter Sinn*.

Wenn die Objektivistinnen sagen, der Sinn entspringt der Sache
selbst, wie sie objektiv erfaßbar ist, und wenn die Subjektivistinnen sagen, der Sinn entspringt aus meiner Wertung, die ich einer Sache bei-
lege, oder meinem Erleben, so sagt der Interaktionist etwas anderes:

Weder betrachtet er die Bedeutung als den Ausfluß der inneren Be-
schaffenheit des Dings, das diese Bedeutung hat, noch ist für ihn die
Bedeutung das Ergebnis einer Vereinigung psychologischer Elemente

im Individuum. Vielmehr geht für ihn die Bedeutung aus dem Interaktionsprozeß zwischen verschiedenen Personen hervor. Die Bedeutung eines Dings für eine Person ergibt sich aus der Art und Weise, in der andere Personen ihr gegenüber in Bezug auf dieses Ding handeln. Ihre Handlungen dienen der Definition dieses Dinges für diese Person. Für den symbolischen Interaktionismus sind Bedeutungen daher soziale Produkte, sie sind Schöpfungen, die in den und durch die definierenden Aktivitäten miteinander interagierender Personen hervorgebracht werden. (Herbert Blumer)

Symbolisch heißt dieser Interaktionismus, weil in menschlichen Gesellschaften Interaktionen charakteristischerweise und vorwiegend auf einer Symbolebene erfolgen. Im Mittelpunkt steht hier der Gedanke der *Koordination von Handlungsentwürfen* in Interaktionen. Wo diese Seite betont wird, kann auf die Erfahrung zurückgegriffen werden, daß sich der Sinn dessen, was ich eigentlich gewollt habe, indem ich dieses oder jenes tat oder vorschlug, erst in den Interaktionen mit anderen herausstellt. Der in die Situation mitgebrachte Sinn verändert sich in Interaktionen.

Aus Interaktionen können **soziale Gruppen** entstehen, wenn die einzelnen sich gegenseitig kennenlernen, über eine gewisse Zeit etwas miteinander zu tun haben und gemeinsame Ziele verfolgen. Ob man es mit einer sozialen Gruppe zu tun hat oder mit rein statistischen Gruppenkonstrukten, erkennt man daran, daß Gruppenmitglieder häufiger das kleine Wörtchen „wir" sagen und zwischen „wir" und „nicht-wir" unterscheiden. In der Gesellschaft stehen die einzelnen in vielen Zusammenhängen, ob sie wollen oder nicht. Dies sind im strengen Sinne keine sozialen Gruppen. Soziale Gruppen sind etwas, was darüber hinausgeht. Sie enthalten das Moment des freiwilligen Zusammenschlusses. Die meisten sozialen Gruppen hüten auch irgendein Geheimnis, dessen Sinn für Außenstehende schwer erreichbar ist.

Aus Interaktionen können soziale Gruppen entstehen, aber sie müssen es nicht. Die soziale Gruppe ist nicht der grundlegende Typ des Sozialen. In der Hauptsache sind wir in der modernen Gesellschaft mit anderen in **Kollektiven** vereinigt. Kollektive sind Ansammlungen von Individuen in oder um gegenständliche Substrate wie z. B. Fabrikgebäude, Straßen, Wohnkomplexe, Fernsehempfänger, Vorlesungssäle. Kollektive sind Pluralitäten von Individuen, die zusammen sind, weil sie etwas seriell Identisches haben. Diese Zeile lesen Personen, die sich entschieden haben, dies Buch zur Hand zu nehmen. An einer Haltestelle stehen die, die mit einer bestimmten Straßenbahn fahren wollen.

Der Beziehungstyp der *Serie* kann auf gleichen Interessen beruhen oder auf Arbeitsteilungen. Hier gibt es Interaktionen, auch Aushandlung von Sinn, aber für die Bildung einer sozialen Gruppe ist ein besonderer Sprung aus der Serialität heraus erforderlich. In Serien ist jeder für jeden der andere, mit dem ich mich um einen Gegenstand herum oder in einem Raumarrangement tatsächlich vereinigt finde.

Die soziale Gruppe – so hat es Jean-Paul Sartre (1905–1980) kurz definiert, ist die Negation des seriellen Kollektivs. Die Gruppe ist vor allem die *Negation der Ohnmacht*, die in der Serie gegeben ist. Wo jeder für jeden der andere ist, sind die Glieder der Serie ohnmächtig.

> Ich fühle meine Ohnmacht im Anderen, weil ja der Andere als Anderer entscheidet, ob meine Tat eine verrückte Einzelinitiative bleibt oder mich in die abstrakte Isolierung zurückwirft oder die gemeinsame Tat einer Gruppe wird. So wartet jeder auf die Tat des Anderen, und jeder macht sich zur Ohnmacht des Anderen, insofern der Andere seine Ohnmacht ist. (Jean-Paul Sartre)

Man kann sich den Prozeß der Bildung einer sozialen Gruppe verschieden erklären, in jedem Fall gehört eine markante Verrückung des wahrgenommenen Realitätsfeldes dazu. Dies kann dadurch geschehen, daß die objekivierenden Blicke, mit denen wir uns der Realität versichern, auf die Augen des anderen stoßen, und wir die Erfahrung machen, daß wir *den Blick des anderen* erfassen. Der erblickte Blick kann die soziale Emotion so aufwirbeln, daß wir geneigt sind, an eine Verwandlung der Welt zu glauben. Aus erblickten Blicken kann bekanntlich viel werden, wenn es gelingt, für die Turbulenzen des Stolzes und der Scham ein gemeinsames Sein und eine gemeinsame Zeit zu finden. Wenn zu dem erblickten Blick eine Dritte oder ein Dritter hinzutritt, verwandelt sich die Situation erneut. Der oder die Dritte erblickt den erblickten Blick. In der Dreiersituation wandern die Blicke, und dieser dritte Blick wiederholt sich für alle, die zu der Gruppe stoßen werden. In diesem Sinne ist die soziale Gruppe eine *Gruppe von Dritten.*

Soziale Gruppen haben ihre eigene Geschichte. Aus den erblickten Blicken können Handlungskoordinationen entstehen, wie sie zum Erreichen gemeinsamer Ziele nötig sind. Die ersten gemeinschaftlich begangenen Taten begründen den *Mythos der Gruppe.* Zufallsgemeinschaften oder Zwangsverbände sind nicht notwendigerweise soziale Gruppen, sie können es werden, wenn sie aus der wie auch immer gelagerten Not ihres Zusammenseins eine wie auch immer geartete Tugend machen. Mit der Verrückung des Realitätsfeldes entsteht zugleich eine neue Zeitdimension, in der die Gruppe sich bewegen wird. Bloß situative Koalitionen, die nur aufblitzen, um gleich wieder in die Serialität zurückzufallen, sind keine sozialen Gruppen. Andererseits können sich Gruppen dauerhaft verstetigen und Züge von **Institutionen** annehmen, das heißt langsam in die Serialität eingehen. In großen Institutionen wie z. B. in Kirchen oder in Parteien gibt es zahllose Mitglieder, deren Dasein nur durch die Existenz einer Karteikarte verbürgt ist. Wie auch immer sonst ihr soziales Handeln aussehen mag, für diesen Bereich ist es jedenfalls erloschen.

Literatur – Thomas Luckmann, *Theorie des sozialen Handelns*, Berlin 1992; Max Weber, *Soziologische Grundbegriffe*, Tübingen 1984; Alfred Schütz, *Der sinnhafte Aufbau der sozialen Welt. Eine Einleitung in die verstehende Soziologie*, Frankfurt a. M. 1981; George H. Mead, *Geist, Identität und Gesellschaft aus der Sicht des Sozialbehaviorismus*, Frankfurt a. M. 1968; Herbert Blumer, *Der methodologische Standort des symbolischen Interaktionismus*, in: *AG Bielefelder Soziologen (AG). Alltagswissen, Interaktion und gesellschaftliche Möglichkeit*, Bd. 1, Opladen 1981; Jean-Paul Sartre, *Kritik der dialektischen Vernunft. Theorie der gesellschaftlichen Praxis*, Reinbek 1967 (hier: *Die Kollektive*, S. 270 ff. und *Von der Gruppe*, S. 367 ff.).

2. Soziale Systeme und soziale Strukturen

Der subjektiv gemeinte Sinn kann sich verlieren, und trotzdem können die einzelnen Handlungselemente einen Zusammenhang bilden, der als System oder als Struktur beschreibbar ist. System und Struktur sind Abstraktionen, und entsprechend abstrakt geht es in diesen Theorien zu. Wichtig ist auch, daß die Begriffe System und Struktur von der Linguistik bis zum Maschinenbau in vielen Wissenschaften Hochkonjunktur hatten. Der Wortgebrauch von ‚System‘ und ‚Struktur‘ ist uferlos geworden. Auch nur die wichtigsten soziologischen Systemtheorien zu systematisieren und Strukturtheorien zu strukturieren würde den Rahmen dieses Buches ebenso sprengen wie die Erläuterung der komplizierten Fälle, in denen Autoren von Strukturen reden, aber Systeme meinen oder von Systemen reden, aber Strukturen im Kopf haben.

Angesichts des diffusen Assoziationshorizontes, der sich einstellt, wenn man System/Struktur hört, ist es sinnvoll, zunächst nach den Gegenbegriffen zu fragen. Der Gegenbegriff zu **System** ist **Chaos**. Wo Chaos herrscht, ist jedes System verloren. Systemtheorien sind immer

auch implizite Chaostheorien. Jede Tagesschausprecherin kann hier bei-
pflichten: „Die Chaoten zerstören wieder einmal unser System." Der
Gegenbegriff zu **Struktur** ist nicht Chaos, sondern **Ereignis**. Strukturtheorien sind immer auch implizite Ereignistheorien. Auch dies lehrt
die Erfahrung: Jahrelang ging er wochentags ins Büro, abends in die
Kneipe, sonntags widmete er sich der Familie. Dann, eines Tages, tanz-
te er aus der Reihe, hob alles Geld ab und verschwand. Dieses Ereignis
machte im ganzen Stadtteil die Runde.

In diesem Abschnitt werden Systemtheorien und Strukturtheorien
scharf gegeneinander abgegrenzt. Mir geht es darum, die Unterschiede
deutlich zu machen. Drei Unterschiede sind hervorzuheben:

1. Wer nach sozialen Systemen fragt, fragt nicht einfach nach Zusammenhängen zwischen diesem und jenem, sondern richtet sein Augenmerk auf *das Ganze*. Die Systemfrage ist immer die Frage nach dem
Ganzen. Wer nach sozialen Strukturen fragt, hat nicht das Ganze im
Sinn, sondern etwas, was sich *wiederholt*. Gefragt wird nach Redun-
danzen. Zum Beispiel: Jedesmal, wenn ein Dorfbewohner stirbt, kommt
der Medizinmann und hängt zerbrochene Kürbisschalen vor die Hütte.

2. Systeme haben Grenzen. Ein grenzenloses Ganzes gibt es nicht.
Die Grenze des sozialen Systems BRD oder die Grenze des sozialen
Systems einer Universität ist definierbar. Hinter den Grenzen ist auch
etwas, aber etwas anderes. Strukturen dagegen interessieren sich nicht
für Systemgrenzen. Die sich wiederholende Struktur der Kleinfamilie:
Vater, Mutter, ein Kind, höchstens zwei, bei drei schon fast kinderrei-
cher Sozialfall, findet sich bei Studentenfamilien in Freiburg, auch bei
Angestellten in Flensburg und bei Ärzten in Paris. Sie findet sich nicht
überall auf der Welt, aber Systemgrenzen ignorierend. Die begriffliche
Differenz lautet: *begrenzte Systeme* und *verbreitete Strukturen*.

3. Es mag erstaunen, aber in einem strengen Sinne kann man die
Identität eines Systems nicht verändern, das Profil von Strukturen dagegen wohl. Ein System bildet sich oder bildet sich nicht. Es behauptet
sich, oder es kollabiert, es steigert seine Komplexität, oder es löst sich
auf. Systeme kann man vergrößern, steigern, dynamisieren, sie sind
nicht leblos oder statisch, aber entweder sind sie, oder sie sind nicht.
Die Alternative zum System ist das Chaos. – Strukturen können sich
ändern, langsam vielleicht, aber sie ändern sich, und zwar deshalb, weil
sie es mit Ereignissen zu tun haben. Ausfälle in Strukturen führen nicht
zum Chaos, sondern Ereignishäufungen führen zur Bildung von Strukturabweichungen. Das Unregelmäßige kann ein Stück Regelmäßigkeit
gewinnen. Aus Strukturabweichungen können Strukturbildungen und

eventuell andere Strukturen werden. Man versteht die Theorien in diesem Feld besser, wenn man die beiden Formeln *System oder Chaos* bzw. *Struktur und Ereignis* voneinander absetzt.

a) Soziale Systeme

Auch wenn Systemtheorien bisweilen so aussehen, als seien sie von übermorgen, so haben sie doch eine lange Geschichte, aus der man einiges kennen sollte, um sich zu ersparen, das Rad, das heißt das Ganze, immer wieder neu zu erfinden. Wichtig ist auch hier die Reihenfolge der Fragen. Am Anfang steht die Frage nach der Gesellschaft als Ganzes. Dann wird gefragt, was alles dazugehört, z. B. das soziale Handeln der Individuen, oder es wird gesagt, die Gesellschaft besteht aus Individuen, Individuen sind die Teile der Gesellschaft. Vielleicht sind Teile aber auch nur die unterschiedlichen sozialen Handlungen. In jedem Fall besteht das gesellschaftliche *Ganze* aus *Teilen*. Aber nicht so, wie Erbsen in einem Beutel, sondern irgendwie geordnet. Und das Ganze und seine Teile sind auch nicht tot, sondern darin ist Leben. Wer so anfängt, eine Theorie anzulegen, ist schon bei den Anfangsgründen der Theorie sozialer Systeme.

Das Ganze der Gesellschaft jedoch ist etwas hoch Abstraktes. Vom Standpunkt der einzelnen aus gesehen ist es weder zu sehen, zu riechen, noch zu schmecken. Es ist auch nicht handgreiflich und nicht erlebbar. Um es sich vorzustellen, braucht man Bilder, die das Ganze repräsentieren. So könnte man sagen, das Ganze ist wie eine *Maschine*, ein großes Räderwerk. Dieses alte Bild war sehr plausibel, als noch viele an Gott als einen großen Uhrmacher glaubten. Aber auch bis ins zwanzigste Jahrhundert haben die automatischen Systeme der Kybernetiker Soziologen fasziniert. Soziologie entstand im neunzehnten Jahrhundert, und da war der große Uhrmacher zum Teil schon abgetreten. Wichtiger wurde ein anderes Bild: das Ganze der Gesellschaft als *Organismus*. Die ersten veritablen Systemtheorien sind organizistische Systemtheorien. So schreibt Herbert Spencer (1820–1903):

> Die Gesellschaft ist einem fortwährenden Wachstum unterworfen. Indem sie wächst, werden ihre Teile ungleich: sie zeigt also auch eine Zunahme der Verschiedenheiten des inneren Baues. Die ungleichen Teile übernehmen zugleich Tätigkeiten verschiedener Art. Diese Tätigkeiten weichen nicht einfach voneinander ab, sondern ihre Verschiedenheiten stehen in der Beziehung zu einander, daß die eine erst die andere möglich macht. Die wechselseitige Unterstützung, welche sie sich auf diese Weise gewähren, verursacht dann wieder eine

wechselseitige Abhängigkeit der Teile, und indem die wechselseitig abhängigen Teile so durch und füreinander leben, bilden sie ein Aggregat, das nach demselben allgemeinen Grundsatze aufgebaut ist wie ein einzelner Organismus. (Herbert Spencer 1877).

Der Organismus als Bild für das Ganze ist alt und hält sich hartnäckig. Bis heute werden die avanciertesten systemtheoretischen Auffassungen in der Biologie gebildet und von dort in die soziologische Systemtheorie übertragen. Der Organismus als Bild für das Ganze bleibt dabei nicht gleich. Im neunzehnten Jahrhundert stehen *Wachstumskrise* und Ganzheit im Zentrum. In der ersten Hälfte des zwanzigsten Jahrhunderts fasziniert die Idee des *Gleichgewichts*. Heute rückt die Frage der *Autopoiesis*, des sich selbst erzeugenden Systems, ins Zentrum. Krise, Gleichgewicht, Autopoiesis sind in der jeweiligen Zeit vordringlich wahrgenommene Ganzheitsqualitäten.

Das Ideal eines Gleichgewichts in sozialen Systemen ist z. B. in den Forschungen anzutreffen, die der vor den europäischen Exzessen nach Neuguinea und Nordwestmelanesien fliehende Pole Malinowski (1884–1942) in den zwanziger Jahren durchführt. Für den europäischen Forscher ist der Zusammenhang von seltsamen Glaubensvorstellungen, bizarren magischen Praktiken, umständlichen Ritualen und verwirrenden Sitten nicht spontan plausibel, aber trotzdem hält das Ganze irgendwie zusammen. Malinowski trat an die einfachen Gesellschaften mit der schlichten Frage heran: Welche Funktion hat dieses oder jenes Phänomen für das gesellschaftliche Leben, die Befriedigung der Bedürfnisse und die Einheit der Gruppe? Dabei ließ er sich von dem Prinzip leiten, daß jeder Brauch, jedes materiale Objekt, jede Vorstellung und jeder Glaubensgehalt, der in einer Gesellschaft anzutreffen ist, für ihre Bedürfnisse irgendeine lebenswichtige Funktion erfüllt. Der **Funktionalismus** ist eine Variation der Systemtheorie. Alles hat irgend eine Funktion. Das Ganze ist eine funktionale Einheit.

Funktion ist etwas anderes als der subjektiv gemeinte Sinn, der in Handlungstheorien der verstehenden Soziologie eine große Rolle spielt. Es kann sich z. B. herausstellen, daß der Umstand, daß Sie als Leserin oder Leser dieses Buches Soziologie mit dem subjektiv gemeinten Sinn studieren wollen, um sich ein Wissen über die Gesellschaft anzueignen, unter funktionalistischen Gesichtspunkten etwas anders aussieht. Eine Funktionalistin könnte sagen: Der Ausbau der Soziologie oder anderer Disziplinen hat die Funktion, den Arbeitsmarkt zu entlasten, die Arbeitslosenzahlen zu senken. ,Sinn' und ,Funktion' gehen alltagssprachlich häufig durcheinander. Wenn in der Soziologie von sozialer Funktion die Rede ist, so meint dies nicht die Funktion für mich, sondern die Funktion für das Ganze. Und es kann durchaus passieren, daß die Funktion fürs Ganze anders ist als in meinem Sinn.

Man kann nun, wie es Talcott Parsons (1902–1979) getan hat, systematisch fragen: ,Was braucht jedes soziale System, um sich zu erhalten?' und einen abstrakten *Funktionszusammenhang* von vier Subsystemen entwerfen, mit denen das soziale System auf bestimmte, notwendige Erfordernisse reagiert. Schematisch dargestellt, ergibt das Ganze ein Quartett, dessen vier Notwendigkeiten durch sechs Funktionen miteinander verknüpft sind.

Das Ganze nach Parsons

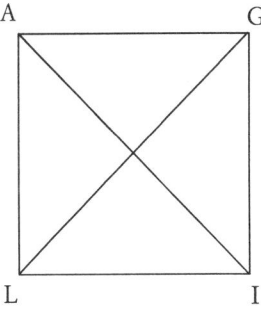

A = ein *adaptive subsystem*, zuständig für die Bewältigung der Natur, das Extrahieren von Ressourcen, Lebensmitteln, aber auch der inneren Natur psychischer Energien, Gesundheit, geistiger Ressourcen. G = ein *goal-attainment subsystem*, zuständig für die Definition und Durchsetzung der Ziele, um derentwillen Ressourcen einzusetzen sind, also Politik im weitesten Sinne, von Zweck- und Zielfragen. I = ein *integrative subsystem*, zuständig für den Zusammenhalt einer Gesellschaft, also z. B. Recht, Solidarität, Verträge, Kontrollen, und L = ein *latency subsystem*, zuständig für tief emotionale Zusammenhänge, mythische Wertvorstellungen, Heilsvorstellungen, grundlegende Ideologien.

Diese vier Erfordernisse (die Eckpunkte) müssen irgendwie erfüllt werden, sonst haben soziale Systeme keine Chance, sich zu erhalten. Hinzu kommt, daß die vier Subsysteme untereinander jedes mit jedem, das heißt durch sechs verschiedene Funktionen (die Verbindungslinien), verknüpft sind:

1. Zwischen *adaptive* und *goal-attainment subsystem* (AG) stellt sich die Frage, mit welchen Zielen das adaptive System herausgefordert wird (Mobilisierungsfunktion). 2. Bei der Verknüpfung von *goal-attainment* und *integrative subsystem* (GI) stellt sich die Frage, wie aus Integrationsweisen Ziele entstehen oder wie politische Ziele sozialstrukturell gestützt werden (Stützungsfunktion). 3. *Integrative* und *latency*

subsystem (IL) verknüpfen sich zur Funktion, daß tief emotionale Überzeugungen die Integration befördern (Bindungsfunktion). 4. Zwischen *latency* und *adaptive subsystem* (LA) sind wir tief überzeugt, daß wir arbeiten und das essen und trinken müssen, was die Wirtschaft produziert (Arbeits- und Konsum-Funktion). 5. Bei der Verknüpfung von *adaptive* und *integrative subsystem* (AI) lautet die Frage: Wer kriegt was von den Ressourcen? (Allokationsfunktion). 6. Bei der Verknüpfung von *goal-attainment* und *latency subsystem* (GL) stellt sich das Problem, daß alle Ziele letztlich durch tief emotionale Überzeugungen legitimiert werden müssen (Legitimierungsfunktion).

Das ist alles. Die Gesellschaft als Ganzes muß vier Erfordernissen begegnen, dem Erfordernis von *Ressourcen*, dem Erfordernis von *Zielfindungen*, dem Erfordernis von *Integration* und dem Erfordernis von tief emotionalen *Überzeugungen*, und die Gesellschaft muß die vier Erfordernisse miteinander verknüpfen, was mittels der sechs Funktionen geschieht. Es ist dies eine allgemeine Systemtheorie von Gesellschaft. Jede menschliche Gesellschaft ist so beschreibbar. Dieses nach den Anfangsbuchstaben der Subsysteme *AGIL-Schema* benannte Modell ist nicht statisch, sondern eben höchst agil. Um das Gleichgewicht gibt es Kämpfe und soziale Konflikte. Funktionen können auch gestört werden, Teile, die bisher ihre Funktion erfüllt haben, werden ersetzt durch andere. Zum Beispiel kann man innerhalb des *latency subsystem* nicht mehr der tiefgläubigen Überzeugung sein, mit den Geistern des Kosmos zu kommunizieren, sondern man glaubt an einen Gott oder an den ewigen Fortschritt der modernen Gesellschaft. In jedem der Subsysteme können Ersatzprozesse stattfinden. Für einzelne Dinge können *funktionale Äquivalente* gefunden werden. Ersetzt werden kann im *adaptive system* auch die Art der Güter, die produziert werden. Das trifft die Allokationsfunktion nicht. Sie ist da, ob nun geregelt ist, daß der Häupting den dicksten Fisch kriegt oder dem Bundeskanzler ein repräsentativer Mercedes zusteht oder Herrn Maier ein Porsche, weil er zu den Nieten in Nadelstreifen gehört.

Die neuere Systemtheorie, wie sie in Deutschland von Niklas Luhmann (geb. 1927) vertreten wird, hat das Modell von Parsons zu einem hochabstrakten Konzept weiterentwickelt. Dabei wurde die Frage nach dem Ganzen, die immer mit dem höchst ehrwürdigen philosophischen Problem belastet war, ob das Ganze nichts als die Summe seiner Teile ist oder ob es noch etwas mehr ist, nämlich das Ganze, in die Frage nach der *Grenze* verwandelt. In der neueren Systemtheorie nennt man ein Ganzes das, was eine Grenze hat. Die Frage, was nun eine Grenze ist, wird in geschickter Weise auf die Sache zurückgespiegelt. Denn mit eben dieser Frage nach der Grenze taucht ein System auf. Systeme sind emergent qua Grenze. Die Frage ‚Was ist eine Grenze?‘ kann sich nur etwas stellen, was Systemcharakter hat. Vermenschlicht gesprochen, fragen sich Systeme fortlaufend: „Was ist meine Grenze?" Wenn diese Frage verstummt, gibt es das System nicht mehr.

Viele Theorieschulen sind nicht nur daran zu erkennen, daß sie die Menge der Fachtermini um etliche Spezialbegriffe vermehren, sondern auch daran, daß sie einen unverkennbaren Jargon pflegen. Die Verständnishürden, die der Jargon der Systemtheorie aufgebaut hat, können ein Stück weit abgebaut werden, wenn man behelfsweise dazu übergeht, von Systemen wie von intelligenten Wesen zu sprechen. Dies ist natürlich nur ein Notbehelf. In der Systemtheorie sind Systeme keine intelligenten Wesen, sondern ein XY, dem sich das Problem seiner Grenze stellt.

Auf die Frage des Systems: „Ist dies hier meine Grenze?" gibt es zwei Antwortmöglichkeiten: „Ja, hier höre ich auf" und „Nein, dies da gehört noch zu mir". An den Systemgrenzen finden **Selektionen** nach dem Schema ‚zugehörig/nicht zugehörig‘ statt. Was jenseits der Grenze liegt, nennen die heutigen Systemtheoretiker die **Umwelt**. Könnte das System sprechen, so würde es zur Umwelt sagen: „Du gehörst nicht zu mir. Du bist so ganz anders, nämlich chaotisch. Liebe Umwelt, was da bei dir los ist, das ist für mich als System ein absolut undurchsichtiges Gewimmel von Überraschungen. Ich muß meine ganze Intelligenz in Anschlag bringen, um mit diesen fremdartigen Überraschungen, die du mir bereitest, fertig zu werden. Ich muß auf dein Chaos mit einer Steigerung meiner Komplexität reagieren, um meine Grenzen zu erhalten. Das heißt, ich muß deine chaotische Komplexität an meinen Grenzen reduzieren (**Komplexitätsreduktion**). Von den tausend Worten, die du sagst, selektiere ich nur fünfzig heraus, mehr an eigener **Komplexitätssteigerung** schaffe ich nicht. Ohnehin ist dieser Selektionszwang, diese Dauerfrage ‚dazugehörig/nicht dazugehörig‘ sehr schwierig zu beantworten. Wäre ich nur ein einfaches System, wie z. B. ein Computer, wäre es ein Kinderspiel. Aber ich bin ein hochkomplexes Sozialsystem. Ich muß nicht dies und immer nur dies eine selektieren, sondern ich stehe voll im Risiko, das heißt in der völligen **Kontingenz**. Ich habe es nicht nur mit einem Zufall zu tun, sondern mit vielen. Ich muß zwar selektieren, sonst habe ich keine Grenzen und bin nichts, aber weder in deinem Chaos noch in meiner Komplexität steht geschrieben, daß nur diese Selektion möglich ist. Es könnte auch anders sein. Meine Beziehung zu dir, Umwelt, ist kontingent, weil zwischen dir und mir keine Kausalbeziehungen bestehen. Es ist nicht so, daß deine Überraschungen als Ursachen bei mir zu bestimmten Wirkungen gelangen, nein, es gibt keine Kausalität zwischen uns. Es gibt nur Selektion in Kontingenz. Es kann also immer alles ganz anders kommen. Dies ist also mein Sein. Ich bin ein **selbstreferentielles System**. Ich referiere, ich trage zurück, ich beziehe jede deiner Umweltüberraschungen auf die Steigerung meiner Komplexität. Mir geht es wie gestreßten Menschen. Streß ist nicht kausal rückführbar auf eine Ursache. Alles mögliche kann Streß auslösen. Man kennt die einzelnen Faktoren, die Streßmacher, man weiß auch, daß die Kumulation eine Rolle spielt. Aber wann der gestreßte Mensch umkippt und aus welchen Gründen, ist kontingent. Es hätte auch ganz anders kommen können", sprach Monsieur System zu Madame Umwelt, fuhr fort, seine Grenzen durch Selektion zu erhalten, differenzierte sich immer mehr in verschiedene Subsysteme, in Spezialisten für Spezialprobleme aus, das heißt, das System machte sich komplexer. Und wenn es nicht gestorben ist, dann lebt es heute noch.

Komplexität meint im Zusammenhang der Systemtheorie, daß im System nicht mehr jedes Element mit jedem verknüpft ist. Es sind einfach zu viele Elemente. Im System selber muß die Frage fortlaufend geklärt werden, was mit wem verbunden werden soll und was nicht. Für Problemlösungen wächst also die Zahl der Alternativen. Die Pferde werden häufiger gewechselt. Schaffen die Juristinnen es nicht, mit dem Verbrechen fertig zu werden, dann sind die Sozialarbeiter dran. Möglich, daß danach die Bestände von Kirchen aktiviert werden. Wenn die es nicht schaffen, kann wieder auf die harte Linie der Juristinnen geschaltet werden. Subsysteme rotieren gleichsam um die Probleme, und es kann passieren, daß sie dabei sich selbst und die Probleme vermehren. In komplexen Systemen gibt es koexistierende Alternativen von ‚Falken‘ und ‚Tauben‘, von ‚harter Linie‘ und ‚weicher Linie‘. Gegen die Überraschungen, die z. B. eigenartige Viruskrankheiten sozialen Systemen bereiten, werden nebeneinander existierende Möglichkeiten aktiviert, vom fast schon vergessenen Subsystem der Kräuterweiblein bis zu den raffiniertesten gentechnisch erzeugten Medikamenten. Diese Koexistenz ist eine Komplexitätssteigerung, weil *alternative Verbindungen* von Elementen möglich werden. Das soziale System kann also immer mehr. Es kann auch zwischen Umwelten unterscheiden. Zwischen einer Chaos-Umwelt und anderen Systemen in seiner Umwelt: biologischen Systemen, maschinellen Systemen, anderen sozialen Systemen und einer Chaos-Innenwelt, die man früher im Abendland als wichtigen Aspekt des Menschen betrachtet hatte. So können Systemtheoretiker heute sagen, daß das soziale System den Menschen zu seiner Umwelt hat. ‚Der Mensch‘, mit diesem chaotischen Mehrklang des Wortes, gehört zur Umwelt des Sozialsystems.

Literatur – Herbert Spencer, *The study of sociology*, Ann Arbor 1961; Bronislaw Malinowski, *Eine wissenschaftliche Theorie der Kultur und andere Aufsätze*, Frankfurt a. M. 1975; Talcott Parsons, *Zur Theorie sozialer Systeme*, Opladen 1976; W. Ross Ashby, *Einführung in die Kybernetik*, Frankfurt a. M. 1985; Niklas Luhmann, *Warum AGIL?*, in: KZfSS 40, 1988, H. 1, S. 127–139; ders., *Soziale Systeme. Grundriß einer allgemeinen Theorie*, Frankfurt a. M. 1984.

b) Soziale Strukturen

Es hat lange gedauert, bis die Termini ‚System‘ und ‚Struktur‘ auseinandergehalten werden konnten. So bezeichnete Parsons seine Theorie als „strukturell-funktionale Theorie“. Es war Luhmann, der bemängelte, hier läge noch eine Unklarheit prinzipieller Art: Nämlich ob man von Strukturen ausgeht und dann mögliche Funktionen entwirft, oder ob man von Systemfunktionen ausgeht und Strukturen zweitrangig einführt. Luhmann schlug vor, Parsons Theorie als eine „funktional-strukturelle“ und nicht als eine „strukturell-funktionale“ zu lesen. Das Problem ist als Henne-und-Ei-Problem weltbekannt. Solange es auf dem Markt für Henne und Eier verschiedene Preise gibt und in den Küchen mit beiden Substanzen unterschiedlich verfahren wird, ist das keine Bagatellfrage. Systemtheorien ordnen Strukturen dem System nach. *Strukturtheorien ordnen Strukturen dem System vor.* Strukturen haben es nicht wie Systeme mit dem Chaos zu tun. Für sie ist auch die Definition von Grenzen zweitrangig. Strukturen beziehen sich auf *Wiederholungen*. Der Gegenbegriff ist *Ereignis*. Struktur kommt vom lateinischen Verbum *struere*, das heißt bauen. Struktur bezeichnet die konkret gegebenen Bestandteile sowie die Relationen dieser Bestandteile. Zum Wortfeld Struktur gehören auch die Termini Konstruktion, Dekonstruktion und Strukturierung.

Der Gemüsemarkt auf dem Platz vor dem Freiburger Münster hat eine Struktur. Dazu gehören als Strukturbestandteile etwa die Verkaufsstände, die in einer wiederkehrenden Art aufgebaut werden. Die Wiederholungen sind nicht absolut identisch, es gibt geringfügige Abweichungen. Bei großem Angebot werden auch Kisten vor die Tische gestellt. Dennoch erkennt man, daß Elemente und Relationen sich wiederholen. Das Warenangebot folgt dem Rhythmus der Jahreszeiten. Man kann ungefähr sagen, wann die ersten deutschen Erdbeeren, wann Spargel auf den Markt kommt, wann Rosenkohl. Man kann auch ungefähr sagen, wann man auf die eingeflogenen Himbeeren ausweichen muß, wenn man sie unbedingt bei Frosttemperaturen haben will. An den Ständen tauchen mehr oder weniger regelmäßig dieselben Verkäuferinnen und Verkäufer auf. Aber es gibt auch immer wieder ‚neue Gesichter‘. Wer häufiger auf den Markt geht, kann die Einheimischen von der wechselnden Schar der Touristen unterscheiden. Von ihnen ist mancher vielleicht nur ein einziges Mal in seinem Leben für eine halbe Stunde dort. Auch die Schar der Touristen gehört zur Struktur des Marktes.

Bestandteile und Relationen wiederholen sich. Der Gemüsemarkt hat eine beschreibbare Struktur, und sie ermöglicht, Voraussagen zu machen. Alle Prognosen beruhen auf Strukturbeschreibungen. In etwa so wird der Gemüsemarkt am nächsten Samstag aussehen. Es wird sich nicht um eine identische Reproduktion handeln, so wie sie eine CD, die man mehrmals hören kann, bietet, sondern es handelt sich um eine sich wiederholende Struktur, die man noch einmal in Einzelstrukturen räumlicher Art, Warenangebot, Verkäufer, Käufer usw. auseinandernehmen kann. Wer zufällig samstags in Straßburg ist, wird dort etwas Ähnliches finden, ähnliche Strukturen auf dem Straßburger Münsterplatz.

Systemtheoretiker könnten versuchen, den Gemüsemarkt als sich selbst erhaltendes System, ein funktional gegliedertes Ganzes zu beschreiben. Die Differenz zu Strukturtheorien tritt erst dann genau zutage, wenn man auf die Gegenbegriffe Chaos bzw. Ereignis geht. Systemtheoretiker werden ihr Augenmerk auf den Erhalt der lebenswichtigen Funktionen richten. Das System ist immer irgendwie bedroht. Die Strukturtheoretikerin wird ihr Augenmerk auf Ereignisse richten. Ereignisse bedrohen Strukturen nicht. Ereignisse wird die Strukturtheoretikerin nicht als Anschläge auf das Funktionieren des Ganzen identifizieren, sondern – und dies ist die Pointe – als Phänomene, deren Status noch ungeklärt ist. An Ereignissen ist in der Hauptsache ungeklärt, ob sich das Ereignis wiederholt. Man könnte auch sagen, ein Ereignis ist etwas, von dem unklar ist, ob es sich wiederholt.

Systeme selektieren an ihren Grenzen nach dem Schema ‚zugehörig/nicht zugehörig‘. Es sind dies *definitive Entscheidungen*. ‚Dazugehörig‘

meint, etwas wird zum Aufbau innerer Komplexität verwandt; ‚nicht dazugehörig' meint, etwas wird in die Außenkomplexität des Umweltchaos zurückgestoßen. Zwischen Ausgrenzung und Vereinnahmung gibt es in Systemtheorien kein drittes. Bildlich gesprochen, könnte man sagen, die Überraschung aus dem Umweltchaos rennt so lange gegen das System, bis das System eine Komplexitätssteigerung erreicht hat, die es ihm erlaubt, die handverlesenen Überraschungen hereinzulassen. Systeme haben eine hohe Immunschwelle. Ein System folgt der Maxime: ‚Wehret den Anfängen, die zum Chaos führen'.

Man stelle sich eine studentische Massendemonstration gegen die Hochschulpolitik der Landesregierung vor. Die Vollversammlung der Studierenden hat beschlossen, wieder einmal auf die Straße zu gehen. Das Unternehmen hat eine Struktur, die man beschreiben kann. Das Ganze läuft so ab, wie viele andere Demonstrationen auch: Transparente, Sprechchöre, die Demonstranten mehr oder weniger in Reihen gehend, die Mitte der Straße ausfüllend. Der Systemtheoretiker könnte auch sagen, die einzelnen Teile haben ihre Funktion für das Ganze. Plötzlich fliegt ein Stein in die Schaufensterscheibe einer Bank. Wenn das Ganze als System betrachtet wird, ist die notwendige Reaktion klar: Gewalt war nicht beabsichtigt, dies hatte die Vollversammlung beschlossen, Gewalt bedroht das Ganze, jetzt gilt ‚Wehret den Anfängen'. Die Demonstrationsleitung wird aktiv, die Ordner als Subsysteme der Demonstrationsleitung bemühen sich unter Anwendung großer Spezialistenkompetenzen zu verhindern, daß das Ganze im Chaos versinkt.

Strukturtheoretisch müßte man etwas anders denken. Demonstrationen dieser Art haben eine Struktur. Jetzt dieser Steinwurf, das wäre das Ereignis, das aus der strukturellen Reihe herausfällt. Aber eines ist noch ungewiß, nämlich, ob sich das Ereignis wiederholt. Der Status des Steinwurfs ist noch nicht geklärt. Es ist noch nicht definitiv, ob es ein Anschlag aufs Ganze ist oder eine Marginalie, so wie das Erscheinen von nie gesehenen Blumen auf dem Freiburger Markt. Zur Parole ‚Wehret den Anfängen', die dem Systemtheoretiker leicht von den Lippen geht, würde die Strukturtheoretikerin sagen: ‚Was ist ein Anfang? Strukturen wiederholen sich. Der Anfang interessiert nicht so sehr.' Wenn ich von Struktur und Ereignis her denke, gilt eher die Maxime ‚Einmal ist keinmal'. Erst wenn sich der Steinwurf wiederholt, wenn eine andere Regelmäßigkeit in Erscheinung tritt, das heißt ein zweiter Steinwurf folgt, dann ein dritter, dann ein vierter – wenn also eine andere Struktur sich aufbaut, dann ist eine präzise Aussage möglich, näm-

lich die: Hier reißt etwas ein, die alte Struktur der Demonstration
bröckelt ab, und eine neue Struktur baut sich aus sich wiederholenden
Ereignissen auf.

Strukturen können sich wandeln. Systeme können nur ihre Identität
durchhalten oder untergehen. Denn bei Strukturen ist es nie ausgemacht, wie weit der Abriß alter Strukturen geht. Oft bleiben größere
unvollständige Reste stehen und werden überlagert von neuen Strukturen. In der Regel findet bei Strukturveränderungen sowieso kein Total-
abriß statt. Es gibt immer alte Wiederholungen, auf die zurückgegriffen werden kann. Wenn der Geldmarkt als System kollabiert und das
Wirtschaftssystem im Chaos versinkt, dann greifen die Individuen auf
längst abgerissene Strukturen der Wirtschaftstätigkeit zurück und
praktizieren den Naturalientausch.

Strenge Systemtheoretiker können sich den ungeklärten Status des
Ereignisses kaum leisten. In einem neuen Ereignis tritt etwas funktional Unnötiges auf. Einmal ist keinmal, das heißt, einmal ist gleichsam
luxurierend. Das neue Ereignis bekommt häufig gesagt: ‚Das war doch
nicht nötig‘. Diese Antwort erhalten der Steinewerfer und diejenige,
die uns mit einem Geschenk überrascht hat, das aus der sich wiederholenden Struktur der Geschenke fällt. Das Ereignis ist nicht nötig. Es
ist entbehrlich für die Reproduktion der alten Struktur, und es ist nicht
ausreichend für eine neue Struktur. Es ist ein seltsamer *Zwischenraum*,
der sich mit dem Ereignis auftut. Hier findet eine Verausgabung statt,
die keinen angestammten Platz hat und auch noch keinen neuen. Wozu
diese Verausgabung? Welche Funktion hat sie?

Das neue Ereignis ist immer ein Luxus. In Strukturtheorien ist ein
Moment möglich, das Systemtheorien entbehren. Die Formel ‚System-
erhalt gegen das Chaos‘ folgt einer Ökonomie des Mangels. Es geht
stets um lebenswichtige Funktionen, um Systemerfordernisse. Im
Funktionalismus gibt es nur Dinge, die sein müssen. Strukturtheorien
dagegen kennen den Luxus von Ereignissen, die als überflüssige anfallen. Sie folgen nicht allein der beschränkten Ökonomie des Mangels,
die immer nur vom Unentbehrlichen redet, sondern sie sagen uns: Nicht
alles ist funktional, es gibt die Verschwendung und die Souveränität.

Historisch haben sich Systemtheorien oft an Modellen orientiert, die
der Beschäftigung mit Lebewesen und ihnen analogen Automaten ent-
stammten. Strukturtheorien dagegen sind zuerst im Bereich der
Sprach- und Literaturwissenschaft entstanden und wurden von dort aus
auf soziale Phänomene übertragen. Wollte man diese Traditionen in
das Feld der Humanwissenschaften einordnen (vgl. S. 72), so wären

Systemtheorien dem Pol ‚Leben' und Strukturtheorien dem Pol ‚Sprache' zuzuordnen, während in Handlungstheorien viele Motive versammelt sind, die mit dem Menschen als arbeitendem, produzierendem Wesen zusammenhängen.

Stammväter struktureller Betrachtungsweisen sind der Genfer Linguist Ferdinand de Saussure (1857–1913) und die russischen Formalisten, die vor dem Ersten Weltkrieg Literatur nicht mehr nur nach Form und Inhalt, sondern nach Material und Struktur beschrieben. Roman Jakobson (1896–1982) gehört zu den jungen russischen Intellektuellen, deren avantgardistische Zirkel nach der Revolution der Bolschewiki unterdrückt wurden und die strukturalistisches Gedankengut zunächst nach Prag retteten und die dann 1938 vor den Truppen Hitlers in die USA weiterflohen. Die Begegnung zwischen Roman Jakobson und Claude Lévi-Strauss (geb. 1908) gehört zu den wichtigsten Ereignissen in der Geschichte des **Strukturalismus**. Für Lévi-Strauss, der in den dreißiger Jahren mehrere Expeditionen zu den Indianerstämmen des Mato Grosso unternommen hatte, waren die Modelle der strukturalistischen Linguisten ein ideales Instrumentarium, um die Strukturen der Verwandtschaft in einfachen Gesellschaften zu untersuchen. Damit unterschied er sich ganz bewußt von Funktionalisten, für die die einfachen Gesellschaften Ganzheiten waren, in denen jeder Brauch eine lebenswichtige Funktion hat. Für Lévi-Strauss ist es eine Banalität zu sagen, daß eine Gesellschaft funktioniere, und absurd ist die Behauptung, daß in einer Gesellschaft alles funktioniert. Zwischen der Banalität und der Absurdität, zu der der Funktionalismus verleitet, gibt es ein verborgenes Mittelfeld von Strukturen, die eine Rolle für das spielen, was funktioniert, aber auch für das, was nicht funktioniert.

Lévi-Strauss hat versucht, diese Strukturen als universelle, allen menschlichen Gesellschaften zugrunde liegenden Strukturen aufzufassen. Als Strukturtheoretiker stellt er nicht die vitale Frage: ‚Wie erhält sich eine Gesellschaft?', vielmehr geht er davon aus, daß sich die Menschen überall nur die sich wiederholende Frage gestellt haben: ‚Wie wird eine Gesellschaft geschaffen?'.

> Die fortschreitende Menschheit ist kaum einem Wesen ähnlich, das eine Treppe hinaufsteigt, d. h. mit jeder seiner Bewegungen den bereits zurückgelegten Stufen eine neue hinzufügt; sie läßt eher an einen Spieler denken, dessen Glück von mehreren Würfen abhängt und dem sich mit jedem Wurf immer neue Kombinationen bieten. Was er durch den einen gewinnt, kann er durch den anderen verlieren. Und nur von Zeit zu Zeit ist die Geschichte kumulativ, das

heißt, lassen sich die Zahlen zu einer günstigen Kombination addieren. (Claude Lévi-Strauss).

Die universalen Strukturen der menschlichen Gesellschaft können kaum aus einer lokalen Kultur wie der Europas heraus entwickelt werden. Auch ist im Herzen des brasilianischen Urwalds nicht die utopische Gesellschaft zu finden. Aber wenn es gelänge, die verschiedenen Würfelwürfe kennenzulernen, das heißt die verschiedenen Antworten auf die Frage ‚Wie wird eine Gesellschaft geschaffen?', dann entstünde eine Kompetenz, die es uns ermöglichen würde, nicht die fremden Gesellschaften, sondern unsere eigene zu reformieren:

> Denn dank einem umgekehrten Privileg können wir einzig die Gesellschaft, der wir angehören, verändern, ohne Gefahr zu laufen, sie zu zerstören; denn die Veränderungen, die wir einführen, kommen auch aus ihr selbst. (Claude Lévi-Strauss)

Für die Relativierung des geschichtlichen Fortschritts, die mit strukturalistischen Positionen zwangsläufig einhergeht, führt Lévi-Strauss das Argument an:

> Die Fortschrittsgläubigen setzen sich der Gefahr aus – gerade weil sie so wenig Aufhebens davon machen –, die ungeheuren Reichtümer zu übersehen, welche die Menschheit zu beiden Seiten jener schmalen Rille angehäuft hat, auf die allein sie ihre Blicke heften; indem sie die Bedeutung vergangener Bemühungen unterschätzen, entwerten sie all jene, die wir noch vor uns haben. Wenn die Menschen seit jeher nur eine einzige Aufgabe in Angriff genommen haben, nämlich eine Gesellschaft zu schaffen, in der es sich leben läßt, dann sind die Kräfte, die unsere ferneren Vorfahren angespornt haben, auch in uns gegenwärtig. Nichts ist verspielt; wir können alles von vorn anfangen. (Claude Lévi-Strauss)

Strukturen sind keine Gefängnisse; das Spiel geht weiter. Mit der strukturalistischen Perspektive kann freilich der Blick für gelungene oder mißratene gesellschaftliche Lösungen geschärft werden. Die schlechteste Lösung wäre dabei sicher, das Spiel abzubrechen oder Ideologien zu verbreiten, die vorgeben, das Spiel sei aus, man könne weder Strukturen vertrauen noch Ereignissen.

Wie die Systemtheorie hat auch der Strukturalismus in den sechziger Jahren wichtige Weiterentwicklungen erfahren. In der Kulturtheorie Michel Foucaults (1926–1984), die zum sogenannten **Poststrukturalismus** gerechnet wird, werden soziale Phänomene als Ereignisse und Ereignisserien unterschiedlichen Typs als *Diskursereignisse*, als *Machter-*

eignisse und als *Selbstereignisse* betrachtet. Wenn man sich vorstellt, in einem Raumschiff sitzend auf die globale Gesellschaft zuzufliegen, so wären aus der Ferne ein unendliches Rauschen von Aussagen, ein Stimmengewirr, ein Diskursgewimmel zu vernehmen, und man könnte beobachten, wie immer wieder Aussagen auf das Weiße eines Papiers oder einen PC-Schirm wandern und in Archiven landen. Von Ferne gesehen, besteht die globale Gesellschaft aber nicht nur aus solchen Diskursereignissen, sondern sie erscheint auch als ein Gewimmel von Machtrelationen, von Drohungen und Finten, von Überlistungen und Schädigungen, von Unterdrückung und Widerstand. Macht, Gegenmacht und Gegen-gegen-Macht stellen sich als ein Tauziehen in einem undurchsichtigen Netz mit unendlichen Fäden und Verknüpfungen dar. Schließlich erscheint die globale Gesellschaft von Ferne gesehen als ein immenses Laboratorium von Übungen, die Individuen an sich selbst und andern gegenüber praktizieren: Exerzitien der Leibeskontrolle, des Gefühlsmanagements, Praktiken der Lustgewinnung, der Fürsorge und der Sorge um sich selbst, sei es als Kathedralenbau an der eigenen Persönlichkeit oder als hartnäckige Anstrengung, sich in Masken zu verlieren. Gesellschaft, von Ferne betrachtet, erscheint so als ein Magma von Ereignissen dreierlei Typs: von Diskursereignissen, Machtereignissen und Selbstereignissen. Tritt man diesen rauschenden und wimmelnden Ereignissen näher, so kann man Ereignisserien identifizieren. Bei Foucault werden diese Serien kritisch-quer zu den Vorstellungen analysiert, die sich Gesellschaften von ihrer Ordnung machen.

Literatur – Claude Lévi-Strauss, *Traurige Tropen*, Frankfurt a. M. 1981; Pierre Bourdieu, *Strukturalismus und soziologische Wissenschaftstheorien*, in: ders., *Zur Soziologie der symbolischen Formen*, Frankfurt a. M. 1970; Michel Foucault, *Archäologie des Wissens*, Frankfurt a. M. 1973; Gilles Deleuze, Félix Guattari, *Tausend Plateaus (Kapitalismus und Schizophrenie II)*, Berlin 1992.

3. Soziale Normen

Statt vom ‚Subjektivismus‘ des Handelns oder vom ‚Objektivismus‘ der Systeme bzw. Strukturen her kann man Soziologie auch auf einen dritten Hauptbegriff aufbauen. Es war Emile Durkheim (1858–1917), der auf der Suche nach der Besonderheit sozialer Tatsachen auf einen Typ von eigenartigen Zwängen stieß, die weder organischer noch seelischer Herkunft waren.

> Wenn ich meine Pflichten als Bruder, Gatte oder Bürger erfülle oder wenn ich übernommene Verbindlichkeiten einlöse, so gehorche ich damit Pflichten, die außerhalb meiner Person und der Sphäre meines Willens im Recht und in der Sitte begründet sind. Selbst wenn sie mit meinen persönlichen Gefühlen im Einklange stehen und ich ihre Wirklichkeit im Innersten empfinde, so ist diese doch etwas Objektives. Denn nicht ich habe diese Pflichten geschaffen, ich habe sie vielmehr im Wege der Erziehung übernommen. (Emile Durkheim).

Soziale Normen erkennt man daran, daß in Fällen *abweichenden Verhaltens* negative *Sanktionen* auftreten. Von der grausamsten Folter, mit der der subjektive Einzelwille gebrochen werden soll, bis zu jenen peinlichen Situationen, in denen wir am Gelächter der anderen merken, daß wir gegen eine Vorschrift oder Sitte verstoßen haben, reichen die Sanktionen, mit denen soziale Normen bekräftigt werden. Durch Normen wird aber auch das Verhalten in Situationen festgelegt. Normen schaffen so etwas wie *Erwartbarkeiten*.

Hält man sich soziale Normen in verschiedenen Gesellschaften vor Augen, so trifft man eine ungeheure Vielfalt. Sie vermehrt sich noch einmal, wenn man den Blick in das Innere von einzelnen Gesellschaften richtet. In einem Zimmer ist etwas erlaubt, was nebenan schon wieder verboten ist. Soziale Normen sind *künstliche Regelungen*. Die Variationen im Hinblick darauf, was normiert ist und was nicht, sind immens. Dennoch gibt es zwei Bereiche, die in allen Gesellschaften in besonderer Weise normiert sind: der **Tod** und die **Sexualität**. Tiere verenden irgendwo, werden von Aasfressern verzehrt oder verwesen. Menschen sind in allen Gesellschaften verpflichtet, mit ihren Toten irgend etwas zu machen. Mit den Verboten und Geboten, die sich auf den Tod beziehen, nimmt sich die menschliche Gesellschaft aus dem normlosen Naturgeschehen heraus, sie setzt etwas künstlich geregeltes dagegen. Auf den Tod beziehen sich auch eine ganze Reihe von Normen, die die Tötung betreffen, Normen, die festlegen, wer getötet werden darf oder muß und wer nicht. In vergleichbar komplizierter Weise ist in allen menschlichen Gesellschaften die Sexualität normiert. In allen Gesellschaften ist der Inzest verboten, und darüber hinaus gibt es die kompliziertesten Normen darüber, welcher Mann wann was mit welcher Frau und welche Frau wann was mit welchem Mann tun darf oder nicht. Die Hauptmasse sozialer Normen und den höchsten Erfindungsreichtum finden wir um die Liebe und den Tod herum.

In vielen Gesellschaften sind es religiöse Vorschriften, die das Verhalten in diesen Bereichen regulieren. **Religionen** halten bis heute eine tiefe Beziehung zum Tod und zur Sexualität. Religonen wachen über die Verbote, aber sie eröffnen zuweilen auch selbst einen Raum für Übertretungen. In vormodernen Gesellschaften werden zu bestimmten Zeiten oder bei bestimmten Anlässen die normalerweise geltenden Normen außer Kraft gesetzt. Die *profane* Zeit des Alltags wird durch *heilige* Zeiten unterbrochen, in denen Dinge getan werden dürfen, die sonst verboten sind. Bei *Festen* sind soziale Turbulenzen erlaubt, in dieser Zeit dürfen Dinge geschehen, die aus dem Normrahmen herausfallen, sei es der exzessive Konsum von Rauschmitteln, sei es eine prunkhafte Vergeudung von Ressourcen, sei es eine außergewöhnliche erotische Freizügigkeit. Den Schlüssel für den Aufschluß und Abschluß der heiligen Festzeiten hüten meist religiöse Autoritäten. Die Religion ist jedoch auch notwendig, wenn das Verbot zu töten überschritten wird. Bis in die Gegenwart werden die Krieger gesegnet, wenn sie das Tötungsverbot im Krieg überschreiten.

Soziale Normen sollen von den jeweiligen Mitgliedern der Teilgruppe oder der Gesamtheit eingehalten werden. Aber es gibt keine menschliche Gesellschaft, in der nicht irgendein Feld vorgesehen ist, in dem Normen zeitweilig überschritten werden können. Es ist dies eine eminent menschliche Tatsache. Es ist menschlich, sich an soziale Normen zu binden und nicht wie die Tiere einer reinen Spontaneität zu folgen. Aber bei Menschen, die darauf beharren, man müßte sich immer und zu jeder Zeit ausschließlich an soziale Normen halten, wächst unaufhaltsam der Verdacht, daß hier unmenschliche Forderungen aufgestellt werden. Daß Menschen sich für besondere Situationen die *Überschreitung* von Verboten vorbehalten, macht ihre *Souveränität* und *Würde* aus. Phänomene der Überschreitung sozialer Normen rufen immer heftige emotionale Reaktionen hervor, die in extreme Richtungen gehen. Das einsame Genie wird bewundert, die heimliche Mordtat verabscheut. Kollektive Geschehnisse wie Krieg und Revolution, Aufruhr und Fest können Leidenschaften freisetzen, die ansteckend sind und die Individuen um ihren Verstand bringen. Dennoch wird die Erinnerung an sie in vielen Mythen festgehalten. Dies dient paradoxerweise gerade der Festigung der Bindung an soziale Normen.

Unter allen sozialen Normen ist die **Reziprozitätsnorm** die merkwürdigste. Wer etwas geschenkt bekommt, fühlt sich zu einem Gegengeschenk verpflichtet, zumindest dazu, ein „Dankeschön" zurückzugeben. Wird man gefragt, so ist die Verpflichtung zu antworten entstanden, der sich zu entziehen man besondere Gründe geltend machen muß. Die Gegenseitigkeitsnorm existiert in den einfachsten Gesellschaften und in den komplexesten. Sie ist eine totale soziale Tatsache, wie die menschliche Sprache auch. Ich tue etwas und verpflichte dich dadurch, etwas zu tun, was mich verpflichtet, dir etwas zu tun usw. usw. Hört einer auf, gibt er rein gar nichts zurück, so stirbt die soziale Beziehung.

Es gibt natürlich auch Leute, denen man Geschenke macht, und die – wie man so sagt – es eigentlich nicht nötig haben, Gegengeschenke zu machen, die nur ganz schwach erwidern. Möglich ist auch, daß sich das Gegengeschenk sehr verzögert. Vielleicht bekommt man es erst nach dem Tode im Himmel. Wir schenken und haben die Erwartung von Gegengeschenken. Wenn sich in solchen Erwartungen die Reziprozitäten aufstauen, geraten wir in einen Bereich, in dem es um *Macht* geht. Mächtige können die Einlösung von Reziprozitätsverpflichtungen verzögern. Sie machen dann Versprechungen von Kompensationen. Die Macht vieler *Ideologien* beruht auf Versprechungen derart: ,Irgendwann wird der Tag kommen, und ihr werdet alles doppelt und dreifach zurückbekommen. Schenkt mir wenigstens bis dahin euer Vertrauen!' Man wird vielleicht sogar sagen können, daß das Gefälle von Erwartung einer Gegengabe und ihrer mehr oder weniger verzögerten oder modifizierten Realisierung der gesellschaftliche Normalfall ist. Gabe und Gegengabe entsprechen einander nie haargenau. Wollte man dasselbe, was man geschenkt bekommen hat, zurückgeben, die Beleidigung könnte nicht größer sein.

Wo Gabe und Gegengabe sich zu typischen Mustern mit einem definierten Spielraum verdichten, entstehen **soziale Rollen**. Der Begriff Rolle kommt aus der Theaterwelt. Auf der Bühne sind Schauspieler nicht frei zu tun und zu lassen, was sie wollen, sondern sie folgen einem Skript, in dem das Rollenhandeln so vorgeschrieben ist, daß die eine Rolle auf das Gesamt der anderen Rollen so bezogen ist, daß daraus ein Stück wird.

Man kann die gesellschaftliche Wirklichkeit so betrachten, als ob wir alle Theater spielen. Die Rollenskripte sind freilich unterschiedlich lang ausformuliert. Detailliert sind die Normen für die Inhaber von *Positionen*, sei es, daß sie als Richterin in Verhandlungen oder als Barkeeper hinter der Theke handeln. Im Rollenskript für Straßenpassanten steht so wenig, daß eine Rolle kaum erkennbar ist. In manchen soziologischen Texten geht die Rollenbegeisterung so weit, daß man für das, was hinter allen Rollen liegt, sich noch eine „Ich-Rolle" konstruierte.

Oft wird für dies Jenseits aller Rollen, für das „Ich als ich" das Zauberwort **Identität** gebraucht. Dabei ist strittig, ob Identität als Fähigkeit, durch alle Rollenspiele hindurch eine innere Einheit und *Kontinuität* aufrechtzuerhalten, nicht mit den Bestrebungen des Selbst in Konflikt liegt, die die *Diskontinuität* sowie das Vermögen zur Plötzlichkeit und Einsamkeit für unverzichtbar behaupten. In der Rede von ‚Identität' ist auch ungeklärt, ob wir menschliche Freiheit mehr als *Autonomie* oder als *Souveränität* begreifen.

Soziale Normen begegnen dem Individuum, sobald es das Licht der Welt erblickt. Immer stehen Gesellschaften vor der Aufgabe, mit Kindern so umzugehen, daß sie das werden, was jeweils für erwachsen gehalten wird, und Kinder stehen vor der Aufgabe, die Zumutungen der Welt produktiv zu verarbeiten. Der Prozeß der **Sozialisation** verläuft in erstaunlich gleichförmigen Entwicklungsstufen, in denen schrittweise eine *Vergesellschaftung* des Einzelwesens erfolgt. In der Soziologie wird mit verschiedenen Sozialisationstheorien gearbeitet. In der *psychoanalytischen Theorie* Sigmund Freuds (1856–1939) spielen das Lustempfinden der Kinder und das Schicksal von intensiven Wünschen die Hauptrolle; in der *analytischen Ich-Psychologie* wird das Stärkenwachstum des Ich verfolgt; in der *genetischen Theorie* Jean Piagets (1896–1981) richtet sich das Augenmerk auf die Stufen der kognitiven Entwicklung. Es ist einsichtig, daß in allen Sozialisationstheorien das Hauptproblem darin besteht, ein Ende der Sozialisation einvernehmlich festzustellen. Es gibt Sozialisationsforscher, die dazu neigen, auch noch bei hochbetagten Menschen Sozialisationsdefizite festzustellen, für andere bleiben die Menschen irgendwo immer Kinder.

Es ist noch nicht allzulange her, da war das Stück, in dem ein neuer Erdenbürger anzutreten hatte, das **Familiendrama**, in dem Rollen von Vater, Mutter und Geschwistern in der Hauptsache genau vorgeschrieben waren. Der *Vater* sollte die Familie beschützen und durch seine Arbeit finanzieren; die *Mutter* stand ihm zur Seite, sorgte für ein schmuckes Heim und kümmerte sich um die *Kinder*, deren Verantwortung für die Familie nach dem Geschlecht, dem Alter und der Position in der Geschwisterreihe gestuft war. Ob man nun die Marginalisierung dieses Familiendramas als glücklichen Fortschritt oder beklagenswerten Rückschritt wertet, unbestritten ist, daß die Veränderung in der Hauptsache von den Frauen bewirkt wurde, die mit ihrem Rollenskript unzufrieden waren. Die *Entfamilialisierung* und *Pluralisierung von Haushaltsformen* gehört zu den spannendsten Sozialexperimenten der Gegenwart im Bereich sozialer Normen (vgl. S. 57).

Wer ein vorgegebenes Rollenskript unzumutbar findet, kann die Unzufriedenheit zu verbergen versuchen oder die Stimme erheben, um die Rolle zum *Thema einer öffentlichen Auseinandersetzung* zu machen. Soziale Rollen sind typisierte Reziprozitäten, die thematisiert werden können. Rollenverständnis und Rollenerwartungen können auf dem Wege kommunikativer Prozesse neu ausgehandelt werden. Jürgen Habermas (geb. 1929) hat die Tatsache, daß wir soziale Normen thematisieren können, auf die Idee gebracht, in der **Sprache** selbst Normen zu suchen, die von unüberbietbarer Verbindlichkeit sind. Normen der vernünftigen Rede könnten so eine basale Garantie für den fortlaufenden Prozeß: Normverbindlichkeit – kritische Normthematisierung – Verständigung – neue Normverbindlichkeit – neue kritische Normthematisierung – neue Verständigung usw. usw. abgeben.

Von besonderer Bedeutung für diese *Theorie kommunikativen Handelns* ist die These des Philosophen J. R. Searle, daß in allen Sprechhandlungen, die wir tun, drei Bestandteile anzutreffen sind. Wenn z. B. der Satz fällt: „Gestern habe ich gesehen, wie Klara dem Otto die Zunge herausgestreckt hat", so wird die Frage lauten: „Stimmt das wirklich, oder stimmt das nicht? Erzählst du mir Märchen oder die Wahrheit?" Dieser Sprechakt zielt auf die Dimension der *propositionalen Wahrheit*. Es könnte aber auch der Satz fallen: „Das, was Klara da gemacht hat, darfst du bei mir nicht tun, das verbiete ich!" Oder: „Ich verspreche dir, daß ich dir nie die Zunge herausstrecken werde!" Bei diesen Sätzen geht es nicht um wahr oder falsch, sondern um die Setzung oder Erfüllung von Normen. Solche Bestandteile in Kommunikationen zielen auf die Dimension der *normativen Richtigkeit*. Möglich ist aber auch, daß der Satz fällt: „Als ich dir neulich die Zunge herausgestreckt habe, hatte ich ein wahnsinnig tolles Gefühl der Befreiung! Unbeschreiblich schön! Ich habe mich echt cool gefühlt dabei. Das mußt du einfach verstehen!" Bei dieser Aussage geht es weder um die Dimension wahr/falsch noch um die Erfüllung von Normen, sondern um den Ausdruck subjektiver Empfindungen. Sätze wie diese zielen auf die Dimension der *expressiven Authentizität*.

Wer wollte, könnte unser ganzes Sprechen in diese drei Bestandteile zerlegen. Es wäre so, als ob wir immer nur drei Sätze sagten: „Ich erzähle dir, daß p." Oder: „Ich verspreche dir, daß q." Oder: „Ich gestehe dir, daß r." Für die Theorie sozialer Normen sind nun die Dimensionen von besonderer Wichtigkeit, in denen es um Versprechungen und Verpflichtungen geht. Fraglich ist, ob Sätze, in denen es um propositionale Wahrheit oder um expressive Authentizität geht, aus sich heraus die Kraft besitzen, einen Hörer zur Annahme der Botschaft zu motivieren. Erst wenn es normativ richtig ist, die propositionale Wahrheit anzuerkennen, hat diese eine Chance. Wenn normativ gilt: Wahrheit hat nichts Verpflichtendes, dann verliert die Unterscheidung von Wahr und Falsch ihre Kraft. Dasselbe könnte auch auf die expressive Authentizität angewandt werden. Wenn normativ gilt, daß z. B. Geständnisse nicht verpflichten oder das Zeigen echter Gefühle unter Simulationsverdacht gestellt wird, dann sind die entsprechenden Aussagen in den Wind gesprochen. Mit den verpflichtenden Bestandteilen der Rede ist ein Anspruch auf Gültigkeit verbunden, der sich auf die anderen beiden: propositionale Wahrheit und expressive Authentizität gebieterisch erstreckt. Man nennt dies einen **Geltungsanspruch**.

Damit in solchen Normen vernünftiger Rede eine Chance zur Verständigung ausgemacht werden kann, bedarf es nicht nur einer Reduktion von Gewalt und Herrschaft, sondern auch die Vertreibung von Aspekten menschlichen Handelns, die als *böser Wille* und *schlechte Laune* die Kommunikation verderben. Zudem steckt bei allen Verständigungsprozessen bekanntlich der Teufel im Detail. Die Thematisierung von Rollenskripten und sozialen Normen und ihre Modifikation in kommunikativen Prozessen setzt in diesem Modell einen Typ von Individuen voraus, der sich gegenseitig als in seiner Normalität *homogen* definiert. Im Kleingedruckten zum Kommunikationsvertrag steht geschrieben, daß das Anormale, mag es nun krankhaft, fremd oder feindlich erscheinen, in ein fernes Außen abgeschoben wird.

Soziale Normen unterhalten verschwiegene Beziehungen zu dem, was als *normal* gilt. Man kann die Beziehung beidseitig ausdrücken: Soziale Normen begründen die Normalität. Und: Die Normalität begründet soziale Normen. In modernen Gesellschaften ist eine teuflische Verwirrung entstanden, in der sich die *klinische Frage* und die *moralische Frage* miteinander austauschen können. In vormodernen Gesellschaften ist es der Souverän, der die Einhaltung der sozialen Normen des Rechts und der Gesetze garantiert. Wer sich an die Stelle des Souveräns setzt, der Königsmörder z. B., muß sterben. Michel Foucault (1926–1984) hat den Prozeß untersucht, in dem mit der Heraufkunft der modernen Gesellschaft zu den sozialen Normen *Normalisierungstechniken* hinzutreten, die auf die Herstellung eines sprach- und handlungsfähigen produktiven Individuums gerichtet sind: auf den gesunden Körper, die gesunde Seele, den gesunden Geist – eben das Normale. Es sind medizinische, psychologische und pädagogische Techniken, die in eigenartiger Vermischung normend, normierend und normalisie-

rend wirken. Die grausamen Sanktionen mutieren zu sanften Reha-
bilitationen. In der modernen Gesellschaft arbeitet ein weitverzweigtes
Netz von Institutionen an der Rehabilitation von Verhaltensauffällig-
keiten.

> Wir leben in der Gesellschaft des Richter-Professors, des Richter-Arz-
> tes, des Richter-Pädagogen, des Richter-Sozialarbeiters; sie alle arbei-
> ten für das Reich des Normativen; ihm unterwirft ein jeder an dem
> Platz, an dem er steht, den Körper, die Gesten, die Verhaltensweisen,
> die Fähigkeiten, die Leistungen. (Michel Foucault).

Die Frage nach der Anerkennungswürdigkeit dieses Reichs des Normativen aufzuwerfen ist überaus mühsam, weil hier nicht Sprache allein
im Spiel ist, sondern es um die **Gesundheit** geht. In einer Zeit, in der
Gen-Forscher mit klinischem Blick dabei sind, Tafeln für die menschlichen Norm-Gene und ihre krankhaften Abweichungen zu diskutieren,
in der es zur Norm werden kann, nur Kinder mit solchen Gen-Merk-
malen auf die Welt zu lassen, die mit Plastik, Asbest, Ozon-Löchern
oder Unistreß auf eine normale Weise zurechtkommen, ohne zu Pathologien zu neigen, bilden soziale Normen und Gesundheit ein hoch-
brisantes Gemisch.

Literatur – Emile Durkheim, *Die Regeln der soziologischen Methode*,
Frankfurt a. M. 1991; Heinrich Popitz, *Die normative Konstruktion von
Gesellschaft*, Tübingen 1980; Marcel Mauss, *Die Gabe. Form und Funk-
tion des Austauschs in archaischen Gesellschaften*, Frankfurt a. M. 1968;
Jean Baudrillard, *Der symbolische Tausch und der Tod*, München 1982;
Jürgen Habermas, *Theorie kommunikativen Handelns*, 2 Bde., Frankfurt
a. M. 1981; Michel Foucault, *Überwachen und Strafen. Die Geburt des
Gefängnisses*, Frankfurt a. M. 1977.

In den drei Soziologien wird jeweils ein Hauptbegriff als Fundament
gewählt, und auf ihm werden die anderen aufgebaut. Das heißt, Handlungen haben in Normtheorien eine etwas andere Stellung als in Sy-
stem- oder Strukturtheorien, und strukturelle bzw. systemische Zusammenhänge erscheinen bei Handlungstheoretikern etwas anders als bei
Normtheoretikerinnen, usw. Welcher Begriff auch immer fundamen-
talisiert wird, jede Großtheorie bleibt jedoch, wenn sie fortgeführt werden soll, zutiefst von dem abhängig, was jeweils aus ihrer Sicht das
Zweitrangige, Drittrangige oder Entbehrliche ist. In diesen netzartigen
Abhängigkeiten ist das auf dem Weg, was man die *eine Soziologie* nennen könnte. Sie zeigt sich weder in lautstark annoncierten Gründungs-

manifesten noch in den kleinmütigen Appellen nach mehr Disziplin in der Soziologie und schon gar nicht in den Ausgrenzungstaktiken und Ausbürgerungstribunalen, mit denen das vermeintlich Nicht-Soziologische gebannt werden soll. Die eine Soziologie ist eher jenem berühmten Shakespeareschen Maulwurf vergleichbar, der die oberflächlich eingezeichneten Grenzmarkierungen längst unsichtbar unterminiert hat, weil er Abhängigkeiten folgt, die der Oberfläche nebensächlich sind. Schließlich kann gesagt werden: Ebenso wie die Abhängigkeiten zwischen Handeln, System/Struktur und Norm gerade dort tragend sind, wo sie zweitrangig behandelt werden, so braucht Soziologie als Fach die ganze Universität als das sie tragende Netz. Die eine Soziologie ist nicht zuletzt in ihrer *Interdisziplinarität* auf dem Weg, sei es, daß Soziologen fremdfachliche Denkweisen adaptieren, sei es, daß Soziologisches sich in andere Fächer übersetzt. Der einen Soziologie wird gewahr, wer den Bick auch auf die jeweils verfemten Teile richtet.

C. Soziologie als Studium

Ein Großteil der Schwierigkeiten, denen sich diejenigen gegenübersehen, die ein Studium der Soziologie aufnehmen, liegen nicht im engeren fachlichen Bereich, sondern hängen mit der Situation des Übergangs von der Schule zur Universität und dem heutigen Zustand, in dem sich das Bildungssystem befindet, zusammen. Über das Studium Soziologie zu informieren heißt daher zunächst, über Studium und Universität im allgemeinen zu informieren. Dies zu tun und dabei den politischen Zorn im Zaum zu halten muß jemandem schwerfallen, dem die Verteidigung der Autonomie der Universität am Herzen liegt, weil er hierin eine unverzichtbare Voraussetzung für ein selbstbestimmtes Studium und die freie wissenschaftliche Wahrheitssuche sieht. Bei meiner Anhänglichkeit an diese altmodische Utopie lassen sich manche Schärfen in der Wortwahl nicht vermeiden. Wie jede Autonomie hat auch die Autonomie der Universität ihre Feinde, die angegriffen sein wollen.

Die Ausführungen zu Studienregelungen im Bereich Soziologie und zu den Studienzielen/Studiengängen (vgl. S. 181) sind absichtlich knapp gehalten. Inzwischen hat jede Universität eine ZSB (Zentrale Studienberatung) eingerichtet, die auf Anfrage alle erforderlichen Merkblätter verschickt (Anschrift z. B.: Universität Atlantis, Zentrale Studienberatung, PLZ Atlantis, Postfach). Man kann auch zum örtlichen Arbeitsamt gehen und dort die Studienberater bitten, im System „Kurs – die Datenbank für Aus- und Weiterbildung" nachzuschauen, wie bestimmte Studien-Abschnitte im Detail geregelt sind. Voraussetzung für solche Nachfragen sind vergleichende Informationen zu den Studienorten, an denen Soziologie in Deutschland studiert werden kann (vgl. S. 186). Nach wie vor wird das Studium der Soziologie in der Hauptsache durch die Personen geprägt und repräsentiert, die konkret vor Ort als Soziologinnen und Soziologen forschen und lehren. – Die Ratschäge zum Einstieg (vgl. S. 195) konzentrieren sich auf das erste Studienjahr.

I. Schule und Universität

1. Die verwischten Unterschiede

Wie man die Veränderungen in den Abi-Festlichkeiten der letzten Jahrzehnte deuten soll, ist noch ungewiß. Aus den sittsam gereimten Scherzgedichten auf mehr oder weniger geliebte Lehrpersonen sind fernsehreife Aktionen wie die Installation eines PKWs auf dem Schuldach oder die Auslegung der langen Schulflure mit Teelichtern geworden. So sehr der Abschied von der Schule und der bei Männern durch Wehrpflicht oder Zivildienst verzögerte Eintritt in die Universität als lebensgeschichtlich wichtiger Einschnitt erfahren wird, Universität und Schule leiden an der Verwischung der Unterschiede, die beiden Institutionen erst ihren Sinn geben.

Studienanfänger sind zunächst beeindruckt vom Unterschied der Größe. Auch wer von einer Schule mit 2000 Schülern kommt, empfindet Universitäten als riesige Einrichtungen. Zu den Todsünden deutscher Hochschulplaner gehört ihr Verzicht, bei Einrichtungen, die von 7000 Personen genutzt werden, mit der Gründung einer Paralleleinrichtung in derselben Stadt zu beginnen. Statt dessen sind an einigen Orten auch noch ehemals selbständige Einrichtungen wie Pädagogische Hochschulen und Fachhochschulen zu Gesamthochschulen unförmiger Größe fusioniert worden. Gebilde mit 15 000 bis 25 000 Studierenden degenerieren zwangsläufig zu Bildungsfabriken. Wer heute an eine solche Bildungsfabrik gerät, dem stellt sich die schwere Aufgabe, darin die Universität zu suchen.

Auf diese Aufgabe sind Studienanfänger, die die zu Beginn der siebziger Jahre reformierte Oberstufe deutscher Gymnasien durchlaufen haben, oft unzureichend vorbereitet. Man wollte damals Organisationsprinzipien der Universitäten in die Oberstufe vorverlagern, ohne über die notwendigen personellen und sachlichen Mittel zu verfügen. Die halbe und schiefe Reform wurde auch dann noch beibehalten, als mehr und mehr Fächer an Universitäten den numerus clausus einführten. So waren alle Voraussetzungen für die Jagd nach Punkten gegeben, für die taktischen Kombinationen von Kursen und das durch keine Solidarität im festen Klassenverband des Jahrgangs gehemmte Einzelkämpfertum. Auf die Studienanfänger, die durch die simulierte Mini-Universität an der Oberstufe gekurvt waren, reagierten die Universitäten

mit der Verschulung der Studieneingangsphase und dann der ersten
Hälfte des Studiums. Während es zuvor selbstverständlich war, daß
Schulen von Kindern und Jugendlichen, Universitäten dagegen von Er-
wachsenen besucht werden, hielt eine entmündigende Pädagogisierung
und Didaktisierung Einzug in die Universität.

Um in den heutigen Lernfabriken die Universität zu finden, ist es
unerläßlich, sich für sich selbst den Unterschied von Schule und Universität klarzumachen. Die Schule beginnt mit der Schulpflicht, deren
Erfüllung mit staatlichen Gewaltmitteln durchgesetzt werden kann,
wenn ihr nicht Folge geleistet wird. Die europäischen Universitäten
haben dagegen einen jahrhundertelangen Kampf gegen kirchliche und
staatliche Bevormundungen hinter sich. Zwischen der **akademischen
Freiheit** und dem **pädagogischen Regime** der Schule kann man sich den
Unterschied gar nicht groß genug vorstellen.

In der schulischen Organisationsform bleiben die Kinder und Jugendlichen in der Regel in ihrem Klassenraum, und die Fachlehrer kommen nach einem virtuell für alle geltenden Stundenplan in die Klasse.
Was sie lehren, ist von der Landesregierung vorgeschrieben. Dafür, daß
die Lehrer das Richtige lehren, ist der Direktor verantwortlich, und
über ihm wacht die Schulaufsicht. Die Leistungen werden in der Form
von Klassenarbeiten abgeprüft, die an zuvor benannten Vormittagen in
der Schule geschrieben werden. Die Zahl der Klassenarbeiten ist vorgeschrieben. Von Stunde zu Stunde gibt es ziemlich genau umrissene
Aufgaben, die zuhause erledigt werden. Alles, was in der Schule passiert, ist durch ein Gebirge von ministeriellen Erlassen verregelt.

Die universitäre Organisationsform ist in wesentlichen Punkten das
genaue Gegenteil der Schule. Die Studierenden immatrikulieren sich
an einer Universität und erwerben damit das Recht, an allen Zusam-
menkünften von Lehrenden und Lernenden dieser Universität teilzunehmen. Sie können dies so oft und so lange tun, wie sie es in selbst-
verantwortlicher Einschätzung ihrer Studienfortschritte wollen. Wann
wo wer zusammenkommt und welches Thema verhandelt wird, darüber
gibt das Vorlesungsverzeichnis Auskunft. Wenn es für einzelne Treffen
Teilnahmebeschränkungen oder Anmeldungspflichten gibt, so ist dies
hier oder an den diversen schwarzen Brettern der Professoren, Institute
oder Seminare vermerkt. Was die Bewegungsrichtung angeht, so könnte man – wenn Lehrer Propheten wären – sagen: an der Schule geht der
Prophet zum Berg, an der Universität der Berg zum Propheten. Studierenden wird mitunter eine beachtliche Wegstreckenleistung von Treffen zu Treffen abverlangt. Für ihren Stundenplan sind die einzelnen

selbst verantwortlich. Die Themen, die bei den Treffen behandelt werden, haben sich die Lehrenden einzeln, in Absprache untereinander oder auch mit den Studierenden vorgenommen. Im Unterschied zur Schule kann niemand gezwungen werden, ein bestimmtes Thema zu behandeln, und niemandem kann verboten werden, ein neues Thema einzuführen. Die Themen verändern sich zum Teil im beschleunigten Rhythmus, weil Universitäten die Stätten sind, in denen die Revolutionierung des Wissens ihre Quelle hat. Diese Dynamik und Spontaneität ist vielen Politikern ein Dorn im Auge, weil sie als verfassungsmäßig garantierte *Freiheit der Wissenschaft* ihrem Einflußstreben Schranken setzt.

Im Unterschied zur Schule ist es nicht die Hauptaufgabe der Hochschullehrer, zu lehren. Die deutschen Universitäten, um die uns viele andere Nationen beneiden, zeichnen sich seit den Reformen zu Beginn des neunzehnten Jahrhunderts durch die Idee der *Einheit von Forschung und Lehre* aus. An Universitäten soll nur lehren, wer forscht. Wer nur lehren will oder kann, ist an Universitäten fehl plaziert. Er gehört an die Schule als den Ort, an dem ausschließlich gelehrt wird. Wer also in der Lernfabrik die Universität finden will, muß sich auf die Suche nach der Forschung machen. Wer wissen will, was der einzelne Professor forscht, muß in die Bibliothek gehen und sich die unter dem jeweiligen Namen versammelte Literatur ansehen. Es gehört zum Lebensprinzip der Universität, daß das neue Wissen, das durch Forschung gewonnen wird, Vorrang vor dem alten hat. Darum gilt in der Regel: Je stärker Studieninhalte fixiert werden, um so mehr ist der universitäre Geist auf dem Rückzug und der schulische Geist im Vormarsch.

Wenn in der Schule die Solidarität des Klassenverbands, die den Wettstreit um gute Leistungen zivilisiert, zum Modus des Lernens gehört, so ist es an den Universitäten im Gegenteil die *Einsamkeit*, die die wesentliche Voraussetzung für eine ertragreiche Kopfarbeit ist. Die Treffen zwischen Lehrenden und Lernenden haben genaugenommen nur die Funktion, die in Einsamkeit und Freiheit gewonnenen Resultate geistiger Arbeit zu überprüfen und Anstöße für ihre Fortsetzung zu geben. Ein effektives Studium im Bereich der Kultur- und Humanwissenschaften bedarf im Prinzip nur sehr weniger Zusammenkünfte im Monat. Denn die Hauptsache des Studiums, das Lesen von Büchern und das Schreiben von Texten, kann nur in Einsamkeit geschehen. Auch dieser Sachverhalt ist vielen Politikern ein Dorn im Auge, weil sich dies intellektuelle Geschehen ihrer Kontrolle und Steuerung entzieht.

Die Verwischung des Unterschieds zwischen Schule und Universität durch das Kurssystem der Oberstufe und die Verschulung der universitären Eingangsphase hatte unter anderem auch den Effekt, daß die an der Schule erworbene Technik, durch Punkt- und Kursakrobatik den geringsten Aufwand mit der größtmöglichen Annehmlichkeit und der höchstmöglichen Punktzahl zu verbinden, nunmehr an der Universität weiter praktiziert wurde. Es wurde mit universitären Lehrveranstaltungen so jongliert, als ob es sich um Oberstufenkurse handelte. Bis begriffen war, daß Studium gerade nicht das Herumsitzen in Lehrveranstaltungen, sondern das Lesen und Durcharbeiten empfohlener Bücher und das Aufschreiben von Gedanken meint, daß also Studium im *Studierzimmer* stattfindet, vergingen frustrierende Monate in hoffnungslos überfüllten Universitätsräumen. Nicht wenige glaubten sogar, die Zeit, die nicht durch Lehrveranstaltungen belegt war, wäre die ideale Zeit zum Jobben. Die Konsequenz war eine enorme Aufblähung der Bereiche, in denen nicht studiert, sondern nur Universitätsräume bevölkert wurden.

2. Die Krise der Universität

Die Zahl der Hochschullehrer, die ein geschärftes Bewußtsein für hochschulpolitische Zusammenhänge besitzen, ist immer sehr gering gewesen. In seinen Idealen folgt der deutsche Professor ausschließlich seiner Wissenschaft. Daß er dazu empirisch einer Institution bedarf, die verteidigt werden will, ist in der Regel verdrängt. Entweder folgt er willig allen Vorlagen der Landesregierung, oder er fühlt sich über diese so erhaben, daß es nicht einmal bei idiotischen Zumutungen zu einer Rückfrage im Ministerium kommt.

Professorenmut gegenüber der Regierung ist leider ebenso selten wie der gegenüber Studierenden. Wo es nötig wäre, einzelnen schon recht früh zu sagen, daß sie den Anforderungen des Faches oder eines Universitätsstudiums kaum gewachsen sind, werden Noten als Tranquilizer verabreicht, während gleichzeitig die Menge der Studienabbrecher wächst. Über Jahrzehnte haben Profesoren gegenüber ihren Studenten die Illusion genährt, sich „nebenbei" Geld zu verdienen habe keinen negativen Einfluß auf die Studienleistungen, um jetzt verwundert festzustellen, daß sie im Unterschied zur Schule mit ihren ‚Vollzeitschülern' nun mehr und mehr mit ‚Teilzeitstudenten' befaßt sind. Statt Schülern und Lehrern der gymnasialen Oberstufe zu sagen, was man können muß, wenn man studieren will, haben es Professoren zugelassen, daß der Nachhilfeunterricht für die Studierfähigkeit in die erste Hälfte des Studiums verlegt wird. Statt entschieden den Ausbau eines reich gegliederten Fachhochschulsystems als Regelhochschule einer modernen Gesellschaft, in der die überwältigende Mehrheit eines Jahrgangs studiert, zu fordern, haben Professoren geglaubt, durch die bewußte Überlastung der Universität dem Nachwuchs etwas Gutes zu tun. Es gibt heute noch Professoren, die sich stolz rühmen, Seminarveranstaltungen, in denen das intensive Gespräch zwischen Lehrenden und Lernenden stattfinden soll, mit zweihundert Teilnehmern durchgeführt zu haben. Sie weisen den Gedanken an Zulassungsbeschränkungen entrüstet von sich und erhalten dafür den Beifall der durch Fehlinformation betrogenen Studierenden.

Versucht man, die Tiefenschichten der gegenwärtigen Krise der Universitäten freizulegen, so stößt man auf recht einfach zu benennende, aber nicht leicht zu behebende Gründe. 1977 beschlossen die Regierungen, die Universitäten trotz ihrer damaligen extremen Überfüllung prinzipiell für alle Studierwilligen offenzuhalten. Die Mehrheit der Hochschullehrer war bereit, eine Zeitlang einer sogenannten „Überlastquote" von Studierwilligen an den Universitäten eine Bildungs- und Ausbildungschance zu geben, bis der Staat mit dem Ausbau der Universitäten nachgekommen und sich der „Studentenboom" verringert haben sollte. In der Folgezeit (von 1977 bis 1990) hat sich die Zahl der Studienanfänger um 73 % und die Zahl der Lehrenden dagegen um 7 % vermehrt. Die Statistiker und Prognostiker hatten sich mit ihren Annahmen über eine Abnahme der Studierwünsche geirrt. Trotzdem haben die Politiker die Universitäten Jahr für Jahr unerbittlich unterfinanziert. Sie konnten sich dabei auf das Urteil des Bundesverfassungsgerichts von 1972 berufen, wonach bei einer Übernachfrage nach Studienplätzen die Universitäten so erschöpfend zu nutzen seien, daß sie eine *gerade noch ausreichende Ausbildung* vermitteln.

Diese unangenehmen, aber im Kern recht einfachen Zusammenhänge werden nun immer wieder von Ersatzthemen überlagert. Dazu gehört die Debatte über die *langen Studienzeiten*. Einige Hochschulpolitiker meinten, die erschöpfende Nutzung der Universitäten könne gesteigert werden, wenn Studierende schneller studierten. Dagegen ist zu sagen, daß eine lange Studienzeit für den einzelnen erfahrungsgemäß zu erheblichen Nachteilen bei der Berufseinmündung führt und deshalb vermieden werden sollte. Die Annahme, daß es ausgerechnet die „bummelnden Studenten" sein sollen, die anderen Plätze und Bücher wegnehmen und einer erschöpfenden Nutzung der Universitäten im Wege stehen, ist offenkundig abwegig. – Seit einiger Zeit hat sich die Debatte auf das Ersatzthema *Verbesserung der Lehre* verlagert. Einige Hochschulpolitiker meinten, durch eine umfangmäßige Beschränkung des Lehrstoffs die Kriterien für eine gerade noch ausreichende Ausbildung senken zu können, um so den Studierenden-Durchlauf durch die Lernfabrik zu erhöhen. Da nun die *Zwangsexmatrikulation*, das heißt der Rausschmiß nach neun Semestern als Radikalkur zur Verkürzung der langen Studienzeiten, bisher am Widerstand der Studierenden gescheitert ist, haben die Regierungen seit Jahren von den Professoren die Vermehrung von Regeln eingefordert, die die einzelnen Studienschritte festlegen. Die Regierungen sind dazu übergegangen, ihre Stellenvergabe, die Kürzungspolitik und die Vergabe von Sondermitteln für wissenschaftliche Zwecke an die Erfüllung von Maßnahmen zur sogenannten „Studienreform", „Verbesserung der Lehre", „Entrümpelung von Studiengängen" zu binden, und erpressen durch sachfremde Koppelungen einen Teil der Hochschullehrerschaft.

Dagegen ist zu sagen, daß für ein sinnvolles Studium wenige verbindliche Regelungen reichen. Kein vernünftiger Mensch kann gegen Empfehlungen und Ratschläge, das Studium in einer bestimmten Weise anzulegen, etwas einwenden, wenn der Hauptgesichtspunkt klar hervortritt, daß Studierende in ihrer Urteilsfähigkeit gegenüber der Qualität der vorgeschlagenen Empfehlungen und Studienmodelle gestärkt werden. Die Hauptmasse der eingeführten Regeln sind jedoch nicht von diesem Geist getragen. Hier wurden zahllose Jahre mit teuer bezahlter Arbeitszeit von Beamten dafür ausgegeben, Dinge festzulegen, die nicht dem Hauch einer kritischen Frage standzuhalten vermögen. Um nur ein einziges Beispiel zu geben, sei die Rahmenregelung genannt, daß das Praktikum nicht nach, sondern vor der Zwischenprüfung gemacht werden muß. Dabei ist es offensichtlich, daß es in vielen Fällen sinnvoller sein kann, das Praktikum im Zusammenhang des Hauptstudiums zu absolvieren, weil man z. B. näher an Fragen der Berufsfelderkundung ist. Ebenso offensichtlich ist, daß es im Kern keinen einzigen haltbaren Grund dafür gibt, den Zeitpunkt des Praktikums zu reglementieren. Was den Regelungswahn angeht, so ist inzwischen ein Zustand erreicht, in dem auf den Autobahnen mehr Liberalität möglich ist als an Universitäten. Obwohl Autobahnen mit immensen Summen von Steuerzahlern finanziert wurden und werden, schreibt hier keiner vor, daß man nicht langsam fahren, nicht dieselbe Strecke zweimal zurücklegen oder Umwege nehmen darf.

Wer in den heutigen Lernfabriken die Universität finden will, tut also gut daran, sich mit der Hochschulpolitik zu befassen. Gerade für Soziologinnen und Soziologen in den ersten Semestern sind die Auseinandersetzungen um die Universitäten ein spannendes Feld für Erkundungen. Erst wer sich klug gemacht hat, auf welche erfahrenen Zwänge welche Angehörigen der Universität wie reagieren und welche Strategien gesellschaftlicher Gruppen, in deren Horizont Universitäten eine Rolle spielen, existieren, wird Anhaltspunkte dafür finden, wo die auf den ersten Blick in den endlosen Gängen und Sälen verborgene Universität zu finden ist.

Die Tragödie von Überlast und Unterfinanzierung, die Perversion der Reformideen in Regelungswahn und der Zynismus der Macht haben viele, die jetzt an den Universitäten forschen und lehren, in die Resignation gezwungen. Darunter sind aber an allen Universitäten auch noch jene, die den Traum von einer *Renaissance der Universität* nicht ganz vergessen haben. An den meisten Orten gibt es „invisible colleges", die sich in den Kulissen der Hochschule versteckt halten und sich für das Überleben autonomer Geistigkeit verantwortlich fühlen. Diese Netzwerke zu finden gelingt erfahrungsgemäß den Studierenden, die die Basis ihres Studiums im eigenen Studierzimmer haben und von dort aus ihre selbst erarbeiteten Fragen stellen. Es gelingt auch denen einfacher, die lieber ein Treffen selber organisieren und diejenigen einladen, von denen sie weiterführende Beiträge erwarten, statt dem verschulten Trott noch in einem Alter zu folgen, da man diese Art, etwas zu lernen, hinter sich haben sollte.

3. Das Leben der Studierenden

Studieren kostet Geld. Ob ein Studium billig oder teuer ist, ist eine Frage der Perspektive. In einer ganzen Reihe von Ländern müssen für jedes studierte Semester zum Teil erhebliche Gebühren in die Universitätskasse gezahlt werden. In dieser Hinsicht ist Deutschland ein Billigstudium-Land. Dies entlastet den privaten Geldbeutel der Studierenden. Sie kommen dadurch aber auch nicht in den Genuß der engagierten Serviceleistungen, zu denen z. B. die US-amerikanischen Professoren in der Lage sind, deren Einkommen auch von der Zufriedenheit der Studierenden abhängt. Ein Billigbildungsland ist Deutschland auch im internationalen Vergleich der Prokopfquote des Bruttosozialprodukts, die für Bildung ausgegeben wird. Deutschland liegt 1993 vor Griechenland, Spanien und der Türkei an viertletzter Stelle. Ob die Einblendung von Werbespots in gut bezahlte Lehrveranstaltungen, die 1994 an der TU Dresden Premiere hatte, der richtige Weg zur Aufbesserung der Universitätskasse ist, bleibt fraglich.

Aus der privaten Froschperspektive kann man sich streiten, ob ein Studium die Summe kostet, die altersgleiche, nicht studierende Erwerbstätige in derselben Zeit durchschnittlich verdienen, oder ob sie nur das zum Lebensunterhalt Nötige kostet. Der Streit wirft komplizierte ethische und weltanschauliche Fragen auf und wird in der Regel von den einzelnen danach entschieden, ob sie meinen, sie schulden der Welt etwas oder die Welt ihnen. Die gängige Erwartung, daß sich die privaten Kosten der Ausbildung als Investitionen im späteren Berufsleben finanziell rentieren, mag sich bei manchen Berufen in der Hälfte des Lebens oder im letzten Lebensdrittel erfüllen. Der Durchschnitt der Soziologinnen und Soziologen wird jedoch erfahrungsgemäß einen durchschnittlich verdienenden Facharbeiter in der finanziellen Lebensbilanz nicht wesentlich überrunden. Diejenigen, die schon jetzt wissen, daß es für sie auf dieser Erde nur sehr wenige zumutbare Erwerbstätigkeiten gibt, kalkulieren entweder, daß ihnen eine spätere Arbeitslosigkeit erspart wird, wenn sie studieren, oder daß ihre spätere berufliche Unvermittelbarkeit durch Aufnahme eines Studiums erhöht wird. In beiden Versionen kommen sie finanziell nicht auf ihre Kosten.

Der Gewinn, den ein Studium einbringt, besteht aus **symbolischem Kapital**, dessen spätere Konvertierbarkeit in **ökonomisches Kapital** ungewiß ist. Seit Generationen haben Studierende in der Regel wenig Geld. Sie haben dies immer wieder kompensiert, indem sie einen eigenen Lebensstil abweichend von Normen der Standesgemäßheit oder des konformen Massengeschmacks mit viel Improvisation, billig aber phantasiereich, entwickelt haben. Aus der Not des Geldmangels ist vielleicht auch die Fähigkeit zu einer gewissen Askese erwachsen, die ebenfalls über Generationen an Universitäten thematisiert wurde und als Mittel zur Erregung geistiger Vermögen diente. *Plenus venter non studet libenter*, reimten Studierende bereits im Mittelalter.

Was Studierende zum Lebensunterhalt bis heute am meisten brauchen, ist Phantasie und Askese. Beides ist aber in der Gegenwartsgesellschaft eine sehr knappe Ressource geworden. Seit Jahren warten die Etablierten vergeblich auf studentische Innovationen, sei es auf neue Ideen für die Klamottenbranche, die Möbelindustrie und das Lifestyle-Gewerbe, oder sei es auf die Kreation neuer Erzählungen, neuer Listen und neuer Utopien. Das studentische Phantasiepotential ist oftmals in einer Talsohle, wenn der studentische Konsum boomt und asketische Ideale belächelt werden.

Diese Umstände haben mit dazugeführt, daß die alten Nebenbeschäftigungen von Studierenden inzwischen zu einem wachsenden System von saisonalen oder Teilzeiterwerbstätigkeiten mutiert sind. 1994 entsprachen die Studi-Jobs statistisch zusammengerechnet dem Gegenwert von ca. 300 000 Vollzeit-Arbeitsplätzen. Die Quote derer, die auch im Semester jobben, liegt in einigen Großstädten bereits bei 60 %. Damit setzen sie zum Teil eine Praxis aus ihrer Schulzeit fort, die bereits den Kinderschutzbund zu Protesten gegen verbotene Kinderarbeit und Arbeitsstreß in den Schulferien veranlaßt hat. Das Geld wird gebraucht, um den Lebensstandard zu sichern, den die einzelnen und ihre Freunde für nötig erachten.

Dabei ist die Gefahr groß, daß es zu einer Gleichzeitigkeit von Studium und Geldverdienen kommt, die sowohl zur Mißachtung der Arbeitswelt als auch zur Mißachtung der Universität führt. Wer solche Blockaden durchbrechen will, bekommt es nicht zuletzt mit den verschiedenen gesellschaftlichen Interessen zu tun, die die Art und Höhe der **Stipendien** beeinflussen. Stipendien werden von staatlichen und privaten Stiftungen zum Teil mit parteipolitischen Färbungen, von Gewerkschaften und Kirchen sowie von Ländern und Gemeinden nach je unterschiedlichen Kriterien vergeben. Gut informiert ist, wer die vom Deutschen Studentenwerk herausgegebene Schrift *Förderungsmöglichkeiten für Studierende* zur Hand hat. Von besonderer Bedeutung ist die gesetzliche Stipendienvergabe nach dem BAföG (Bundesausbildungsförderungsgesetz). Die Höhe der BAföG-Sätze und die Details der Richtlinien sind ein Indikator für den Wert, den der Souverän der Ausschöpfung möglichst vieler individueller Begabungen zumißt. Der BAföG-Satz darf nach derzeitiger Rechtssprechung in Deutschland niedriger liegen als das Existenzminimum eines Sozialhilfeempfängers, das 1994 bei mindestens 1000 DM im Monat lag. Über das BAföG informiert die jeweils letzte Auflage der *Studenten Service Broschüre*.

Studierende sind in der Regel finanziell von ihren *Eltern* abhängig. Der Spielraum, den Eltern studierender Kinder haben, ist wiederum davon abhängig, welchen Wert eine Gesellschaft familialen Lebensformen, in denen Kinder sich entwickeln, beimißt. Deutschland ist nicht nur international wegen seiner Kinderfeindlichkeit bekannt. Der Prozeß der Marginalisierung der Familie ist hierzulande besonders weit fortgeschritten. Hier liegt einer der Gründe dafür, daß die großen Generationskonflikte, die in der Vergangenheit die ganze Gesellschaft periodisch erschütterten, abgeflacht sind. Die vertrauten familialen Konfliktmuster sind nicht mehr repräsentativ. Im Gegenteil. Familien, die jährlich immense Beträge im verdeckten Sozialtransfer an kinderlose Singles und Dinks (double income no kids) abgeben, knüpfen in ihrer Randständigkeit die internen Bindungen fester. Wo Eltern sich trennen, werden die Kinder in der Regel emotional noch fester an das alleinerziehende Elternteil gebunden. Für das Leben der Studierenden heute ist die Frage, ob sie weiter bei den Eltern wohnen oder nicht, zu einer Kernfrage geworden.

Sie hat nicht nur eine finanzielle Seite, die bei den Mietpreisen in Universitätsstädten bisweilen überhaupt keine Wahl zu lassen scheint. Nicht minder wichtig ist die emotionale Situation, die nun einmal davon abhängt, wieviel Meter oder Kilometer der eigene Lebensmittelpunkt von dem der Eltern entfernt ist. Nach meiner Erfahrung im Umgang mit Studierenden kann ich nur das bestätigen, was alle beim Abitur auch schon wissen, daß nämlich Selbständigkeit unteilbar ist. Wer seine Wäsche selber wäscht, von den Nachbarn nicht zuerst als Sohn oder Tochter von XY, sondern als Person wahrgenommen wird, wer sich einen neuen Bäcker suchen kann und die Schlacht mit Vermietern, Stromversorgern und der Müllabfuhr im Alleingang gewinnt, dem wächst eine Selbständigkeit zu, die zugleich die Studierfähigkeit erhöht.

Zu denken gibt die Beobachtung, daß sich Studentinnen mit der elternunabhängigen Organisation des alltäglichen Lebens leichter tun als Studenten. Das mag damit zusammenhängen, daß die **Geschlechterverhältnisse** an Universitäten in ihren kulturellen Überformungen recht instabil geworden sind. Nach den epochalen Umwälzungen, die Feministinnen im letzten Jahrhundert zustande gebracht haben, sind die traditionellen Bilder von der Universität als einer Ansammlung von Männerbünden, als eines Heiratsmarktes oder eines Ortes besonderer Libertinage verblaßt. Die Generation, die heute aus emotional relativ entspannten Familien oder vor gegenseitiger Rücksicht immobilisierten Eltern-Kind-Symbiosen kommt, nutzt die Universität als Übungsfeld für „Geschlechtsidentitäten" und für die kritische Diskussion der „Konstruktion von Geschlechtlichkeit". Dem trockenen Charme, mit dem Studierende auf der Verwendung von weiblichen Formen der Substantive bestehen, konnte sich auch der/die AutorIn dieses Buches nicht entziehen. Ich erkläre hiermit feierlich, daß trotz der Verwirrung geschlechtlicher Markierungen in diesem Buch die verwendeten Begriffe geschlechtsneutral in beiden Richtungen gemeint sind.

Die Qualität einer Universität erkennt man nicht nur an den Forschungsleistungen ihrer Wissenschaftler und Wissenschaftlerinnen, sondern ebenso an der Vitalität und Differenziertheit der studentischen Vereinigungen. Die produktive Einsamkeit des Studiums darf nicht mit Anonymität verwechselt werden. Im Gegenteil. Wo viel gelesen und geschrieben wird, wächst der Wunsch, sich mitzuteilen und seine Gedanken und Ansichten auszutauschen. Es gibt kaum eine Lebensphase, in der die Chance zum Kennenlernen neuer Leute so groß ist wie in der Studienzeit. Es ist dies auch die Zeit, in der Selbstinszenierungen vor anderen geprobt werden und in der sich gemeinsame kulturelle und politische Orientierungen bilden und vertiefen.

Zu den auffälligsten Merkmalen des **studentischen Milieus** gehört seine Fähigkeit, all die Unterschiede zu verdrängen, die die außeruniversitäre Welt durchfurchen. Die Zugehörigkeit zu einer sozialen Klasse, die Herkunft aus Dorf oder Metropole, die regionalen Färbungen, die konfessionellen Bindungen und die Staatsangehörigkeiten treten in den Hintergrund und werden von der homogenisierenden Wirkung des studentischen Milieus geglättet. Dagegen treten stärker universitätsspezifische Abgrenzungen hervor. Nach einiger Zeit stellt man erstaunt fest, daß es unter Studierenden der Soziologie anders zugeht als bei Medizinern. Manche behaupten, sie können Forstwirte schon von weitem und Juristen am Satzbau erkennen. Es gibt studentische *Fachkulturen*, die für Soziologieanfänger ein ideales Forschungsfeld sind. Studentische Gruppenbildungen überbieten die fachliche Gliederung der Universitäten noch einmal an Differenziertheit. Es gibt neben den *Studentenvertretungen* und *Fachschaften*, deren gewählte Vertreterinnen die Interessen der Studierenden in den diversen Versammlungen von Universitätsangehörigen, die die jeweilige Universitätsverfassung vorsieht, vertreten, ein weites Feld von Chancen, sich mit anderen für Dinge einzusetzen, die man für wichtig hält. Wer sich im Laufe seines Studiums nicht wenigstens einmal für eine Idee engagiert hat, von der wird man nicht sagen können, sie habe studiert.

Literatur – Frithjof Hager, Gerold Becker, Jürgen Zimmer (Hrsg.), *Bildung, Macht, Verantwortung. Welche Zukunft für die Bundesrepublik*, Leipzig 1995.

4. Wie die Universität eingerichtet ist

Der Aufbau der Universität ist für jeden Anfänger undurchsichtig. Am besten nimmt man ein *Vorlesungsverzeichnis* in die Hand, in dem nicht nur die Lehrveranstaltungen, sondern auch die Universitätseinrichtungen aufgeführt sind, und versucht, drei Ebenen zu identifizieren, die hier zum Zwecke der Einführung nicht vollständig erläutert werden:

1. Auf der *zentralen Ebene* sind Funktionen angesiedelt, die die Immatrikulation (Einschreibung, Rückmeldung), das Auslandsstudium und Angelegenheiten ausländischer Studierender (Akademisches Auslandsamt), die Universitätsbibliothek als Herz des Ganzen, das Rechenzentrum, den allgemeinen Hochschulsport u. ä. betreffen. Zur zentralen Ebene gehört auch das *Studentenwerk*, das für BAföG-Fragen, Notunterkünfte, Wohnheime, Mensen, Cafeterien und alle möglichen sozialen und psychosozialen Fragen zuständig ist.

2. Auf der *mittleren Ebene* sind die Funktionen angesiedelt, die die fachliche und fachübergreifende Gliederung der Universität betreffen. Dies sind nach der Tradition die *Fakultäten*, nach neuerer Ausdifferenzierung die *Fachbereiche*. Auf dieser Ebene sind in der Regel die *Prüfungsämter* angesiedelt. Oft bieten Fakultäten und Fachbereiche einen speziellen Beratungsservice für Studien- und Prüfungsangelegenheiten an, sofern sie nicht Fragen betreffen, die ins fachliche Detail gehen.

3. Auf der *unteren Ebene* finden sich die Funktionen, die sich unmittelbar aus Forschung, Lehre und Studium ergeben. Grundeinheiten sind entweder *Lehrstühle*, zu denen ein Professor, seine Mitarbeiter und seine Sekretärin gehören, oder *Institute* und *Seminare*, zu denen mehrere Professoren und Professorinnen, ihre Mitarbeiter und Sekretärinnen gehören. (Als ‚Seminar‘ werden zwei sehr verschiedene Dinge bezeichnet: Einmal eine organisatorische Einheit wie ein Institut, ein andermal eine bestimmte Form akademischen Unterrichts.)

Ein ‚Institut für Soziologie‘ oder ‚Soziologisches Seminar‘ kann je nachdem, wie die Geschichte der einzelnen Universität abgelaufen ist, in einem ‚Fachbereich Sozialwissenschaften‘, einer ‚Wirtschafts- und sozialwissenschaftlichen Fakultät‘ oder einer ‚Philosophischen Fakultät‘ mit anderen Fächern zusammengefaßt sein.

Zu einem Institut / Seminar gehören – jeweils männlicher oder weiblicher Gestalt – die hauptamtlichen, das heißt längerfristig tätigen, *Professoren* und die vielgestaltige Gruppe des sogenannten „Mittelbaus“, das heißt die *Hochschuldozenten/Universitätsdozenten*, die Professoren werden könnten, wenn sie an einer anderen Universität eine Stelle bekommen, und die *Assistenten*, die an ihrem ersten Buch, der Dissertation, oder ihrem zweiten Buch, der Habilitationsschrift, arbeiten. Unentbehrlich sind die *Sekretärinnen*, die dann besonders freundlich sind, wenn sich Studierende bei all ihren Nachfragen an die Öffnungszeiten des Sekretariats halten. Dazu kommen in der Regel noch eine ganze Reihe von Personen, die zum Teil mit Kurzzeitverträgen an die Einrichtung gebunden sind: *studentische Hilfskräfte*, die Professoren zuarbeiten, *Tutoren*, die studentische Arbeitsgruppen betreuen, *Doktoranden*, die in Forschungsprojekten beschäftigt sind, *Privatdozenten, außerplanmäßige Professoren* und *Honorarprofessoren*, die ohne Bezahlung lehren, *Lehrbeauftragte*, die spezielle Veranstaltungen anbieten, sowie *Gastwissenschaftler* von anderen Universitäten.

Die Universitäten in Deutschland sind auf ihre lange Tradition der *akademischen Selbstverwaltung* recht stolz, auch wenn Professoren in Verwaltungssachen oft Laienschauspieler sind. Auf der unteren Ebene werden Entscheidungen von Professoren als *Instituts-* oder *Seminardirektoren* oder vom *Kollegium* der Professoren und Professorinnen eines Instituts gefällt, wobei je nach dem Demokratisierungsgrad in Versammlungen die „Mittelbauer" und die Fachschaft als gewählte Vertretung der Studierenden beteiligt werden. Auf der mittleren Ebene entscheidet der *Fachbereichs-* oder *Fakultätsrat*, in den die drei Gruppen: die Professoren, der Mittelbau und die Studentenschaft Vertreter wählen. Ein Hochschullehrer wird jeweils für eine bestimmte Zeit zum *Dekan* gewählt. Er ist Repräsentant der ganzen Fakultät bzw. des ganzen Fachbereichs und wird an Universitäten, die auf Tradition halten, mit „Spectabilität" angeredet. Die Dekane aller Fakultäten/Fachbereiche bilden meist zusammen mit zu Wahlsenatoren gewählten Professoren, Mittelbau-Vertretern und Studentenvertretern den *akademischen Senat*, dem die *Rektorin* oder *Präsidentin* der Universität vorsteht, die von einer *Konzil* genannten Universitätsversammlung gewählt wird. Traditionellerweise wird die Repräsentantin der Gesamtuniversität mit „Magnifizenz" angeredet.

Die Studentinnen und Studenten der Gesamtuniversität wählen sich ein eigenes *Studentenparlament* und eine Vertretung, den *ASTA (Allgemeiner Studentenausschuß)*. Die Finanzierung des Asta über Gebühren, die jeder Student zahlen muß, und die Frage, ob der Asta allgemeinpolitische Stellungnahmen abgeben darf oder nicht, gehört zu den Dauerkonflikten an den deutschen Universitäten. In Baden-Württemberg

z. B. wurde der Asta von der politischen Mehrheit des Landes wegen Unbotmäßigkeit abgeschafft.

Wer sich genauer mit Universitätsverfassungen und Hochschulgesetzen auseinandersetzt, wird darin ein kompliziertes Regelungsgeflecht entdecken, mit dem die Ansprüche des Staates, der Universitäten und der verschiedenen Gruppen in der Universität in eine Form gebracht wurden, der die Spuren einer langen Konfliktgeschichte anhaften, die alle neu in die Universität Eintretenden so oder so weiterschreiben werden.

Forschung, Lehre, Studium bestimmen den *Alltag* der Universitäten. Lehrende und Lernende treffen sich in Vorlesungen, Seminaren, Sprechstunden, auf den Fluren, bei Prüfungen, in Kneipen und auf Feiern und Festen. In **Vorlesungen** werden vom Professor im Vortragsmonolog Sachwissen und Lehrmeinungen dargelegt. Entweder geht es um Überblicke größerer Zusammenhänge oder um die Darlegung neuer Forschungen in Spezialbereichen. Während man in Vorlesungen in der Hauptsache zuhört und eine Mitschrift anfertigt, finden in **Seminaren** Gespräche über ein ausgewähltes Thema statt. In Dialog und Diskussion von vorbereiteten Teilnehmern werden Erkenntnishindernisse abgebaut, Sachfragen geklärt und Möglichkeiten der Fortsetzung fixiert. Aus einem Seminar zieht man nur Nutzen, wenn man von Treffen zu Treffen gut vorbereitet ist und bei den Treffen selbst das Wort ergreift, um Fragen zu stellen, Wissen einzubringen und Lösungsvorschläge zu machen. Bei Vorlesungen spielt die Teilnehmerzahl keine Rolle. Die Vorlesung fällt aus, wenn nur zwei Studierende da sind, aber: *tres font collegium*. Vorlesungen können aber auch mit mehreren hundert Zuhörern gehalten werden. Anders ist es bei Seminaren. Hier gibt es eine einfach zu berechnende Obergrenze. Wenn pro Treffen jeder Teilnehmer in neunzig Minuten dreimal die Chance für einen zweieinhalbminütigen Dialog mit der Seminarleiterin haben soll, so liegt die ideale Seminargröße bei zwölf Teilnehmern.

In die *Sprechstunde* geht man, um die individuellen Arbeitsvorhaben zu besprechen, sei es, daß die Fragestellung unklar ist oder sich verschiebt, neue Materialien entdeckt werden, der Zeitplan modifiziert werden muß, oder man sich bei der Wahl von neuen Schwerpunkten beraten lassen will. Man geht auch in die Sprechstunde, um sich Klarheit über die Beurteilung der jeweiligen Leistung zu verschaffen. Die Sprechstunden sind bisweilen überfüllt, und manche Fragen lohnen es nicht, sich auf das Ritual eines Sprechstundentermins einzulassen. Professoren können auch auf dem *Flur* für kurze Fragen angesprochen werden. Oft geschieht dies nach Lehrveranstaltungen beim Herausgehen. Manche Wissenschaftler entwickeln gerade auf Fluren im Gehen die besten Ideen. Sachliche Fragen zur Vorlesung oder zum Seminar, die komplizierter sind, können auch *brieflich* gestellt werden. Die Antworten sind dann beim nächsten Treffen zu hören.

Die Treffen bei mündlichen *Prüfungen*, die von zehn Minuten bis zu einer Stunde dauern können und bei denen stets jemand zur Protokollführung hinzukommt, überleben Studierende erfahrungsgemäß um so besser, je mehr Chancen zu fachlichen Gesprächen mit den künftigen Prüferinnen und Prüfern sie zuvor genutzt haben. Vor unbekannten Kandidaten haben auch die Prüfenden Angst. Prüfungsängste samt ihren somatischen Dimensionen wie feuchte Hände, Herzklopfen etc. gehören normalerweise zu jeder Passage, in der Individuen durch eine psycho-soziale Geburt einen neuen Status erringen (vgl. S. 86).

Ob jemand einen Studienabschnitt erfolgreich hinter sich gebracht hat, ist nicht nur an der Note abzulesen, sondern auch daran, ob die abgeprüfte Person nach vollbrachter Tat mutterseelenallein den Gang nach Hause antritt oder im Institutsflur mit knallenden Sektflaschen empfangen wird. Das *Klima* einer Einrichtung, mit seinen emotionalen und intellektuellen Dimensionen, ist vielleicht am besten an der Art erkennbar, in der Studierende unter sich und mit den Lehrenden zusammen den Rhythmus ihrer Arbeit mit *Feiern, Festen* und *Geselligkeiten* begleiten, sei es als Fete zu Semesteranfang oder Semesterende, als Fortsetzung des Seminars in der Kneipe, als Begrüßungs- oder Abschiedsfeier für kommende oder gehende Institutsmitglieder, als Umtrunk nach Festvorträgen oder Gastvorträgen, bei der Überreichung von Festschriften und beim Begehen von Jubiläen, die sich bei einem gewissen Engagement nach Gusto vermehren lassen. In Universitäten, in denen wenig gefeiert wird, bleibt auch die Wissenschaft eine traurige Angelegenheit.

Literatur – Jürgen Mittelstraß, *Die unzeitgemäße Universität*, Frankfurt a. M. 1994; Dietrich Schwanitz, *Der Campus*, Frankfurt a. M. 1995.

II. Studienziele und Studienorte

In den Zeiten, in denen man sicher sein konnte, daß alle Universitäten im Prinzip denselben Fächerkanon im Programm hatten, stand die Wahl des Studienorts im Vordergrund. Man schrieb sich für die Fächer ein, die man studieren wollte, und dann ging's los. Wer heute Soziologie studieren will, kann das auf sehr verschiedene Weise tun, aber nicht alle Möglichkeiten sind an allen Orten vorgesehen. Die Verschulung der Universitäten hat es auch mit sich gebracht, daß das Studium von Studienregelungen den Studienanfang beherrscht. Die Neugier auf die Sache ist zunächst durch ein Gestrüpp von im edelsten Bürokratendeutsch verfaßten Studienbestimmungen verstellt, die manche „Berater" in stundenlangen Vorträgen über die Köpfe der Anfänger ausbreiten. Wer in eine Beratungssituation gerät, in der er im ersten Semester mit undurchsichtigen Details der Abschlußprüfung behelligt wird, sollte so schnell wegrennen, wie er kann. Denn bis er vorm Examen steht, haben sich diese Bestimmungen schon mehrmals wieder verändert.

Um eine sinnvolle Wahl des ersten Studienorts zu treffen, ist es nötig, sich über die verschiedenen Arten, Soziologie zu studieren, eine Vorstellung zu machen.

1. Soziologie in Studiengängen

Wer will, kann nur Soziologie studieren. Aber auf diese Weise wird man von keiner Universität ein Studienabschlußzeugnis erhalten. Soziologie wird – wie die meisten Fächer auch – zusammen mit anderen Fächern studiert. Dies hat einen guten Grund. Denn der Stoff und die Fragestellungen aller Fächer tendieren zur disziplinären Einseitigkeit und zum Fachidiotismus. Dem soll durch die Kombination verschiedener Fächer begegnet werden. Grundsätzlich gilt: der Wert eines Abschlusses wächst mit der fachlichen Breite.

Das Studium selbst ist in seiner Struktur in allen Fächern und an allen Universitäten in Deutschland ähnlich. Die ersten zwei Jahre (= vier Semester) studiert man im sogenannten „Grundstudium". Dann legt man eine Prüfung ab („Zwischenprüfung" oder „Vordiplom"). Anschließend studiert man wiederum für zwei Jahre (= vier Semester) im sogenannten „Hauptstudium" und tritt dann in eine halb- bis einjährige Abschlußprüfungsphase ein, die aus dem Anfertigen der schriftlichen Examensarbeit, eventuell der Erledigung von Klausurprüfungen besteht und mit mündlichen Prüfungen abschließt. Der Unterschied zwischen Grundstudium und Hauptstudium besteht der Lyrik von Studienregelungen zufolge darin, daß im Hauptstudium das in die Tiefe, Breite oder Höhe geht, womit man im Grundstudium anfängt. Informativer wäre es zu sagen: die Anforderungen im Hauptstudium liegen höher als am Anfang. Studierenden wird nun mal von Semester zu Semester mehr abverlangt, weil sie ja auch mehr können.

Die *Fächerkombination* und der Anteil, den die Beschäftigung mit Soziologie daran hat, richtet sich nach dem *Studienziel*, das heißt nach dem angestrebten Abschluß, der in einer Urkunde bezeugt wird und mit dem in der deutschen Kultur überaus hochgeschätzten Recht verbunden ist, einen bestimmten Titel führen zu dürfen. Zum Ärger vieler Politiker lernen Studierende an Universitäten, daß freie Menschen nicht Sklaven ihrer gestern angegebenen Studienziele sind, sondern sich aus der besseren Einsicht heraus neue Studienziele vornehmen können. Ein *Wechsel des Studienziels* ist keine Schande. Oft bringen Studienfachwechsler für das Studium des neuen Fachs mehr Dynamik und Konzentration auf als die, die auf dem Gleis weiterfahren, auf dem sie angefangen haben.

Man kann Soziologie informell oder formell studieren, als Zutat zu etwas anderem oder als Hauptsache mit anderen Zutaten. Die Studienziele werden übersichtlicher, wenn man an die Grundarten von Abschlüssen erinnert. *Magister* und *Promotion* sind Studienziele, die eine akademische Würde darstellen. *Staatsexamina* sind Studienziele, die zur staatlichen Anerkennung der Qualifikation für bestimmte Tätigkeiten führen. *Diplome* sind Studienziele, die eine wissenschaftlich vorbereitete Berufsqualifikation anzeigen. In der traditionellen Universität war der Philosoph ein Magister, hatte der Jurist ein Staatsexamen und der Chemiker ein Diplom. Heute sind die alten Unterschiede, insbesondere zwischen Magister und Diplom, abgeschliffen. Sie gelten als gleichwertig. Geblieben ist, daß für das Studienziel Magister aus einer Pluralität von Fächern eine Drei- oder Zweifächerkombination gewählt werden kann, während für das Studienziel Diplom die Wahlmöglichkeiten der Fächerkombinationen stärker vorgezeichnet sind. Heute spricht man statt von Studien*zielen* vermehrt von Studien*gängen*, womit eine Umstellung von der Zielorientierung zur Gangorientierung erreicht werden soll.

Im folgenden werden die verschiedenen Arten, Soziologie zu studieren, kurz charakterisiert. In der Reihenfolge des quantitativen Anteils der Soziologie am Gesamtstudium ergeben sich folgende Möglichkeiten:

a) **Soziologie als informelles Begleitstudium.** In soziologischen Lehrveranstaltungen finden sich regelmäßig Studierende, die ein Studienziel anstreben, für das sie keine Soziologiekenntnisse brauchen. Sie wollen Maschinenbauer, Ärzte, Juristen oder Architekten werden und studieren informell Soziologie, weil sie aus der Problemstellung ihres soziologiefremden Faches heraus zu soziologischen Fragen kommen. In diesen Personen hat die Soziologie oft ihre treuesten Freunde. Manche entscheiden sich nach Abschluß ihres ersten Studiums, mit einem Zweitstudium auch noch ordentliche Soziologen zu werden.

b) **Soziologie als Wahl-, Wahlpflicht- oder Beifach in Diplomstudiengängen.** Nimmt man Diplomstudiengänge wie eine Torte, so bestehen sie aus zwei Dritteln Hauptfachanteilen und einem Drittel für andere Fächer, von denen bis zu einem Sechstel auf die Soziologie entfallen können. Dies gilt für reguläre Diplomvolkswirte, Diplombetriebswirte, Diplompädagogen, Diplompsychologen, aber auch für manche Diplome in technischen und naturwissenschaftlichen Fächern. Die Bestimmungen sind von Universität zu Universität so verschieden wie das Interesse der nichtsoziologischen Fachvertreter an einer Integration soziologischer Anteile in „ihr" Diplom.

c) **Soziologie im Lehramtsstudium.** Soziologie ist kein Schulfach. Aber in dem, was als Gemeinschaftskunde/Sozialkunde/Gesellschaftslehre usw. an Schulen auftaucht, steckt meist auch Soziologie. Wer Lehrer werden will, kann sich entsprechend den länderweise verschiedenen Kombinationsvorschriften als eines der Schulfächer Gemeinschaftskunde o. ä. wählen. Dafür studiert er in der Regel eine Kombination von Politologie/Politikwissenschaft und Soziologie. Nimmt man Lehramtsstudiengänge wie eine Torte, so bestehen sie aus zwei Fünfteln Studium für jedes Schulfach und einem Fünftel Studium für die allgemeine Pädagogik und Didaktik. Der Soziologieanteil am Gesamtstudium liegt bei etwa einem Fünftel. Es kommt häufig vor, daß der politikwissenschaftliche Anteil größer ist. An einigen Universitäten haben Soziologen die Lehrerausbildung ganz den Politikwissenschaftlern überlassen.

d) **Soziologie als Nebenfach im Magisterstudium.** Die Magistertorte hat einen anderen Zuschnitt als das Diplom. Hier entfallen auf das Hauptfach die Hälfte und auf die Nebenfächer je ein Viertel. Magisterstudiengänge bieten die vielfältigsten Kombinationsmöglichkeiten, die letztlich dadurch beschränkt sind, daß ein Fach an der Universität nicht existiert.

Bei den Möglichkeiten a bis d hat das Studium der Soziologie den Sinn, neben dem allgemeinen Bildungszuwachs, den die Beschäftigung mit Soziologie ermöglicht, insbesondere auch die gesellschaftlichen Dimensionen der Themen und Stoffe in den Blick zu nehmen, die das jeweilige Hauptfach in sich birgt.

Von besonderer Bedeutung sind Studiengänge, in denen versucht wird, zwischen den Fächern aus der alten Tradition der Policey- und Staatswissenschaften und der Jurisprudenz eine Balance herzustellen:

e) **Soziologie in integrierten sozialwissenschaftlichen Diplomstudiengängen.** Im Unterschied zu Diplomstudiengängen mit einem hervortretenden Hauptfach gibt es an einigen Universitäten Abschlußmöglichkeiten für integrierte sozialwissenschaftliche Studiengänge, wie z. B. den *Diplomsozialwirt*, einen Studiengang, der je zu einem Drittel aus Jura, Ökonomie und einer Gruppe sozialwissenschaftlicher Fächer wie Soziologie, Politikwissenschaft, Sozialpsychologie, Pädagogik etc. besteht. Der Soziologieanteil liegt hier je nach Schwerpunktsetzung bei bis zu einem Drittel. In ähnlicher Weise sind die Studiengänge für *Diplomsozialökonomen* organisiert, die Konstanzer *Verwaltungswissenschaftler* sowie die Studiengänge *Volkswirtschaftslehre* und *Betriebswirtschaftslehre mit dem Schwerpunkt Sozialwissenschaften*, bei denen die wirtschaftswissenschaftlichen Anteile betont werden.

Wer Soziologie als Hauptfach studieren will, muß sich zwischen Diplom und Magister entscheiden.

f) **Soziologie als Hauptfach im Magisterstudiengang.** Soziologie kann hier ein Hauptfach mit einem hälftigen Studienanteil in zweifacher Weise sein: 1. als Hauptfach mit zwei Nebenfächern, die je ein Viertel der Torte beanspruchen, und 2. als Hauptfach mit einem anderen Hauptfach, das die andere Hälfte der Torte ausmacht. Kombinationen mit Soziologie als Hauptfach sind nicht auf die Fächer zu beschränken, die Soziologie relativ nahe stehen wie z. B. Politik, Pädagogik, Psychologie, Wirtschaftswissenschaften, Volkskunde und Ethnologie. Sinnvoll kann es sein, eine europäische oder außereuropäische Sprache hinzuzunehmen. Der Magisterstudiengang ermöglicht traditionellerweise Kombinationen mit geisteswissenschaftlichen Fächern wie Geschichte, Philosophie, Kunst und Musik. In letzter Zeit bieten aber mehr und mehr technische und naturwissenschaftliche Fächer kombinationsfähige Magister-Nebenfachstudiengänge an.

g) **Soziologie als Hauptfach im Diplomstudiengang.** Dieser Studiengang enthält den höchsten Soziologieanteil. Er liegt bei zwei Dritteln der Torte. Hinzu treten die Wahl- und Wahlpflichtfächer Volkswirtschaftslehre, Rechtswissenschaft und Psychologie. Im Grundstudium beginnt man mit dem Studium des ersten Wahlpflichtfachs. Im Hauptstudium tritt das zweite dazu. In den Wahlfächern, zu denen auch weitere Fächer hinzugenommen werden können, orientiert man sich im Grund- und Hauptstudium. Besondere Bedeutung kommt im Diplomstudiengang der Spezialisierung zu. Sie erfolgt teils über spezielle Soziologien, teils über zu diesen passende Wahl- oder Wahlpflichtfächer. Bei der Verknüpfung der Fächer zu Studienschwerpunkten wird darauf geachtet, daß die soziologischen Inhalte das Übergewicht haben.

Vergleicht man die verschiedenen Arten, Soziologie zu studieren, so kann man zusammenfassen:

– Wer Soziologie mit Ökonomie, Jura, Politik und anderen sozialwissenschaftlichen Fächern in einem ausbalancierten Verhältnis studieren möchte, sollte sich das Angebot der *Integrierten Sozialwissenschaftlichen Studiengänge* ansehen.

– Wer Soziologie ins Zentrum setzen und von dort Verbindungen zu Ökonomie, Jura, Psychologie und weiteren für Schwerpunkte relevant zu machenden Wahlfächern anlegen möchte, sollte sich die Angebote der *Studiengänge für Diplomsoziologen* einholen.

– Wer das Hauptfach Soziologie mit Nebenfächern kombinieren möchte, die interessant sind, weil sie anders sind, sollte im Rahmen des *Magisterstudiengangs* sich eine Fächerverbindung selbständig erarbeiten. Zu warnen ist hier vor „schlauen" Kombinationen, bei denen alle lernintensiven Inhalte aussortiert werden.

– Wer in der Hauptsache etwas anderes als Soziologie studieren will, aber auf den Erwerb soziologischer Kenntnisse und Fähigkeiten nicht verzichten möchte, sollte sich, wenn die Hauptsache entschieden ist, in zweiter Linie um das jeweilige Soziologie-Angebot kümmern.

Die *Regelstudienzeit* liegt bei durchschnittlich neun Semestern, die *Förderungshöchstdauer* ebenfalls. Es wird jedoch zum Teil erheblich länger studiert. Nicht nur Soziologen wissen, daß, wer gute Chancen sieht, einen attraktiven Job zu bekommen, ebenso fix sein Studium abschließen wird, wie der, der die Nase vom Unibetrieb voll hat. Ebenso gilt, daß diejenigen, die durch sehr gute Leistungen auffallen, schon rechtzeitig ermuntert werden, ihr Studium nach dem ersten Examen durch Anfertigen einer Dissertation bis zur Promotion zu verlängern. Die berüchtigte Armee der Finsternis, die angeblich in großen Scharen zur semesterweisen Rückmeldung ins Studentensekretariat kommt, um dann wieder für ein halbes Jahr restlos zu verschwinden, stört nur die Statistik. Für das berufliche Fortkommen muß freilich jeder wissen, daß die Anforderungen hinsichtlich eines möglichst niedrigen Lebensalters für den Einstieg in den Beruf in Zukunft wachsen werden. An der Universität Bochum hat man angefangen, ein Kurzstudium Soziologie mit dem Abschluß *Baccalaureus* anzubieten.

2. Studienorte für Soziologen

Man kann seine ganze Studienzeit an einer Universität verbringen. Mehr und besser lernt man, wenn man die Universität wechselt. Im Fach Soziologie bereitet der Studienortswechsel normalerweise keine Probleme, da die einzelnen individuellen Studienleistungen von Universität zu Universität anerkannt werden. Dazu muß freilich auf zwei Dinge geachtet werden: 1. Aus der Bescheinigung für die einzelne Leistung (= „Schein") muß zweifelsfrei hervorgehen, was geleistet wurde und mit welcher Ziffernnote es beurteilt wurde („benoteter Schein"). 2. In der Regel werden nur Scheine anerkannt, für die schriftliche Arbeiten angefertigt oder Klausuren geschrieben wurden. Daher ist es sinnvoll, falls Nachfragen entstehen, die eigenen Ausarbeitungen gleich in die Sprechstunde am Institut (untere Ebene) mitzubringen, wenn man sich Leistungen von anderen Universitäten anerkennen lassen will. Zwischenprüfungen und Vordiplome werden ebenfalls von Universität zu Universität anerkannt.

Die Anerkennungsregelungen beim Studiengangwechsel von Magister zu Diplom und zurück sind verschieden. Beim Wechsel des Studienorts sollte man sich daher generell zunächst überlegen, an welchem Ort man die Zwischenprüfung oder das Vordiplom ablegen will, und dann, wo auch immer, inhaltlich und formal, das studieren, was am

Prüfungsort verlangt wird. Analog kann man im Hauptstudium verfahren, wobei die letzten beiden Semester vor der Meldung zur Abschlußprüfung am Prüfungsort verbracht werden sollen (teils auch müssen).

Weil aller guten Dinge drei sind, sollte man in seiner Studienzeit möglichst drei Universitäten kennenlernen. Eine davon sollte außerhalb Deutschlands liegen. Das **Auslandsstudium** braucht eine gewisse Vorbereitung und wird daher meist ab dem zweiten oder dritten Semester eingeplant und so gelegt, daß es zu den Studienvorhaben und Schwerpunktsetzungen paßt. Bei der Wahl des Auslands kann man entweder den sehr verschiedenen Partnerschaften, Forschungscooperationen und Kontakten folgen, die zwischen Soziologinnen und Soziologen in aller Welt bestehen, oder man stößt auf dem Wege der Lektüre auf Personen oder Personengruppen, von denen man mehr lernen möchte, sucht sich den Ort heraus, an dem sie forschen und lehren, und tritt in Briefkontakt zur Vorbereitung seines Auslandsstudiums. Über die praktischen und formalen Angelegenheiten des Auslandsstudiums informieren die jeweiligen *Akademischen Auslandsämter* und der DAAD (Deutscher Akademischer Austauschdienst). Hier kann man sich auch über Stipendien für das Auslandsstudium informieren. Die bekanntesten europäischen Austauschprogramme tragen die Namen ERASMUS und SOKRATES.

Auch wenn – was die Wahl des ersten Studienorts angeht – schon alles klar zu sein scheint, sollte man sich anhand der folgenden Gesichtspunkte die Entscheidung noch einmal überlegen:

1. Ist mit Blick auf die Entwicklung der eigenen Persönlichkeit eine elternhausnahe oder elternhausferne Universität geeigneter?

2. Gibt es am Studienort Bekannte oder Freunde, die mir erste praktische Informationen geben können, oder gehöre ich zu den Menschen, die schnell neue Kontakte aufnehmen?

3. Zieht es mich eher in eine große Stadt? Ist für mich eine der vielen Kleinstädte, deren Stadtbild von der Universität und den Studierenden dominiert wird, attraktiv?

4. Welche Rolle spielen Landschaft und Kulturraum für mich? Die Gesellschaft des Ruhrgebiets ist eine andere als die an der Elbe bei Dresden, in Hansestädten weht ein anderer Wind als am Bodensee.

5. Fange ich lieber an einem kleinen soziologischen Institut zusammen mit fünf bis zehn Erstsemestern an, oder an einer großen Einrichtung mit über hundert Erstsemestern? Mehr Professoren bedeuten immer auch mehr Vielfalt in der Lehre, aber auch mehr Regelungszwänge und Anonymität auf der unteren Ebene.

6. Orientiere ich mich allein am Soziologieangebot, oder relativiert
   sich die Wahl, wenn ich erkunde, was in den anderen interessanten
   Fächern los ist?

Studienorte in Momentaufnahmen

Wie Soziologie an einzelnen Studienorten betrieben wird, ändert sich
in vielem von Jahr zu Jahr. Das Personal wechselt, neue Schwerpunkte
bilden sich, andere schrumpfen, irgendwo wird ein Nachholbedarf entdeckt, der anderswo zu Übersättigungen geführt hat. Wer wissen will,
was genau jetzt an den Orten getrieben wird, die in Frage kommen,
schlage die homepage der Universität bzw. des Instituts/Seminars/
Lehrstuhls im *Internet* nach oder bitte um die Zusendung der jeweils
aktuellen Selbstdarstellung der örtlichen Soziologie. Angaben der wissenschaftlichen Schwerpunkte in Studienführeren sind oft veraltet.
Aber auch für Strukturdaten, wie die folgenden, gilt, daß es sich nur
um Momentaufnahmen der Vergangenheit handelt. Zu den länderweise
und alphabetisch aufgeführten Studienorten werden hier nur ausgewählte Angaben gemacht.

Legende

Die möglichen **Abschlüsse** sind stets längerfristig etabliert. MA = Magister Artium, NFMA = Kann nur als Nebenfach im MA-Studiengang
studiert werden, Dipl-Soz. = Diplom-Soziologie, Dipl.-Soz.wiss. = Di-
plom-Sozialwissenschaften (hierunter befindet sich auch Dipl.-Soz.wirt.
= Diplom-Sozialwirt/in und Dipl.-Soz.ök. = Diplom-Sozialökomomie).
Bei Universitäten, die ausschließlich einen Diplom-Studiengang anbieten, wird nicht extra auf die Möglichkeit hingewiesen, daß Soziologie
auch als Nebenfach in einem MA-Studiengang belegt werden kann. Als
Besonderheiten sind zu dieser Spalte angemerkt: ° = zulassungsbeschränkt im Wintersemester 1994/95, * = Beginn nur im Wintersemester möglich, 1 = integrierter Studiengang.
   Die Zahl der **Professuren** gibt eine grobe Orientierung über die per-
sonelle Ausstattung und damit über die Chancen der Einrichtung, vor
allem im Hauptstudium eine Palette von Spezialitäten anzubieten. Die
Zahl der Professuren ist mittelfristig relativ stabil.
   Das **Lehrangebot**, das in Semesterwochenstunden (= SWS) gerechnet wird, kann bisweilen stärker variieren, weil es auch davon abhängig
ist, inwieweit es der Einrichtung im konkreten Semester gelingt, über
den Grundbestand hinaus ehrenamtliche Lehrbeauftragte und

Gastwissenschaftler zu motivieren, sich in der Lehre zu engagieren. Die Zahlen dieser Spalte beziehen sich auf das Veranstaltungsangebot, das in den Vorlesungs-Verzeichnissen vom WS 1994/95 angekündigt wurde.

Die **Ausgaben in DM Tausend**, die die Länder für die Fächer Politik/Soziologie im Jahre 1990 getätigt haben, sind seitdem in vielen Fällen gekürzt und selten erhöht worden.

Ob ein **Ranking**, das heißt Ranglisten von Studienorten, Sinn macht oder nicht, ist stark umstritten. In dieser Spalte sind die Plazierungen aufgeführt, die im SPIEGEL SPEZIAL 3/93 für das Fach (Ranglisten „Soziologie" und „Politik/Sozialwissenschaften") und die Universität vergeben wurden. Wenn eine Universität in beiden Ranglisten auftauchte, wurde der Rangliste „Soziologie" der Vorrang eingeräumt, was in keinem Fall zu einem nennenswerten Unterschied führte.

Die **Studentenzahlen** sind vom Wintersemester 1992/93 und beziehen sich auf die Gesamtstudierendenzahl der jeweiligen Universität bzw. auf Studierende des Hauptfachs Soziologie/Sozialwissenschaft oder eines integrierten Studienganges. In unklaren Fällen wurden nachfolgende Wintersemester einbezogen.

Zu berücksichtigen ist, daß die Angaben für die *neuen Bundesländer* unvollständig sind und weitaus größere Veränderungen erfahren können als die für die alten.

Studienorte	Abschlüsse	Profes-suren	Lehr-ange-bot in SWS	Ausga-ben in DM Tausend	Ranking Fach/Uni	Studenten-zahlen Fach/Uni
Baden-Württemberg						
Freiburg U	MA°*	3	90	1888	6/15	309/23015
Heidelberg U	MA*	4	76	3297	3/2 5	324/28127
Karlsr. U (TH)	NFMA	2	30	487	–/44	– /21262
Konstanz U	MA* Ver.wiss.[1]	6	80	3691	8/3	264/9634
Mannheim U	MA* Dipl.-Soz.*	8	106	9431	11/8	504/13030
Stuttgart U	NFMA	2	42	624	36/31	– /21100
Tübingen U	MA*	4	67	3038	21/35	320/25605

° = zulassungsbeschränkt, * = Anfang nur Wintersemester, [1] = integrierter Studiengang

Studienorte	Abschlüsse	Professuren	Lehrangebot in SWS	Ausgaben in DM Tausend	Ranking Fach/Uni	Studentenzahlen Fach/Uni
		Bayern				
Augsburg U	MA Dipl.-Ök.[1]	3	52	1916	28/45	136/14918
Bamberg U	Dipl.-Soz.	7	118	3541	8/13	264/7947
Bayreuth U	MA	3	32	629	–/10	53/8558
Eichstätt U kath.	MA Dipl.Soz.	3	40	1540	–/–	15/3549
Erlangen/ Nürnberg U	MA Dipl.-Soz.wirt°	5	104	3305	20/29	892/27567
München U	Dipl.-Soz.	5	116	9031	19/36	993/63565
Passau U	MA	1	20	1063	1/6	46/8779
Regensburg U	MA Dipl.-Soz.	4	48	2209	9/9	164/15988
Würzburg U	MA	2	65	1886	12/29	173/20784
		Berlin				
Berlin FU	Dipl.-Soz.°	23	320	37068	9/11	1651/60920
Berlin HU	Dipl.-Soz.wiss.	12	234	–	1/4[2]	410/19582
Berlin TU	MA	5	54	5204	–/43	406/38465
		Brandenburg				
Potsdam U	MA	5	110	–	4/9[2]	44/7404
		Bremen				
Bremen U	MA* Dipl.-Soz.*	14	264	6826	35/36	945/18077

° = zulassungsbeschränkt, * = Anfang nur Wintersemester, [1] = integrierter Studiengang
[2] = Rangliste der neuen Bundesländer

Studienorte	Abschlüsse	Profes-suren	Lehr-ange-bot in SWS	Ausga-ben in DM Tausend	Ranking Fach/Uni	Studenten-zahlen Fach/Uni
			Hamburg			
Hamburg U	MA° Dipl.-Soz.°	11	104	1158	25/46	1300/35529
			Hessen			
Darmstadt TU	Dipl.Soz.*	5	55	2259	15/25	219/17901
Frankfurt U	MA Dipl.-Soz.	19	360	7710	24/40	1004/37113
Gießen U	MA Dipl.-Soz.wiss.	6	57	3610	–/39	194/21496
Kassel U-GH	MA Dipl.-Soz.wiss.	3 16	72 192	5022	22/41	150/17025
Marburg U	MA Dipl.-Soz.	6	88	4909	17/31	229/18794
			Mecklenburg-Vorpommern			
Rostock U	NFMA	1	36	–	10/11[2]	219/17901
			Niedersachsen			
Braunschw. TU	MA°	2	56	1544	13/19	70/17039
Göttingen	Dipl.-Soz.wirt. MA	7	90	5026	31/31	1111/30742
Hannover U	Dipl.-Soz.wiss.° MA	9	138	5253	17/46	1305/31527
Lüneburg U	Dipl.-Sozial-ökonomie*[1]	19 1[3]	212 30[3]	1682	–/–	–/5659

° = zulassungsbeschränkt, * = Anfang nur Wintersemester, [1] = integrierter Studiengang
[2] = Rangliste der neuen Bundesländer, [3] = nur Soz.

Studienorte	Abschlüsse	Professuren	Lehrangebot in SWS	Ausgaben in DM Tausend	Ranking Fach/Uni	Studentenzahlen Fach/Uni
			Niedersachsen			
Oldenburg U	Dipl.-Soz.wiss. MA	7	126	7879	15/19	603/12488
Osnabrück U	Dipl-Soz.wiss.	5	132	2905	13/28	684/12866
Os./Vechta U	MA	2	22			
			Nordrhein-Westfalen			
Aachen TU	MA	3	65	2164	4/19	345/37182
Bielefeld U	Dipl.-Soz.	27	412	10131	1/5	1086/16726
Bochum U	Dipl.-Soz.wiss.	9	144	9088	18/42	1093/35884
Bonn U	MA°	3	46	4104	26/49	277/35764
Dortmund U	Dipl-Sozial-ökonomie[1]	3	36	3319	–/19	20/23133
Düsseldorf U	MA	5	70	1687	2/1	540/18035
Duisb. U-GH	Dipl.-Soz.wiss.*	8	154	4373	5/2	2286/15216
Essen U-GH	NFMA	6	120	2074	–/34	76/21818
Hagen Fern-U	MA	5	126	1768	–	1362/38679
Köln U	MA° Dipl..-Soz.(VWL)	6	78	8425	23/36	422/53090
Münster U	MA	10	88	7568	27/48	591/44100
Siegen U-GH	MA	9	44	3010	7/4	133/13009
Wuppert.U-GH	Dipl.-Soz.wiss.	9	190	4037	30/19	1045/17361
			Rheinland-Pfalz			
Koblenz U	NFMA	2	24	964	–/–	–/5795
Mainz U	MA	4	70	5201	14/18	202/28739
Trier U	MA Dipl.-Soz.*	6	92	3252	5/6	185/10423

° = zulassungsbeschränkt, * = Anfang nur Wintersemester, [1] = integrierter Studiengang

Studienorte	Abschlüsse	Profes-suren	Lehr-ange-bot in SWS	Ausga-ben in DM Tausend	Ranking Fach/Uni	Studenten-zahlen Fach/Uni
				Saarland		
Saarbrücken U	MA Dipl.-Soz.	5	110	2348	16/18	435/20376
				Sachsen		
Chemnitz-Zwickau TU	Dipl.-Soz.	5	66	–	$7/8^2$	– /5531
Dresden TU	MA Dipl.-Soz.	5	80	–	$-/3^2$	58/18020
Leipzig U	MA* Dipl.-Soz.*	2	78	–	$3/6^2$	133/15613
				Sachsen-Anhalt		
Halle U	MA* Dipl.-Soz.*	5	44	–	$7/10^2$	49/1515
Magdeburg TU	MA*	2	24	–	$6/7^2$	– /4070
				Schleswig-Holstein		
Kiel U	MA	2	50	2755	19/24	262/20026
				Thüringen		
Jena U	MA	3	54	–	$2/5^2$	17/7118

° = * = Anfang nur Wintersemester, [2] = Rangliste der neuen Bundesländer

Quellen – Bundesanstalt für Arbeit (Hrsg.), *Blätter zur Berufskunde, Sozialwissenschaftler/Sozialwissenschaftlerin*, Bielefeld 1991. Bundesanstalt für Arbeit (Hrsg.), *Studien- und Berufswahl. Informationen und Entscheidungshilfen*, Bad Honnef 1994/1995. Thomas Ellwein, *Die deutsche Universität*, Athenäum 1992. KURS, Informationssystem des Arbeitsamtes. Siegfried Lamnek (Hrsg.), *Soziologie als Beruf in Europa*, Berlin 1993. SPIEGEL SPEZIAL 3/1993. RAABE Fachverlag für Wissensinformation (Hrsg.), *VADEMECUM Deutscher Lehr- und Forschungsstätten*, Bonn 1994 (11. Auflage). Statistisches Bundesamt, *Studenten und Studienanfänger im Wintersemester 1992/93 nach Hochschulen und den Studienfächern „Soziologie" und „Sozialwissenschaft"*. Gerhard Zacharias, *Studienführer Sozialwissenschaften*, München 1993. Vorlesungsverzeichnisse aller Universitäten vom Wintersemester 1994/95. Wissenschaftsrat, *Daten und Kennzahlen zur finanziellen Ausstattung der Hochschulen, Alte Länder 1980, 1985 und 1990*, Köln 1993.

III. Der Einstieg

Das Studium beginnt mit der Immatrikulation. Mit ihr erwerben Studierende das akademische Bürgerrecht. Dies wird unter einer sogenannten Matrikelnummer so vermerkt, daß Historikerinnen der Zukunft den Bildungsgang der Genies zurückverfolgen können. Immatrikuliert werden kann nur, wer eine Hochschulzugangs- berechtigung vorweist. Damit ist freilich nur die formelle Seite der **Studienvoraussetzungen** geklärt. Die tatsächliche **Studierfähigkeit** ist je nach Schulvergangenheit und individuellem Niveau sehr verschieden.

Zu den Studienvoraussetzungen gehören auch *Fremdsprachenkenntnisse*. Ohne gute Englischkenntnisse kommt man im Soziologiestudium nicht weit. Wünschenswert sind Kenntnisse in einer zweiten modernen Fremdsprache (vgl. S. 40). Beim Hauptfach Soziologie mit dem Studienziel *Magister Artium* können Lateinkenntnisse nötig werden, wenn geisteswissenschaftliche Fächer wie z. B. Geschichte, Philosophie oder Sprachen zur Fächerkombination gehören. In der Regel müssen die fehlenden Sprachkenntnisse in den ersten beiden Studienjahren nachgeholt sein.

Für die Immatrikulation gibt es Fristen, die heilig sind. Manche Universitäten fangen mit der Soziologie nur im Wintersemester an, bei anderen ist auch ein Start im Sommersemester möglich. Man immatrikuliert sich für ein Studienziel (Diplom, Magister oder Lehramt). Man kann auch an einzelnen Lehrveranstaltungen in Fächern teilnehmen, die man nicht gewählt hat. Gerade im ersten Semester sollte nicht auf das Herumschnuppern in anderen Fächern verzichtet werden. Dazu ist der Besuch von Vorlesungen besser geeignet als der von Seminaren. Wer merkt, daß er das falsche Fach gewählt hat, sollte sich rasch umorientieren.

1. Erste Erkundungen

Es empfiehlt sich, mit der Zimmersuche so rechtzeitig wie möglich zu beginnen, so daß man zu Vorlesungsbeginn schon weiß, wo man die Nacht verbringt. Was den Anfang selbst angeht, so können zwar viele eigenartige und komische Situationen entstehen, aber es ist im Prinzip kaum möglich, etwas grundsätzlich falsch zu machen, zumal Studienanfänger heute zu den umsorgtesten Populationen in den Universitäten gehören.

Die ersten zielgerichteten Gänge auf dem Campus führen zur Immatrikulation (zentrale Ebene) und zu den Einrichtungen der unteren
Ebene, das heißt den Lehrstühlen, Seminaren und Instituten. Das Haus
der Weisheit hat viele Zimmer, und gerade Erstsemester haben das
Recht, überall anzuklopfen und zu fragen, wo das ist, was sie suchen.
Für das Hauptfach und die Nebenfächer hat man anfangs mindestens
schon drei Orte kennenzulernen.

Die wichtigste Informationsquelle ist das *Schwarze Brett* am Institut
oder Seminar für Soziologie. Meist zieht sich das Schwarze Brett über
mehrere Meter hin und findet an Wänden und an den Türen der Mitarbeiter und Professoren seine Fortsetzungen. Die Lektüre der Anschläge braucht immer mehr Zeit, als man vermutet. Es ist auch der
ideale Ort, sich von andern etwas erklären zu lassen. Am Schwarzen
Brett findet man die verläßlichen Angaben darüber, wo wann was stattfindet. Während im Vorlesungsverzeichnis eine ideale Vorschau auf das
gegeben wird, was im Semester passieren soll, hängt am Schwarzen
Brett die Realform des Studiums.

Hier sind auch die Termine und der Ort zu erfahren, an dem *spezielle Treffen für Erstsemester* wie z. B. die „Einführungstage", die „Ori-
entierungswoche", die „Institutsvorstellung" oder die „Studienberatung" stattfinden. Diese Treffen sind keine Lehrveranstaltungen, sondern sie dienen allein der Information der Studienanfänger darüber, was
sie alles erwartet und was ihre Rechte und Pflichten sind. Der Besuch
dieser Veranstaltungen, die manchmal auch fächerübergreifend von der
mittleren Ebene der Fakultäten und Fachbereiche organisiert werden,
ist dringend zu empfehlen. Hier besteht auch die Chance, sich mit
Kommilitoninnen und Kommilitonen, das heißt MitstreiterInnen im
Kampf um wissenschaftliche Wahrheit, zu informellen Gruppen zu ver-
abreden, um Informationen auszutauschen und sich gegenseitig zu helfen. Unentbehrliches Hilfsmittel der ersten Monate ist ein geräumiger
Taschenkalender, in den zahllose Verabredungen mit Ortsangaben und
Uhrzeit sowie täglich neue Namen, Anschriften und Telefonnummern
wandern.

In den meisten Beratungen bekommt man sehr genau gesagt, welche
Vorlesungen und welche Seminare für das Studium im ersten Semester
geeignet sind. Dabei unterscheidet man *Pflichtveranstaltungen*, die jeder Studierende absolvieren muß; *Wahlpflichtveranstaltungen*, die Studierende aus einem vorgegebenen Ensemble von Themen auswählen,
Wahl- oder *Ergänzungsveranstaltungen*, die begleitend hinzugenommen
werden, sowie die absolut freigehaltenen *Verfügungsstunden*, die Stu-

dierende nach ihren Interessen im Bereich der Gesamtuniversität zu einem *studium generale* nutzen können. Die Lehrveranstaltungen können Vorlesungen oder Seminare sein (Proseminare, Übungen, Kurse sind seminarähnliche Veranstaltungen). Die meisten Veranstaltungen finden an zwei Stunden in der Woche statt, Vorlesungen können ein- bis vierstündig sein, ebenso können Seminare mehr als zwei Stunden in der Woche angesetzt werden. Für die Planung ist es wichtig, sich zu vergewissern, ob zu den einzelnen Lehrveranstaltungen noch Zusatzstunden für studentische Arbeitsgruppen oder von älteren Studierenden als Tutoren geleitete Arbeitsgruppen vorgesehen sind.

Die Erstellung des individuellen Semesterplans gehört zu den wichtigsten ersten Schritten. Bei der Planung sollte man davon ausgehen, daß für die Teilnahme an einem zweistündigen Seminar im ersten Semester in der Regel noch zwei Stunden für studentische Treffen, Arbeitsgruppen oder Tutorate sowie eine einsame Studienzeit von mindestens vier Stunden (Bücherlesen und Schreiben) pro Woche hinzugerechnet werden muß. Wer in seinem Semesterplan zwei Wochenstunden einträgt, muß rechnen, daß auf wundersame Weise acht daraus werden, die Wegezeiten von Ort zu Ort nicht mitgerechnet. Zeitbudgetforscher, die ein Vollzeitstudium schlicht mit einer 40-Arbeitsstundenwoche identifizieren, schönen die Zeitbelastung, die ein Studium mit sich bringt. Wer im ersten Semester Leistungsnachweise für drei Lehrveranstaltungen erbringt, und vier weitere Lehrveranstaltungen, am besten Vorlesungen – zum Herumschnuppern – in sein Programm aufnimmt, hat gut studiert. Im zweiten Semester dürfen es vier Leistungsnachweise sein.

Die Rahmenordnungen und auch ein Teil der kursierenden *Studienpläne* enthalten in der letzten Zeit verstärkt Angaben zu sogogenannten SWS (Semesterwochenstunden), die für irgend etwas vorgesehen sind. Es handelt sich hierbei oft um politische Zahlen, die für das tatsächliche Studium wenig Sinn machen. Da Zeiten für das Lesen, das gedankliche Verarbeiten, die Verschriftlichung von Gedanken, das Erörtern von Erkenntnishindernissen usw. nach ihrem Umfange nicht zu verordnen und weder bei nächtlichen Lektüren noch bei Spaziergängen kontrollierbar sind, werden zur Selbstbefriedigung der Landesregierungen Phantasiezahlen festgesetzt oder ausgehandelt, mit denen die sogenannte „Studierbarkeit" eines Studiengangs dokumentiert werden soll. Die SWS-Angaben sind desorientierend, weil sie für den Bereich von Lehrveranstaltungen zu hoch und für die effektive Wochenzeit, die ein Studium kostet, zu niedrig angesetzt sind. Wie Semesterpläne für die er-

Möglicher Studienplan im ersten Semester

Zeit	Montag	Dienstag	Mittwoch	Donnerstag	Freitag
9–10		9 Nebenfach	7 Rassismus	9 Nebenfach	9 Nebenfach
10–11	8 Wahlpflicht-Nebenfach				
11–12			8 Wahlpflicht-Nebenfach	11 Bibliothek	11 Bibliothek
12–13	1 Grundzüge	1 Grundzüge			
13–14					
14–15		12 Vor-bereitung/Nach-bereitung zu Hause			11 Bibliothek
15–16			5 Methoden	5 Methoden	
16–17	3 Durkheim		12 Vor-bereitung/Nach-bereitung zu Hause	2 Tutoren-gruppe: Grundzüge	
17–18					
18–19	13 Sport und/oder Musik				6 AG Methoden
19–20					
20–21		10 Ring-vorlesung		14 Fachschaft	
21–22					

sten Semester aussehen könnten, ist aus den Abbildungen auf Seite 198 und 200 ersichtlich.

Legende zu Seite 198:

1 Grundzüge der Soziologie, Vorlesung, Pflichtveranstaltung mit Klausuren, **erster** Leistungsnachweis
2 Treffen der Tutorengruppe zur Begleitung von 1, freiwillig
3 Seminar über Emile Durkheim, auch für Studierende im ersten Semester, Wahlpflichtveranstaltung, gefordert wird eine schriftliche Hausarbeit, **zweiter** Leistungsnachweis

4 Einführungskurs in das erste Nebenfach oder Wahlpflichtfach, Abschlußklausur, Pflichtveranstaltung, **dritter** Leistungsnachweis
5 Einführung in Methoden der empirischen Sozialforschung, Vorlesung. Leistungsnachweis
6 Freie studentische Arbeitsgemeinschaft zur Methodenvorlesung
7 Proseminar über Rassismus
8 Proseminar im ersten Nebenfach oder Wahlpflichtfach.
9 Vorlesung im zweiten Nebenfach oder einem der beiden Wahlfächer
10 Interdisziplinäre Ringvorlesung Natur- und Geisteswissenschaften, studium generale
11 Zeitblöcke für Recherche und Studium in der Bibliothek
12 Zeitblöcke für Studium im Studierzimmer
13 Verabredungen für Sport und Musik
14 Fachschaftstreff

Legende zu Seite 200:

1 Sozialstruktur, Geschichte und Theorien, Pflichtveranstaltung, Klausuren, **erster** Leistungsnachweis
2 Tutorengruppe zur Sozialstrukturvorlesung, freiwillig
3 Empirische Sozialforschung, Statistik, Forschungspraktikum, Pflichtveranstaltung, Klausuren und Forschungsberichte, **zweiter** Leistungsnachweis
4 Arbeitsgemeinschaft zum Forschungspraktikum
5 Seminar im ersten Nebenfach oder Wahlpflichtfach, **dritter** Leistungsnachweis
6 Einführungsveranstaltung im zweiten Nebenfach oder einem der Wahlfächer, *vierter* Leistungsnachweis
7 Arbeitsgemeinschaft zum Nebenfach
8 Seminar Stadtsoziologie
9 Freiwillige Soziologie-Arbeitsgruppe Poststrukturalismus
10 Sprachkurs Spanisch
11 Zeitblöcke für Recherche und Studium in der Bibliothek
12 Zeitblöcke für Studium im Studierzimmer
13 Verabredungen für Sport und Musik
14 Fachschaftstreff

Möglicher Studienplan im zweiten Semester

Zeit	Montag	Dienstag	Mittwoch	Donnerstag	Freitag
9–10	6 Nebenfach Wahlfach	6 Nebenfach Wahlfach			10 Spanisch
10–11		1 Sozial-struktur		12 Vor-bereitung/ Nach-bereitung zu Hause	
11–12	11 Bibliothek		4 AG zum For-schungs-projekt		11 Bibliothek
12–13					
13–14					
14–15	4 AG zum Nebenfach	2 Tutoren-gruppe: Sozial-struktur	3 Empirische Sozial-forschung, Statistit, EDV	12 Vor-bereitung/ Nach-bereitung zu Hause	11 Bibliothek
15–16					
16–17		5 Wahl-pflicht-Nebenfach			
17–18	12 Vor-bereitung/ Nach-bereitung zu Hause				
18–19			13 Sport und/oder Musik		
19–20					
20–21		8 Stadt-soziologie		14 Fachschaft	9 Poststruk-turalismus-gruppe
21–22					

2. Wie mitgearbeitet wird

Was immer auch sonst passieren mag, das erste Treffen einer Lehr-veranstaltung sollte man nie versäumen. Denn hier werden die inhalt-liche Einführung, die notwendigen Materialien, die Arbeitsorganisation, der Plan der einzelnen Treffen, die Details der zu erbringenden Lei-stungen – kurz: alle wichtigen Dinge vorgestellt, die Seminarleiterinnen für Nachzügler eine Woche später nur unwillig und verkürzt wiederho-len werden. In der ersten Sitzung erfährt man auch, ob man richtig gewählt hat. In eine erste Sitzung kann man auch zur Probe gehen. In die zweite Sitzung sollten dagegen nur die kommen, die fest entschlossen sind, an dieser Veranstaltung bis zum Semesterende teilzunehmen.

An der Universität ist jede Lehrveranstaltung eine Welt für sich. Niemand wird je einen Überblick über all die Thesen, Argumente und Inhalte gewinnen, die in einer Woche an einer Fakultät, geschweige denn an der Universität, ausgebreitet, angedeutet, angegriffen und verteidigt werden. Alle Versuche, einzelne Lehrveranstaltungen miteinander so zu verzahnen, daß die eine die andere ergänzt oder sie aufeinander aufbauen, sind meist nur sehr oberflächlich möglich. Kein vorgeschriebener Studienplan und keine Studienempfehlung entlastet die Köpfe der einzelnen, denen allein die Aufgabe zufällt, sich einen Zusammenhang zu erarbeiten. Diese Aufgabe ist sehr schwer, und sie gelingt im ersten Semester in der Regel nicht. Jede Thematisierung kann nämlich einen Gedankensturm im einzelnen erzeugen oder nicht. Das Studiengeschehen, insbesondere die Erfahrung von Wahrheitsereignissen ist kontingent. Alles ist auch anders möglich. Für diese Dimension geistiger Arbeit hat der Philosoph Hegel Worte gefunden, die sich – für Soziologen redaktionell bearbeitet – recht gut eignen, sie sich im ersten Semester hinter den Spiegel zu stecken, in dem man sich morgens betrachtet.

> Der Entschluß, Soziologie zu studieren, wirft sich wie in einen uferlosen Ozean; alle die bunten Farben, alle Stützpunkte sind verschwunden, alle sonstigen freundlichen Lichter sind ausgelöscht. Nur der eine Stern, der innere Stern des Geistes, leuchtet; er ist der Polarstern. Aber es ist natürlich, daß den Geist in seinem Alleinsein mit sich gleichsam ein Grauen befällt; man weiß noch nicht, wo es hinauswolle, wohin man hinkomme. Unter dem, was verschwunden ist, befindet sich vieles, was man um allen Preis der Welt nicht aufgeben wollte, und in dieser Einsamkeit aber hat es sich noch nicht wiederhergestellt, und man ist ungewiß, ob es sich wiederfinde, wiedergeben werde ... Wer Soziologie studiert, darf nicht fürchten, etwas zu verlieren, was wahrhaftes Interesse für ihn hat. Die Soziologie wird alles wiedergeben, was Wahres in den Vorstellungen gewesen ist.

Um den inneren Polarstern, an dem man sich wie die Seefahrer orientieren kann, zu entdecken, ist eine angstfreie, streßfreie und gelassene Atmosphäre nötig. Daher sollten vor allem im ersten Semester – wo immer möglich – Seminare mit geringer Teilnehmerzahl bevorzugt werden. Zu Vorlesungen empfiehlt es sich, aus eigener Initiative sich zu Arbeitsgruppen zu assoziieren, um den Stoff noch einmal gemeinsam durchzugehen.

Die **Mitarbeit in Vorlesungen** ist mit verschiedenen Intensitätsgraden möglich. Wenn man mehrere Vorlesungen besucht, sollte man sich nach ersten Erfahrungen entscheiden, wo mehr und wo weniger an eigener Zusatzarbeit investiert werden soll. Bei geringer Investition hört man in der Vorlesung nur zu und notiert sich selektiv, was einen interessiert. Zur normalen Investition gehört die Anfertigung einer *Vorlesungsmitschrift*, in die die Systematik, die Hauptlinien der Argumentation und die Literaturhinweise mit Kurzkommentaren aufgenommen werden. Das Mitschreiben muß trainiert werden. Man schreibt ökonomischerweise gleich in Reinschrift, und zwar so wenig seitenfüllend, daß man später aus der Erinnerung und aus dem Austausch mit anderen Hörerinnen und Hörern noch Sätze einfügen kann. Am besten reserviert man sich gleich die halbe Seite als Rand für eigene Bemerkungen, Nachfragen und Ergänzungen anderswoher. Die Nacharbeit einer Vorlesung, das heißt die Durcharbeitung der empfohlenen Literatur, kann variabel gestaltet werden. Werden zur Vorlesung Klausuren geschrieben, so empfiehlt sich in jedem Fall die Bildung von Arbeitsgemeinschaften, in denen die speziell für die Klausuren relevanten Bereiche nachgearbeitet werden. Der Umfang der begleitenden Lektüre hängt von der Semesterplanung ab. Intensives Nacharbeiten verlegt man am besten in die vorlesungsfreie Zeit.

Die **Mitarbeit in Seminaren** (Proseminaren, Übungen, Kursen) kann dagegen nicht so flexibel gestaltet werden. In funktionierenden Seminaren besteht auch keine Chance, in einer Menge von Zuhörern unterzutauchen. Seminare verlangen von ihrer Struktur her Engagement und Selbstdarstellung. Die Mitarbeit in Seminaren besteht nicht nur aus der regelmäßigen Teilnahme an den Sitzungen. Von entscheidender Bedeutung ist zunächst die gründliche Lektürevorbereitung der Texte, deren Verständnis gemeinsam erarbeitet werden soll, sowie die Erledigung der verabredeten Teilaufgaben, die für den Fortschritt des Seminars nötig sind. Eine Seminarsitzung mit nicht vorbereiteten Teilnehmern ist sinnlos wie ein Festessen ohne Gerichte. Beim Treffen selbst stehen Dialog und Diskussion mit dem Seminarleiter und untereinander über die verabredeten Themen im Zentrum. Oft besteht die Kernleistung in Seminaren aus einer schriftlichen Ausarbeitung im Umfang von 15 bis 25 Seiten, um die herum weitere Aktivitäten gruppiert sind. Manche Arbeitsformen sehen die vorbereitende oder nachbereitende Anfertigung von Hausarbeiten in der vorlesungsfreien Zeit vor. Für Seminare kann es auch bindende Teilnahmevoraussetzungen geben, sei es, daß man sich schriftlich oder persönlich anmelden muß (beschränkte Teilnehmerzahl), sei es, daß bestimmte „Scheine" zuvor erworben sein müssen oder daß durch Eingangsklausuren ein bestimmter Kenntnisstand der Teilnehmer gesichert werden soll.

Bei jeder Mitarbeit kann sich die Erfahrung einstellen, daß man mit dem Tempo, in dem der Vortragende oder die Seminarleiterin in der Sache voranschreitet, nicht mitkommt. Dann gehört es zur Pflicht der einzelnen, **Fragen zu stellen**. Dies ist keine Sache, deren man sich schämen muß. Im Gegenteil. Schämen müssen sich die, die nicht in der Lage sind, eine Frage zu stellen. Wer nicht bereit ist, die Kunst des Fragestellens zu lernen und zu praktizieren, ist ohnehin an der Universität fehl plaziert. Stumme Gestalten mit intelligenter Miene sind nur fürs Foto gut. Mit einem weisen Kopfnicken und anderen Bluff-Techniken kann man sich situativ aus der Affäre ziehen, aber nichts dazulernen.

Fragen stellen ist eine Kunst, die gelernt sein will. Die bekannte Unterscheidung zwischen dummen Fragen und klugen Fragen führt nicht viel weiter, denn Fragen müssen möglichst genau sein. Man tut also gut daran, sich selbst und anderen zunächst darzulegen, was man von dem, was verhandelt wurde, verstanden hat. Es ist unwahrscheinlich, daß man überhaupt nichts verstanden hat. In der Regel ist an einer bestimmten Stelle das Verständnis abgerissen. Ungeübte Fragesteller erkennt man daran, daß sie die Stelle nicht mehr finden, an der das Nichtverstehen einsetzte. Die Rekapitulation des Verstandenen und die Identifizierung der genauen Stelle des Einbruchs ist oft nicht schnell zu machen, da sich bei der Rekapitulation das Vokabular so verschieben kann, daß Nachfragen an anderer Stelle nötig werden.

Ist eine Verständnissicherung dialogisch und konsensuell erreicht und läßt sich der Einbruch markieren, so ist überhaupt erst auszumachen, was es kosten würde, die dann genauer gestellte Frage zu klären. Es kann sein, daß der Abbruch des Verständnisses nur durch einen leicht beiseite zu schaffenden Stolperstein terminologischer Art erfolgte. Möglich ist aber auch, daß sich ein Abgrund von Fragen auftut, deren Beantwortung Monate der Recherche und des Studiums erfordert. Da es in der Regel Zeit braucht, bis eine Antwort gefunden ist, bleiben die meisten gestellten Fragen offen oder erhalten nur vorläufige Antworten, die die Funktion haben, die Unruhe an der einen Stelle zu bannen, um die Energie auf die Stelle richten zu können, die in einer bestimmten Zeit zur Hauptsache erklärt wurde. Die Liste der Fragen, die zur gegebenen Zeit nicht angegangen werden können, weil sie als abgründig, abwegig, unpassend, schwierig, querliegend usw. eingestuft wurden, gehört zu den unverzichtbaren Arbeitsinstrumenten einer Diskussion.

Trotz dieser meist unbefriedigenden Bilanz im Frage-Antwort- Spiel halten Soziologen, wie die Wissenschaftlerinnen der meisten nichttechnischen Disziplinen, daran fest, daß dem Fragenstellen der Vorrang vor dem Antwortengeben gebührt. Insbesondere für die Soziologie gilt: Im Leben haben wir für soziale Phänomene stets alltäglich einen Überhang von Antworten gewohnter oder traditioneller Art. Bei diesen alten, wohlvertrauten Antworten ist in der Regel längst vergessen, auf welche Fragen sie einmal eine Antwort waren.

Literatur – Wolf Wagner, *Uni-Angst und Uni-Bluff*, Berlin 1992. Eugen Buß, Ulrike Fink, Martina Schöps, *Kompendium für das wissenschaftliche Arbeiten in der Soziologie*, Heidelberg 1994. Umbert Eco, *Wie man eine wissenschaftliche Abschlußarbeit schreibt*, Heidelberg 1993.

3. Navigieren in Bibliotheken

Der Anteil des Wissens, den Soziologinnen und Soziologen aus eigener teilnehmender Beobachtung, aus Befragungen oder aus selbst durchgeführten empirischen Projekten gewinnen, ist sehr gering im Vergleich zum Wissen, das aus Büchern stammt. Auch der Anteil, den man über mündliche Kommunikation an der Universität erhält und vom Hörensagen weiß, ist geringer als der durch Lesen gewonnene. Auch wer sich mit empirischer Sozialforschung befaßt, liest überwiegend bedrucktes Papier oder Schriftzeichen auf dem Monitor. Ohne Liebe zum Buch und zur Bibliothek, zu Text, Bildschirm und Datenbank ist Soziologie nicht zu studieren. Alle Ratschläge zum Studium lassen sich in der einzigen Parole konzentrieren: 1. lesen, 2. lesen, 3. lesen!

Die Europäer haben sich vor langer Zeit entschieden, ihr Wissen im Modus von Schriften und Büchern zu fixieren. Seit der Neuzeit sind Bücher publik. Damit wurde die Tradition des Geheimwissens ebeno marginalisiert wie die orale Übermittlung von Weisheitslehren nur für Eingeweihte. Während es an chinesischen Universitäten noch zum guten Ton gehört, keine Texte zu lesen, die der Professor nicht kennt – er könnte in Verlegenheit kommen –, ist es das Ziel des europäischen Systems der Bildung, die Kenntnisfortschritte der Jugend so anzureizen, daß sie möglichst frühzeitig ihre Lehrer in Erstaunen und Verwirrung versetzen ob des durch Bücherlesen erworbenen Kenntnisstandes.

Die verbreitete Klage, man habe über die Literatur keinen Überblick mehr, mag subjektiv verständlich sein. Aber es ist paradoxerweise die basale europäische Wissensstrategie, mit allen Mitteln zu verhindern, daß irgendeine Instanz von sich behaupten könnte, den Gesamtüberblick zu haben. Keinem einzelnen Menschen soll es soweit möglich sein, alles zu wissen, was die Menschheit insgesamt weiß, als daß nicht ein zweiter noch etwas finden könnte, das der erste nicht kennt. Diese strukturelle Unübersichtlichkeit wird gebraucht, um die Stufenunterschiede von „altem Wissen" und „neuem Wissen" auseinanderzulegen.

Was in schriftlicher Form existiert und Eingang in die Bibliotheken und Datenbanken gefunden hat, ist das allen zugängliche Wissen. Man kann von ihm als dem „objektiven Wissen" sprechen. Wer etwas wiederholt, was schon in einem Buch steht, ist nicht originell. Wer dagegen etwas sagt, was noch nirgends geschrieben steht, fügt dem objektiven Wissen etwas hinzu. Dies gilt ganz unabhängig davon, ob es sich um richtige oder falsche Informationen handelt. Diese kritische Frage folgt dem Bestand an Wissen auf dem Fuße, aber sie geht ihm nicht voraus, weil sich Menschen irren können. Die Ebene des objektiven Wissens nennt man auch „das verfügbare Wissen" oder den Wissensstand, zu dem alles gehört, was auf dieser Erde je zu einer Sache geschrieben wurde und in eine Bibliothek Eingang gefunden hat. Es macht keinen Sinn, sich von allem alles verfügbare Wissen anzueignen, die Kategorie des objektiven Wissens ist jedoch ein wichtiges Regulativ für die jeweils ausgewählte Frage, die man verfolgt.

Nehmen wir an, wir wollten aus Büchern oder Zeitschriften etwas über die verschiedenen Studienanfänger-Erfahrungen derer wissen, die 1968, 1989 und im letzten Jahr in Deutschland ihr Studium der Soziologie angefangen haben. Für das Navigieren in Bibliotheken ist es wichtig, zunächst von der spekulativen Annahme auszugehen, daß es zu der Frage, die man untersuchen will, bereits irgendwo auf dieser Erde einen Text gibt, in dem genau das steht, was man wissen will. Es liegt in der Natur wissenschaftlicher Arbeit, daß die guten, wichtigen, hilfreichen Bücher immer sehr schwer zu finden sind. Auf unser Beispiel bezogen, stellen wir uns vor, daß vielleicht in irgendeiner australischen Bibliothek der Text einer Soziologin steht, die ihr Stipendium für einen Aufenthalt in Deutschland zur Anfertigung einer Untersuchung zum Vergleich der Studienanfänger von 1968, 1989 und denen des letzten Jahres benutzt hat. Wir stellen uns vor, daß sie vielleicht keinen deutschen Verleger für diese Arbeit gefunden hat, sondern ihren Text möglicherweise in einem australischen Kleinverlag, den eine

Gruppe von Soziologen nebenher betreibt, publiziert hat. Wie auch immer, wir glauben fest daran, daß irgendwo der Text existiert, den wir brauchen.

Die ersten Recherchen sind Nachfragen bei Freunden und Bekannten: „Wißt ihr einen Text, in dem …?" Nein, sie wissen nicht, aber jemandem fällt ein *Autorname* ein, der irgend etwas über ähnliche Fragen publiziert hat. Hat man einen Namen, so ist die Recherche einfach, denn die eindeutigste Zuordnung von Texten ist ihre Zuordnung zum Autor mit Vor- und Nachnamen. Sucht man Literatur zu einer *Sache*, so muß man sich kurzfristig innerlich in die Situation eines Bibliothekars versetzen, der täglich etliche Bücher in die Hand nimmt und entscheidet, in welche Rubrik seiner *Systematik* und *Schlagwortliste* sie gehören. Wenn man über die Regeln und die Praxis der bibliothekarischen Einordnung informiert ist, kann man an der Stelle suchen, an der ein Bibliothekar das gesuchte Buch eingeordnet hätte, wenn es ihm in die Finger gekommen wäre.

Bei diesen Fahrten stoßen wir auf Literatur, die schon vom Titel her überhaupt nicht paßt, oder andere, die vielleicht passen könnte und deshalb in die Hand genommen wird. Man tut gut daran, sich das *Aufschlagen eines Buches* so vorzustellen wie das Betreten einer Bibliothek. In jedes wissenschaftliche Buch sind nämlich eine Menge von anderen Büchern eingegangen. Die benutzte Literatur – sie ist meist in einer Literaturliste am Ende zusammengestellt oder in den Fuß- bzw. Endnoten genannt – ist die Bibliothek des Buchs. Es ist freilich eine kritisch sortierte Sammlung. Es könnte nun sein, daß im Inhaltsverzeichnis des Buchs „Zur Lage der deutschen Universität nach der Wende" ein Kapitel auftaucht, in dem es um Probleme der Studienanfänger geht, das wir brauchen. Es könnte auch sein, daß im Literaturverzeichnis Texte genannt werden, die es lohnen könnten, daß man sie ebenfalls zur Hand nimmt. So kann sich die eigene Literatursammlung wie in einem Schneeballsystem fortsetzen.

Findet man einen Text, der eine wichtige Partie des eigenen Themas behandelt, so stellt sich die Frage, ob der Autor eine gute Gewährsfrau oder ein zweifelhaftes Subjekt war. Kann ich vertrauen, daß die Person das Thema zumindest so gründlich bearbeitet hat, wie ich es selbst vorhabe? Nehmen wir an, wir sind auf einen vertrauenswürdigen Text gestoßen, der im Jahre 1990 erschien und die Studienanfänger von 1968 und 1989 vergleichend untersucht, so erklären wir diesen Fund zum Ankerplatz und stellen die Literatursuche für die Zeit ein, von der wir annehmen, daß der uns fremde Autor bereits eine gute Vorarbeit geleistet hat. Forscherinnen und Forscher navigieren so lange in Bibliotheken, bis sie auf eine hinreichende Zahl von Inseln gestoßen sind. Und natürlich kann es passieren, daß auf dem Seeweg nach Indien Amerika entdeckt wird.

Es kann aber auch sein, daß die Universitätsbibliothek unter ihren vielleicht drei Millionen Bänden am Ort nicht das zum Thema birgt, was man braucht, wie z. B. die in Australien publizierte Untersuchung, die aus welchen Gründen auch immer gerade nicht angeschafft wurde. Man unterscheidet zwischen überhaupt existierenden Büchern und je örtlich-regional verschieden erreichbaren Büchern. Letztere werden in den *Katalogen* der Einrichtungen geführt, die ersteren tauchen in *Bibliographien* und *Datenbanken* auf. Über diese Systeme erfährt man von der Existenz eines Textes und kann dann über die örtliche *Fernleihe* das Buch bestellen.

Die Techniken des Auffindens relevanter Literatur sollten möglichst in den ersten Studienwochen gelernt werden. Mehr Geduld ist nötig, um eine hinreichende Sicherheit zu erlangen, wie man relevante von unwichtiger Literatur unterscheiden kann. Relevanz kann einem Text auf zweierlei Weise zuwachsen: zum einen dadurch, daß man selbst die beglückende Erfahrung macht, bei der Lektüre etwas gelernt zu haben, zum andern dadurch, daß andere einen Text dadurch auszeichnen, daß sie oft und ausführlich Bezug auf ihn nehmen und ihn häufiger zitieren. Begegnen einem Autorennamen bei der Lektüre mehrfach, sollte man nachforschen, was sich hinter der Namensreferenz verbirgt. Oft stehen solche Namen für mehr oder weniger differenzierte Theorien, Thesen oder geistige Strömungen. Ebenso sollte man sich um Texte der Autorinnen und Autoren kümmern, die einen schon einmal einen Schub nach vorn gebracht haben. Neue Texte, das heißt solche, die in diesem Jahr erschienen sind, können dort relevant werden, wo man von Lesemuffeln umgeben ist. Schließlich bleibt es niemandem erspart, die eigenen Erfahrungen mit den Literaturempfehlungen anderer zu machen. Und daß man denen, die einen schon einmal in die Wüste eines belanglosen Textes geschickt haben, nicht unbedacht ein zweites Mal folgt, versteht sich von selbst.

Literatur – Was an Büchern derzeit auf dem Markt ist, findet man im *Verzeichnis lieferbarer Bücher* (VLB) in Buchhandlungen und Bibliotheken. Die aktuelle Fachdiskussion wird oft in Fachzeitschriften geführt. Im ersten Semester sollten im Lesesaal zur Hand genommen werden: *Kölner Zeitschrift für Soziologie und Sozialpsychologie* (KzfSS), *Soziale Welt und Soziologische Revue*. Angaben zu lebenden und verstorbenen Soziologen finden sich in W. Bernsdorf u. a. (Hrsg.), *Internationales Soziolo-*

genlexikon, 2 Bde., Stuttgart 1984. Termine zur Einführung in die Bibliotheksbenutzung und die Nutzung der verfügbaren Datenbanken sollten im ersten Semester in Anspruch genommen werden. Traditionellerweise sucht man häufig in: *International bibliography of sociology*, London 1951 ff., *Sociological abstracts*, San Diego 1952 ff., *Current sociology. La sociologie contemporaine*, London 1952 ff., *Internationale Bibliographie der Zeitschriftenliteratur* (IBZ), *Internationale Bibliographie der Rezensionen* (IBR). Grundlegend ist: Anthony Grafton, *Die tragischen Ursprünge der deutschen Fußnote*, Berlin 1995.

4. Bilanz des Einstiegs

Das erste Semester ist randvoll mit neuen Erfahrungen. Sie verdienen es, alle ernstgenommen zu werden. Mit Vorsicht ist jenen beliebten Sprüchen der Älteren zu begegnen, wonach sich die aufgetretenen Probleme in späteren Semestern schon von selbst lösen würden, so als ob geduldiges Liegen unter der Sonne der Wissenschaft schon irgendwann zur gewünschten Bräune führe. Die Universität ist in ihrem derzeitigen Zustand von Überlast und Unterfinanzierung auf Studierende angewiesen, die einen erheblichen Teil der Kontrolle der Studienentscheidungen und Studienfortschritte selbst übernehmen. Dies gilt insbesondere für ein Fach wie die Soziologie, über deren Berufsprofil und Fachinhalte zu Studienbeginn wenig bekannt ist. Von hundert Studierenden, die mit diesem Fach anfangen, bleiben erfahrungsgemäß am Schluß vielleicht ein Drittel, die sich zum Examen melden. Dabei ist nicht die Zahl der sogenannten Studienabbrecher oder Fachwechsler für sich genommen problematisch, sondern der Umstand, daß die Veränderungen in der Zielrichtung oft zu spät erfolgen. Im Laufe des ersten Semesters sollte man sich daher zwei Fragen vorlegen, um spätestens nach einem Vierteljahr Bilanz zu ziehen:

Ist ein Universitätsstudium für mich das Richtige?

Will ich Soziologin oder Soziologe werden?

Für die Klärung der ersten Frage reicht es, all die eigenen Erfahrungen ernst zu nehmen, die sich auf die eher formellen Dimensionen beziehen: Wie steht es mit meiner Freude und Ausdauer beim Bücherlesen und beim Nachvollziehen gedanklicher Konstrukte? Gelingt es mir, in Lehrveranstaltungen Fragen so zu stellen, daß ich zurückbekomme, was ich zur Verständnissicherung brauche? Welche Fortschritte im

Verfassen von Texten habe ich gemacht? – Wer unsicher ist, wie die eigenen Erfahrungen einzuschätzen sind, tut gut daran, Möglichkeiten des Vergleichs mit anderen Studienanfängern bewußt zu suchen und eine Studienberatung in Anspruch zu nehmen.

Die Courage zu solcher Selbstprüfung zahlt sich in jedem Fall positiv aus. Ist die Bilanz günstig, so erfährt die Studienabsicht eine nachhaltige Stärkung. Fallen die Antworten in den genannten Fragen eher negativ aus, so ist kaum damit zu rechnen, daß sich die Situation bei einem Wechsel des Studienfachs grundsätzlich ändert. Man muß sich einfach klarmachen, daß die formellen Dimensionen: das Lektürequantum, die Kompliziertheit logischer Gehalte, die Anforderungen der Mündlichkeit und der Schreibkompetenz in allen sozial- und geisteswissenschaftlichen Fächern im Kern als identisch betrachtet werden müssen. Schwächen oder Defizite in diesen Bereichen lassen sich nicht durch Fachwechsel beseitigen, sondern nur durch vermehrte Anstrengungen bewältigen. Erscheint dies unrealistisch, so empfiehlt es sich, eine Berufsberatungsstelle aufzusuchen und mit der Umorientierung zügig zu beginnen. Alle Statistiken weisen die sogenannten Studienabbrecher als eine Gruppe mit relativ geringer Arbeitslosigkeit und einer Berufszufriedenheit aus, die der „ordentlicher" Absolventen in etwa gleichkommt.

Wer nach reiflicher Prüfung der ersten eigenen Erfahrungen im formellen Bereich zu dem Ergebnis gekommen ist, daß ein Universitätsstudium das Richtige ist, kann die Sicherheit der Studienfachwahl nur in der inhaltlichen Dimension gewinnen. Zu ihr auf dem Wege der Selbstprüfung vorzustoßen ist nicht leicht, da sich die negativen und positiven Charaktere einer Sache meist durch konkrete Umstände und Personen vermittelt darstellen. Um so wichtiger ist es, bei der Bilanz der gemachten inhaltlichen Erfahrungen möglichst viel von Erlebnishaftem zu abstrahieren. Die Kernfrage lautet: Ist es mir gelungen, zur Sache, um die es in der Soziologie geht, einen Zugang zu finden, oder haben die Inhalte, über die ich etwas erfahren habe, nur mäßiges Interesse bei mir gefunden?

Wollte man einen Fragebogen konstruieren, mit dem die Festigkeit der Bindung an die Fachinhalte der Soziologie am Ende des ersten Semesters getestet werden könnte, so wäre an vier Dimensionen zu denken.

a) Die künftige Soziologin und der künftige Soziologe müßten Erstaunen darüber zum Ausdruck bringen können, daß sich z. B. trotz al-

ler Diversität menschlicher Ambitionen und individueller Charaktere soziale Zusammenhänge halten und erneuern oder daß z. B. diese
inmitten des Friedens soviel Macht oder inmitten der Macht soviel
Glück bergen können – kurz gesagt: die Betrachtung gesellschaftlichen Lebens müßte eine Art grüblerischen oder ironischen Sinn wek-
ken können, wie er aus einer theoretischen Distanz heraus entsteht.
Mit theoretischen Inhalten, wie sie auf den Seiten 132–163 skizziert
wurden, werden sich Soziologinnen und Soziologen im Studium immer wieder befassen müssen.

b) Sie müßten eine konkrete Lokalität (möglichst mit Adresse) nennen
können, in der sie bereit wären, eine Menge ihrer Zeit zu opfern,
nur um herauszubekommen, was dort los ist, indem sie geduldig
Strichlisten anlegen und Informationsschnipsel sammeln und in so-
zialforscherischer Manier (vgl. S. 117–131) alles auszählen und aus-
messen, um ihre Neugier zu befriedigen und sich in die Lage bringen, darüber einen Bericht zu schreiben, der das Interesse der Ah-
nungslosen ebenso zu wecken vermag wie das der Insider. Im Studium der Soziologie wird dies in der Regel für zwei verschiedene Lo-
kalitäten verlangt, die in den Praxisbereichen liegen, die auf den
Seiten 53–62 beschrieben wurden.

c) Die künftige Soziologin, der künftige Soziologe müßte in einer Partie des Tests erkennen lassen, daß ihr Hunger nach Geschichten,
die davon berichten oder erzählen, auf welchen Wegen die Menschheit insgesamt und in einzelnen ihrer Kollektive zur Gegenwartsgesellschaft gelangt ist, trotz des Abrisses auf den Seiten 77–98
noch nicht gestillt ist. Die Unruhe eines unfertigen Weltbildes und
einer offenen Anthropologie wird im Laufe des Studiums durch die
Diversität der Ansätze immer wieder von neuem genährt.

d) Sie müßten zeigen, daß sie in einem Konflikt für Lösungsvorschläge, die sie selbst richtig finden, werben können. Die Inhalte der Soziologie bestehen zu einem großen Teil aus Konfliktstoffen, die mit
den Kriterien der Rechtsstimmigkeit und Rentabilität allein nicht zu
managen sind, sondern die das Eintreten für soziale Rationalität
(vgl. S. 62–65) erfordern.

Wo es gelungen ist, sich in diesen vier Dimensionen an die Inhalte der
Soziologie intellektuell und emotional zu binden, kann davon ausgegangen werden, daß man das richtige Hauptfach gewählt hat, auch
wenn einem die Nase des Professors nicht gefällt. Daß bei der Bilanz

des ersten Semesters die individuelle Neigung zu den einzelnen Dimensionen verschieden groß sein mag, versteht sich von selbst. Aber das Studium der Soziologie würde Schaden nehmen, wollte man eine Dimension schlicht abwählen. Denn das Erstaunen in theoretischer Distanznahme zur Gesellschaft, die Geduld in der empirischen Sozialforschung, die Unruhe des gesellschaftsgeschichtlichen Horizonts und das Engagement für soziale Rationalität sind in der Soziologie so sehr miteinander verwoben, daß sie einander dynamisieren und ausgleichen. Dies teilt sich allen speziellen Inhalten mit. Es sind die Bindungen an Inhalte, die jene Fähigkeiten aus den Personen herausziehen, die im Laufe des Studiums gesteigert werden und im Berufsleben soziologische Praxis zu einer äußerlich anerkannten und innerlich erfüllenden Tätigkeit machen.

Register

UTB
FÜR WISSEN SCHAFT

Auswahl Fachbereich
Soziologie

1509 Hettlage/Lenz (Hrsg.):
Erving Goffman
(Paul Haupt). 1991.
DM 39.80, öS 295.–, sFr. 39.80

1607 Peuckert:
Familienformen im sozialen Wandel
(Leske). 2. Aufl. 1995.
DM 24.80, öS 184.–, sFr. 24.80

1609 Albert: Traktat über kritische
Vernunft
(J.C.B. Mohr). 1991.
DM 22.80, öS 169.–, sFr. 22.80

1724/1725 Popper:
Die offene Gesellschaft und
ihre Feinde
Bd. 1/2
(J.C.B. Mohr). 7. Aufl. 1992.
Je DM 29.80, öS 221.–, sFr. 29.80

1751 Kneer/Nassehi:
Niklas Luhmanns Theorie
sozialer Systeme
(W. Fink). 2. Aufl. 1994.
DM 22.80, öS 169.–, sFr. 22.80

1758 Kunz:
Kriminologie
(Paul Haupt). 1994.
DM 27.80, öS 206.–, sFr. 27.80

1774 Lamnek:
Neue Theorien abweichenden
Verhaltens
(W. Fink). 1994.
DM 38.80, öS 287.–, sFr. 38.80

1776 Strauß:
Grundlagen qualitativer
Sozialforschung
(W. Fink). 1994.
DM 38.80, öS 287.–, sFr. 38.80

1800 Willke: Systemtheorie II
Interventionstheorie
(Lucius & Lucius). 1994.
DM 29.80, öS 221.–, sFr. 29.80

1840 Willke: Systemtheorie III
Steuerungstheorie
(G. Fischer). 1995.
DM 36.80, öS 272.–, sFr. 36.80

1852 Elias:
Menschen in Figurationen
(Leske). 1995.
DM 22.80, öS 169.–, sFr. 22.80

1876 Gripp-Hagelstange:
Niklas Luhmann
(W. Fink). 1995.
DM 17.80, öS 132.–, sFr. 17.80

1884 Hamm/Neumann:
Siedlungs-, Umwelt- und Planungs-
soziologie
(Leske + Budrich). 1996.
DM 29.80, öS 221.–, sFr. 29.80

1886 Schimank: Theorie gesell-
schaftlicher Differenzierung
(Leske + Budrich). 1996.
DM 24.80, öS 184.–, sFr. 24.80

1904 Krieger: Einführung in die
allgemeine Systemtheorie
(W. Fink). 1996.
DM 19.80, öS 147.–, sFr. 19.80

1920 Döring: Karl R. Popper
Die offene Gesellschaft und ihre
Feinde
Kommentar
(Schöningh). 1996.
DM 19.80, öS 147.–, sFr. 19.80

2000 Karl R. Popper:
Lesebuch
(J.C.B.Mohr). 1995
DM 19.80, öS 147.–, sFr. 19.80

Preisänderungen vorbehalten.